U0555845

本书是河北省 2023 年省级研究生精品课程立项建设
的阶段研究成果（项目编号：KCJPX2023013）

手语传译中的语言应对策略

[英]杰米娜 · 纳皮尔 著

刘鸿宇 付继林 译

燕山大学出版社
· 秦皇岛 ·

图书在版编目（CIP）数据

手语传译中的语言应对策略 /（英）杰米娜·纳皮尔著；刘鸿宇，付继林译. -- 秦皇岛：燕山大学出版社，2025. 3. -- ISBN 978-7-5761-0717-3

Ⅰ. H026.3

中国国家版本馆 CIP 数据核字第 2024YX4927 号

Originally published in English as
Linguistic Coping Strategies in Sign Language Interpreting
by Jemina Napier
© 2016 by Gallaudet University
Chinese translation published by arrangement with
Gallaudet University Press, Washington, DC

手语传译中的语言应对策略

SHOUYU CHUANYI ZHONG DE YUYAN YINGDUI CELÜE

[英]杰米娜·纳皮尔 著

刘鸿宇 付继林 译

出 版 人：陈 玉

责任编辑：孙志强　　**策划编辑**：孙志强

责任印制：吴 波　　**封面设计**：刘馨泽

出版发行：燕山大学出版社　　**电　话**：0335-8387555

地　址：河北省秦皇岛市河北大街西段 438 号　　**邮政编码**：066004

印　刷：涿州市般润文化传播有限公司　　**经　销**：全国新华书店

开　本：710 mm×1000 mm　1/16　　**印　张**：18.25

版　次：2025 年 3 月第 1 版　　**印　次**：2025 年 3 月第 1 次印刷

书　号：ISBN 978-7-5761-0717-3　　**字　数**：245 千字

定　价：89.00 元

版权所有　侵权必究

如发生印刷、装订质量问题，读者可与出版社联系调换

联系电话：0335-8387718

目录

致谢①

除了致谢中要特别感谢的人之外，我想首先感谢所有的同事和朋友，感谢他们关注我的工作，鼓励我将手语传译经验用于学术研究。

我要特别感谢玛丽·布伦南、大卫·布莱恩、朱迪思·柯林斯、玛戈·柯里、彼得·卢埃林-琼斯、丽兹·斯科特-吉布森、莫琳·里德。他们是我硕士课程的授课导师，在他们的激励下，我继续研究手语传译。此外，我还要感谢格雷厄姆·H. 特纳、凯拉·波利特，感谢他们常常从语言学角度和其他角度与我讨论手语传译，鼓励我在学术上追求进步。

我特别感谢罗伯特·亚当帮助我适应新的国度，并且成为我的朋友和同事。罗伯特介绍我到新南威尔士州皇家聋盲儿童研究院伦威克学院工作，学院为我配备了一间办公室。因此，我还要感谢格雷格·利和伦威克学院的其他工作人员，感谢他们欢迎我，接纳我。感谢罗德·比蒂帮我一起申请研究资金和开发调查工具。

我还要感谢我的研究生导师罗兹·巴克和特雷弗·约翰斯顿，感谢导师们始终如一的辛勤指导和耐心支持。辛西娅·罗伊是我翻译生涯的导师，感谢她的支持与鼓励，让我觉得我有能力帮助其他人。

在资金支持方面，我特别感谢澳大利亚联邦政府教育和培训部、英国英联邦奖学金青年事务部，感谢它们提供联邦奖学金，使我能够前往

① 此处致谢是本书首版，即 2002 年英文原版书（书名是 *Linguistic Coping Strategies in Sign Language Interpreting*，译为中文是《手语传译中的语言应对策略》）的致谢。

澳大利亚学习。感谢维多利亚州聋童服务中心提供奖学金，使我能够支付数据收集和分析的相关费用。感谢麦考瑞大学研究生基金和麦考瑞大学语言学系研究生基金资助我参加 2000 年（美国）传译教师联盟（the Conference of Interpreter Trainers, CIT）全国代表大会，使我能够在大会上介绍我的研究发现并获得反馈。此外，感谢伦威克学院和澳大利亚手语翻译协会（the Australian Sign Language Interpreters' Association, ASLIA, 位于 NSW，即新南威尔士州）[1] 的赞助，使我能够再次参加（美国）传译教师联盟（CIT2002 年的）全国代表大会，汇报我完整的研究发现。

我要感谢所有参与我这项研究的人。他们分别是：参与我的访谈调查并提供反馈的全体受访手语译员；十名手语译员，我深入分析了他们十个人的手语传译表现；我的研究助理科林・艾伦、我的同事亚当・舍姆布里和德拉・高斯韦尔，他们帮助我做信度检验；亚当・舍姆布里和其他两位同事丹妮・弗里德、安迪・卡迈克尔，他们协助我对传译任务进行试点研究；讨论小组成员卡罗琳・康伦、莱奥妮・杰克逊、特雷弗・马格斯、达琳・桑顿；为讨论小组提供翻译服务的米歇尔・马奎尔；以及彼得・邦瑟和维奥娜・伍德罗夫，他们帮助我澄清澳大利亚手语译员及传译的相关问题。另外，我非常感谢澳大利亚聋人协会手语传译服务站的全体协调员，感谢他们帮我追踪到尽可能多的澳大利亚手语译员。

我要特别感谢亚当・舍姆布里，我们经常一起讨论语言学和传译研究，在一次讨论中，他的话语激发了我的研究灵感，使我产生了进行当下这个研究的想法。他是一位非常好的朋友和同事。

我还要感谢所有家人和朋友，他们是梅林达、布莱恩、马克、佐伊、卡尔、鲍、塞西、迪伦、亚当、乔、阿曼达、卡罗琳、柯林、德拉、伊薇、法比奥、彼得、迈克尔、罗伯特、特雷弗，还有其他很多人，感谢他们在我读博期间和修改本书时都始终如一地支持我。

最后，同样非常重要的致谢是，我要感谢安迪·卡迈克尔让我相信我自己。“无论如何我都可以做到”，我希望自己这样去想，但我真的以为自己做不到。安迪，感谢你一直为我分忧解难，让这一切变得如此值得。

译者注释：

❶ 第 II 页，澳大利亚手语翻译协会（the Australian Sign Language Interpreters' Association, ASLIA）迄今已有 25 年历史，致力于手语译员教育和意识提升，努力为译员创造最好的工作条件，确保译员手语翻译质量维持最高水准。它是世界手语翻译协会（the World Association of Sign Language Interpreters, WASLI）的成员单位。其他相关信息可查阅网址：https://aslia.com.au/about-us/。

序言

> 当你通晓一门语言时，你就可以与通晓这门语言的其他人交谈，并被他们理解。这意味着你有能力发出表达某些含义的声音，有能力理解或领会其他人发出的声音……就像听人说话和理解有声语言一样，聋人是打出手语和理解手语（Fromkin, Rodman, Collins and Blair, 1990: 3-4）。

全世界究竟有多少种语言？对此人们的猜测从 3 000 种到 10 000 种不等，最常见的引用数字是世界语言有 4 000 种或 5 000 种（Crystal, 1987）。此外，据估计，世界人口中有一半的人会讲一种以上的语言（Grosjean, 1982）。世界人口中另一半的人却是单语者。通常，正是这些人会依靠译者和译员，以便与来自其他语言和文化的人进行正式接触和对话。虽然世界上相当一部分人能讲两种甚至两种以上的语言，但他们当中很少有人能够胜任两种语言的互译（Grosjean, 1997）。

一、翻译与传译[1]

> 翻译通常被用作一个通用术语，指的是思想和想法从一种语言（源语）转换到另一种语言（目标语），源语和目标语可以是任何形式（书面语、口语或手语）。当源语的形式是口语或手语时，转换过程称为传译（Brislin, 1976; cited in Cokely, 1992a: 1）。

从以上这段话可以看出，“语言”一词对理解翻译过程和传译过程的意义至关重要。这是任何人都可以做出的假设，与翻译和传译相关的文献中也一直提到这一点。伴随着这个初始假设，还有一个额外假设，即任何译者或译员的源语和目标语都必须同样流利。然而，要将思想和想法从一种语言转换到另一种语言，仅双语流利还不够。

（一）双语

一些研究者探讨了双语能力和翻译能力之间的区别（参见 Baetens Beardsmore, 1986; Hoffman, 1991; Isham & Lane, 1994; Romaine, 1995）。格罗斯让（Grosjean, 1997）研究了双语者，指出很少有双语者是熟练的译者（或译员）。他列出了影响双语者翻译能力的若干因素。这些因素有：两种语言的流利程度不同、第二语言带有母语口音、第二语言习得或学习的时间较晚、每种语言都缺乏风格变体、转换技能不足，以及当面对两个差异群体时，双语者缺乏对应的语用能力和文化知识。格罗斯让区分了普通双语者和杰出（或胜任译员工作的）双语者，明确指出“胜任译员工作的双语者与普通双语者不同，前者不得不通过学习来掌握如何运用这两种语言（以及运用这两种语言的扎实技能），以达到两种语言使用目的一样，涉及生活领域一样，会话对象情况一样。然而，普通双语者通常并不需要这样”（Grosjean, 1997: 168）。由此可见，虽然胜任传译工作的基本门槛是要均衡而娴熟地使用至少两种语言，但译者（或译员）还应该具备宽广的知识与技能，以便有效地传递两种不同语言中的信息。

（二）传译技能

根据弗里希伯格（Frishberg, 1990: 3）的说法，传译的艺术在于译员至少精通两种语言，除此之外，还要“理解人类沟通的动态性……要理解社会和文化差异，能够集中注意力并保持这种注意力，机智，判断力强，有耐力，最重要的是要有幽默感”。以上列出的知识和技能只是译者和译员在入职之前应该具备、入职后持续保持的知识和技能中的一小部分。想要有效地将信息从一种语言和文化转换到另一种语言和文化，译员知识技能库里还需囊括其他内容：人际交往能力、公共演讲能力、宣传能力、“倾听”能力、有效的短时记忆和长时记忆、认知信息处理能力、分析能力、语境知识、世界知识、专家知识、行业知识、灵活性、客观性、自律、有责任感、演技、独立性、有干劲、有学习意愿、自信、处理传译时突发情况的能力、意识到自己的局限性，以及为同伴提供支持的能力。这些内容来自翻译和传译的各个方面（Frishberg, 1990; Napier, 1998a; Neumann Solow, 1981, 2000; Schein and Delk, 1974; Seleskovitch, 1978）。在阅读了这份长长的译员技能清单后，我们就可以明白为什么格罗斯让（1997）和其他学者都强调仅仅具备双语能力并不能确保某个双语者就具备了有效传译的技能。

二、术语

为了便于讨论传译，首先讲清楚翻译领域常用的以及本书中不断提及的术语是非常重要的。这些术语是译员、研究口译的学者、培训译员的教育者广泛认可的关键术语。接下来本书将介绍括号中所列文献（即 Frishberg, 1990; Neumann Solow, 1981, 2000; Seleskovitch, 1978; Simon, 1994）中出现的最常见的翻译学术语。

认识到译员是在两种语言之间工作很重要。任何传译研究都要明确信息来自哪种语言（即源语，source language）和信息将被译为哪种语言（即目标语，target language），要清楚源语和目标语这两个术语的差异。术语“translation”既可以指将一种语言的书面文本转换为另一种语言的书面文本的笔译过程，也可以指源语和目标语之间的翻译和口译过程。然而，术语“interpretation”专门指将一种语言所发出的信息转换为另一种语言的口译或传译过程，无论这两种语言是口语形式还是手语形式（例如，从英语口译到西班牙语，从西班牙语传译到西班牙语手语，从西班牙手语传译到澳大利亚手语）。本书将提供口译或传译服务的人员统称为译员（interpreter），因为它是对传译两种或更多语言的翻译人员最常见的称呼。

传译过程可以接续发生，也可以同时发生。交替传译（consecutive interpretation）是指译员在发话人或手语者陈述完信息之后，再提供传译，传译可能发生在一个短语、一个概念或一句完整的话语之后。而同声传译（simultaneous interpretation）的过程则是译员几乎在发话人（或手语者）发出信息的同时就呈现其口译（或传译）的内容。译员通常会有一个短暂的延迟，称为间隔时间或时间差，这是因为译员需要时间来听到（或看到）发话人（或手语者）的源话语，然后才能做进一步处理。

心理语言学视角或社会语言学视角的传译研究多种多样，但是这些术语在传译研究文献中的用法有时似乎有所不同。传译研究文献倾向于将传译的心理语言学分析（psycholinguistic analysis）和社会语言学分析（sociolinguistic analysis）视为截然不同的过程，而不仅仅是语言学的两个下级分支学科（在语言学研究文献中这两个下级分支并不一定相互排斥）。传译视角下，心理语言学分析是指研究者关注传译的认知过程和传译时所发生的语言加工处理过程（Ingram, 1985; Lörscher, 1996; Tweney, 1978）。然而，传译的社会语言学分析则是指研究者关注可能影响译员语言选择的语言和文化因素（Cokely, 1985, 1992a; Pergnier, 1978; Roy, 1989a, 1992, 1996, 2000a）。尽管本书偶尔会涉及传译的心理语言学问题，但这本书基本上是一项对手语译员的社会语言学研究。

从事有声语言和手语互译工作的译员往往不进行书面笔译，因为手语是视觉手势语言，并没有标准的书面“正字法”形式。[①]手语译员通常使用同声传译，因为手语和有声语言（口语形式）并没有发音渠道上的冲突。让手语译员做笔记交替传译一整段信息并不现实，因为译员进行手语传译时要不停地用双手打手语。

由于译员处理两种语言，所以提到译员和手语传译时，通常都应指明这两种语言（例如，从事澳大利亚手语和英语传译的译员）。本书将谈及不同手语的传译研究，主要涉及的语言是美国手语、英国手语、英语（口语形式），以及其他译员会用到的有声语言（口语形式）。方便起见，本书在称呼译员时，将只使用手语或非英语的有声语言来称呼译员。例如，互译澳大利亚手语和英语的译员称为澳大利亚手语译员，互译美国手语和英语（或者互译英国手语和英语）的译员称为美国手语译员（或者英国手语译员），而互译法语和英语的译员（或者互译俄语和英语的译员）称为法语译员（或者俄语译员）。

本书行文中，我们采用的另一条规则与性别指称有关。众所周知，译员可以是男性，也可以是女性。 然而，大多数手语译员都是女性（Atwood and Gray, 1985; Stewart, Schein, and Cartwright, 1998）。因此，方便起见，本书谈到“译员”一词时，如果译员性别不是讨论的要点，那么本书都将采用女性人称代词“她”来指代所讨论的译员。

三、手语传译：一个新兴职业

手语传译通常被称为“新兴职业”（Fenton, 1993; Scott-Gibson,1992）。该领域缺乏相关研究，选择从事该职业的人员也没有得到应得的地位。到目前为止，仍是北美一直引领手语传译的职业发展，它于 1964 年正

---

① 2016 年，学界对此观念进行了更新，因为随着科技发展，目前研究者可以使用电子设备的视频功能来记录和保存手语传译数据。参见沃姆（Warm, 2014）。

式承认手语传译是一种职业（Quigley, 1965），随后还成立了为聋人提供翻译服务的美国手语译员注册中心。1979 年，美国成立了传译教师联盟（the Conference of Interpreter Trainers, CIT），为手语译员提供专门的培训课程，帮助手语传译教师实现职业化发展（Simon, 1994）。

在北美，随着手语传译实现了职业化发展，20 世纪 70 年代中期美国手语传译研究开始出现（Carter and Lauritsen,1974; Dicker, 1976; Domingue and Ingram, 1978; Nowell and Stuckless,1974; Sternberg, Tipton and Schein, 1973）。英国紧随其后，学者们发表了许多研究成果，他们将手语传译看作一种独特的语言过程（Hough, 1981; Kyle and Woll, 1985; Llewellyn-Jones, 1981a, 1981b）。其他国家和地区，例如，比利时、德国、斯堪的纳维亚半岛、日本等，也出现了一些手语传译研究（Demanez, 1987; Donath, 1987; Hansen, 1991; Hassinen and Lehtomaki,1986; Kamata et al., 1989）。然而，直到 20 世纪 90 年代中后期澳大利亚才开始出现手语传译研究相关文献（Bremner and Housden, 1996; Madden, 2001; Ozolins and Bridge, 1999）。自从手语传译被看作是一种职业之后，许多研究者对手语与口语传译的各个方面进行了研究，但这个研究领域的文献仍然不够充分。

四、一项聚焦于手语译员的创新性研究

本书是一项关于手语译员的创新性研究，研究对象在英语和澳大利亚手语两种语言之间进行传译。本书将讨论和汇报研究发现，探讨这些发现如何同样指导其他手语的译员传译工作，如何对有声语言的口译员也有所助益。这项研究聚焦于为大学讲座提供传译服务的澳大利亚手语译员。通过与澳大利亚手语翻译协会成员的非正式讨论，本书注意到许多澳大利亚手语译员并没有完成大学教育或接受过任何译员培训，但他们经常在大学做传译工作。通过观察其他国家的手语译员，以及与其他

国家手语翻译同行讨论，本书发现英国和美国也存在类似情况。这种情况显然引发了语言流利程度（指在语言理解和语言产出时）、手语翻译服务的供给、职业道德、对聋人①受教育体验的影响、对手语译员教育和培训的启示等诸多相关问题的讨论。本书将探讨两个关键问题，一是手语译员在传译大学讲座时使用哪些类型的语言应对策略，❷ 二是译员的正式教育背景如何影响他们的策略。

应对策略可以定义为译员的方法或技能，以此确保译员能够以最好的状态去处理可能影响其传译的各种不同因素。译员要满足多种要求，这些要求既来自她所使用的语言，也来自工作环境、人际需求和个人需求等非语言因素（Dean and Pollard, 2001）。一般来说，应对策略是译员用来应对非语言因素的。例如，传译时团队合作的要求、准备技巧的要求等。然而，语言应对策略是专门用于处理影响手语传译效果的语言因素的策略。译员所使用的语言应对策略包括：对语言和文化知识的应用、对交际的管理、翻译风格、语言迁移，以及传译时采用的增译、替换和省略，等等。

本书将汇报传译大学讲座时，手语译员的翻译风格和出现的省略，省略此时用作语言应对策略。本书还将探讨手语译员的教育背景在多大程度上影响了翻译风格以及译员使用省略策略的次数和类型。

---

① 当谈及“聋人”（“Deaf people”，开头字母 D 大写）一词时，我们用这个词专指以手语为第一语言或首选语言的人，他们将自己认同为语言和文化少数群体成员，以此来抵抗“丧失听力的人”这样的称呼。这遵循了手语和聋人研究界的一个惯例，即用大写开头字母的“Deaf”表示对“聋人”身份的认同。此惯例由 Woodward（1972）首次提出，Padden（1980）巩固而成。当我们使用“听人”（hearing people）一词时，它是指社会上的大多数人，他们没有听力损失，对聋人社群、聋人文化和聋人身份认同这类概念不一定了解。

五、本书的章节结构

为了将这项研究置于语言学和口译研究的更广阔的场景中，本书审阅和讨论了理论和实证文献。这些文献聚焦于与口译相关的社会语言学问题，尤其是那些对手语传译来说特别重要的问题。

本书第一章关注口译的社会语言学和社会文化语境，引导读者从更广阔的背景思考手语传译能力的影响因素，即究竟哪些因素影响了手语译员对大学讲座的有效传译。第一章开篇先介绍口译框架，再概述本研究的基本信息，重点介绍口译过程、口译模式和口译技巧。然后结合手语传译的双语和双模态特点，比较有声语言口译和手语传译的异同。第一章结尾讨论话语环境因素，包括大学讲座的话语类型、语域的情景变异、大学讲座文本的语言特征、翻译此类文本时手语译员面临的挑战。

第二章讨论译员使用的应对策略的概念，回顾相关研究，从而定义语言应对策略、翻译风格、作为语言应对策略的省略，以及元语言意识。

第三章概述与本研究相关的特定语篇的口译研究，即会议口译和教育场景的口译。

第四章介绍手语译员的语言应对策略这一专项研究的设计及方法，详细说明本研究如何分析译员的语言应对策略。第四章还介绍了确定语言的词汇密度的技术，概述了用于分析译员省略类型的“省略分类法”。

第五章讨论研究发现。基于所选取的研究对象的手语传译视频的转写数据，本章深度分析和讨论本研究的诸多发现。

第六章讨论大学讲座中手语译员的语言应对策略的研究结论及相关问题，总结手语传译服务对象和客户即聋人大学生[3]的具体观点和期望。第六章还讨论了本研究对手语译员培训和译员教育的启示，进而探讨对不同语境传译实践的更多启示。最后本章对未来如何研究提出相关建议。

译者注释：

❶ 第 I 页，在本书语境下，对于标题“Translating and Interpreting”，本书暂译为“翻译与传译”以适合本书所讨论的手语。通常人们也可将之译为“笔译与口译”。本书行文中，我们将“interpreting”或“interpretation”多译为“传译”，是为了涵盖有声语言口译和手语传译两种情况，尤其是专指手语传译这种情况。依据布里斯林（Brislin, 1976），普遍意义上，“interpretation”是“translation”的一种，是涉及口语交际的翻译形式。但具体语境下，“translation and interpretation”也可以译为“笔译”和“口译”，分别指对书面源语和口语源语的翻译处理。参见布里斯林（Brislin, 1976:1）。

❷ 第 VII 页，“语言应对策略”在原著中对应的术语是“linguistic coping strategies”。英语单词“linguistic”翻译成汉语，既有“语言的”，也有“语言学的”意思，中国读者或许会略有困扰。结合序言部分原著者对应对策略等术语的清晰解释，以及译者写信向原著者纳皮尔教授请教该词，可以确定本书讨论的重点是语言应对策略。

❸ 第 VIII 页，“聋人大学生”在之后行文中也可简称为“大学聋生”。

第二版介绍：十五年后再次审视语言应对策略

道格拉斯·麦克莱恩出版社在 2002 年出版了由我的博士论文修改而来的《手语传译中的语言应对策略》一书。现在这部书被广泛用于世界各地的译员培训。我收到了译员教育者、翻译从业者和学生的诸多反馈，告诉我他们有多看重本书，甚至把这部书称为传译实践者的“必读法宝”。

手语传译研究人员，例如，高斯韦尔、李森、罗伊和梅茨格、斯通、王等（Goswell, 2012; Leeson, 2005; Roy and Metzger, 2014; Stone, 2009; 王, 2013）广泛借鉴本书以及基于本书研究发现的其他出版物。有声语言口译研究人员，例如，巴特劳米耶茨科、波赫哈克等（Bartlomiejczyk, 2006; Pochhacker, 2004）也引用本书及相关出版物。梅茨格（Metzger, 2006: 283）指出，本书的研究“对译员的翻译实践、译员的培训具有重要意义，它提出许多值得学界进一步去研究的传译问题”。因此，当道格拉斯·麦克莱恩出版社同意授予我本书的出版权时，我认为非常值得将这部书再次付印。然而，由于这项研究已经有 15 年的历史了，所以将这部书的内容加以更新，使它与当前传译研究进展和研究语境相关联是十分重要的。我将 2001 年以来我的其他研究加入本书，做了更新，更新的部分一些是基于我书中最初始的研究，一些是对我最初研究的补充与完善。

我的研究对象是澳大利亚从事大学讲座传译的手语译员，我研究他们在传译中使用语言应对策略的情况，关注四个主要领域：

第一，分析译员的翻译风格，以及他们对大学课程的熟悉程度与所选择的翻译风格之间的关系。可参见纳皮尔的其他相关研究（Napier, 2002a, 2002c, 2005a）。

第二，分析传译中的省略现象，以及省略与文本的词汇密度、学术英语和学科专门术语的关系。可参见纳皮尔的其他相关研究（Napier, 2003, 2004）。

第三，分析译员对自身传译策略决策的反思（即译员的元语言意识），这将为我研究他们在传译中的省略类型提供有用信息。可参见纳皮尔和巴克等的其他相关研究（Napier and Barker, 2004b）。

第四，探讨当译员传译大学讲座内容时，大学聋生对译员语言选择和翻译风格的看法和偏好。可参见纳皮尔和巴克等的其他相关研究（Napier and Barker, 2004a）。

我的研究与洛克（Locker,1990）在美国的研究类似，她也对大学聋生的观点和看法数据做了诱导性提取。但洛克专注于比较音译和手语传译之间的差异，根据美国学界和业界以往的定义，这两个术语分别描述两个并不相同且彼此独立的翻译实践[①]（e.g., Livingston, Singer and Abrahamson, 1994; Siple, 1995, 1996; Sofinski, 2003; Sofinski, Yesback, Gerhold and Bach-Hansen, 2001; Winston, 1989; Winston and Monikowski, 2003）。然而在现在的研究文献中，这两个术语使用得少了。梅茨格（1995, 1999）在研究医疗咨询过程中译员的立足点变化时，她讨论了直译和意译的概念。我的研究首次提出相关证据，证明了手语译员如何将意译和直译相结合，每种传译风格如何在一个连续统上运作，以及译员如何有意识地切换不同风格。

基于纽马克（Newmark, 1987, 1991）对口语和书面语的意译和直译

① 事实上，美国手语译员注册中心（RID）以前提供手语传译或音译两种资格认证。

的讨论，我进一步借鉴韩礼德的系统功能语言学，采用功能主义视角分析翻译和传译（Halliday, 1985, 1993, 1994），进而提出译员能够以一种翻译风格为主导，或者以一种翻译风格为绝对主导。我还借鉴了社会语言学的语言接触的概念，将其用于讨论有声语言和手语（或两种手语）接触时手语所呈现的特征（Adam, 2012; Lucas and Valli, 1989, 1990）。戴维斯（Davis, 1990a, 1990b, 2003, 2005）研究译员如何在语言接触的情景下传译，他讨论了译员的跨语言策略，以及译员何时采用语言接触策略，何时从英语中借用词语，放到美国手语中，以此作为刻意的传译策略。因此，我的研究是对戴维斯研究的重要补充。

另外，我描述了一种翻译接触形式，即手语译员可以在同一传译任务中切换翻译风格，呈现风格变化，可以根据他们对情景语境的了解和语境知识，做出刻意的语言选择（Halliday and Hasan, 1985）。从本质上讲，这意味着译员根据他们对受众的了解、对受众需求的判断，以及他们从受众那里得到的线索，进而做出翻译决策。这一发现与其他口译研究理论框架相吻合，如梅森的受众设计理论（Mason, 2000）以及斯珀伯和威尔逊的关联理论（Sperber and Wilson, 1986）。[①]布莱克莫尔和加莱、古特等研究者将关联理论专门用作有声语言（含口语形式和书面语形式）笔译和口译研究（Blakemore and Gallai, 2014; Gutt, 2000）的理论分析框架，斯通还将关联理论用于手语传译研究（Stone, 2009），他们探讨了译者和译员为满足翻译受众需求而做的翻译决策。

我的这项原创性研究也为手语翻译界开启了一个新的讨论，即为什么说省略不一定是传译错误。2013 年，弗朗兹·波赫哈克邀请我为新版的《劳特利奇口译研究百科全书》（Pöchhacker, 2015）撰写关于翻译中的省略现象的词条，我犹豫是否有其他人最近进行过新的研究，是否比我更适合撰写这条术语。但波赫哈克的回答是我的研究在这一论题上仍

① 斯珀伯和威尔逊最先提出关联理论，以此探讨操同一语言的会话对象间的直接交际。

是最为领先的（Pöchhacker, personal communication,13 May 2013）。因此，尽管这项研究已有 15 年的历史，但它仍然为有声语言口译和手语传译、传译中的省略问题提供了重要的研究参考。

省略探讨中最为关键的一点是，我提出译员能够反思，而且有做出策略性决定的趋向，即他们往往决定如何省略信息和为什么省略信息。这一想法不一定是新的。有声语言口译研究者已经提出了刻意和策略性省略的相关定义，认为它们是口译员认知决策过程的一部分。巴里克（Barik, 1975）研究了省略的次数和类型与文本类型和翻译方向性的关系，他提出了一个分类法，区分四种类型的省略：一是跳词省略（单个词汇项被省略）；二是理解型省略（由于无法理解源语言信息，所以省略了较大意义单位的一段意思）；三是迟滞型省略（因为翻译速度远远慢于说话者，所以省略了较大意义单位的一段意思）；四是复合型省略（将不同小句或句子中的成分拼接在一起，因而省略掉一些信息）。这些省略还有其他名称，例如，简缩策略（Sunnari, 1995）、选择性删减（Hatim and Mason,1990）、压缩策略（Chernov, 2004）等。但是在手语传译研究中，策略性省略却是一个新观点。

科克利（Cokely, 1992a, 1992b）将巴里克的研究扩展到手语译员的语言产出。直到最近才开始有手语传译研究者研究手语传译的方向性，例如，尼哥底母和艾莫雷、王和纳皮尔等（Nicodemus and Emmorey, 2015; Wang and Napier, 2016）。科克利提出了一种错误分类法，他将译员的形态省略、词汇省略和衔接省略都归为错误类型。然后，他应用这一错误分类法研究间隔时间对译员错误的影响（Cokely, 1992b）。他发现译员的词汇省略最常见，其次是衔接省略，数量最少的是形态省略。间隔时间较短的译员比间隔时间较长的译员出现更多的省略，他们的错误总数也是后者的两倍多。

我的研究中特别新颖的一点是我发现每次传译时译员都具有省略潜势，也就是说，都具有使用省略策略的可能。我借用韩礼德（Halliday,

1978）的术语“意义潜势”（哈蒂姆和梅森 [Hatim and Mason,1990] 也就此展开讨论，但是他们是从口译和译者角度讨论）来解释译员的翻译行为，即他们可以忽略一段信息的形式，完全专注于意义。译员可以在一系列语义选项中探寻，找到最终意义。因为情景语境不同，所以每个信息的潜在意义也会不同。同样，我提出译员可以思考任何一段文本的省略潜势，因为根据情景语境的不同，译员做出的省略也将有所不同，传译教师可以专门教导传译学生，让他们学会审视自己有意识省略的类型，明确所传译文本的省略潜势（Napier, 2005b）。

尽管这里汇报的翻译研究都是对独白话语的单方向传译，但瓦登斯约（Wadensjö,1998）的研究描述了对话背景下译员作为沟通中介时所采用的省略策略。虽然瓦登斯约的分类与巴里克和科克利的有相似的部分，但她使用了内涵意义更为正面的术语。在她的分类法中，她定义了三种可以被视为省略的翻译的类型：一是减量翻译（或简化再现，表达的信息不如原文显化明晰）；二是概括翻译（或总结再现，一段译文对应两段或多段原文）；三是零翻译（或零再现，原文的一个语段未被翻译）。瓦登斯约强调，必须将对话置于完整的交际语境后再做思考，因为传译的目的就是输出语境、语言和文化上都恰当的话语，使话语符合说话者原本的交际目的。[①]

最近许多学者提出可以从实用的角度来思考省略，应该将省略视为译员有意识的决定，而不是因误解而导致的错误。巴特劳米耶茨科（Bartlomiejczyk, 2006）的研究发现策略性省略与翻译的方向性有关，皮姆（Pym, 2008）认为，根据省略潜在的负面影响，省略可分为低风险型和高风险型省略。

我的第三个研究重点是译员在传译决策方面的元语言意识。其他

① 参见梅哲和纳皮尔（Major and Napier, 2012）的研究，该研究将瓦登斯约的翻译类型应用于医疗保健对话的手语传译研究。

手语传译研究者和实践者，例如拉克纳和特纳（Lakner and Turner, 2015），进一步探讨了这一论题。在回顾性访谈中，我探讨研究对象的元语言意识，我邀请他们反思和分析自己的传译输出、翻译风格和省略产生的过程。结果显示，这些译员对自己的传译表现有很高的元语言意识。我采用的研究方法是有声思维法，罗素和温斯顿、斯通等其他研究者也使用过这种方法（Russell and Winston, 2014; Stone, 2009）。教育者甘茨-霍维茨、高斯韦尔、迪安和波拉德、赫瑟林顿等都已认可一个事实，即手语传译从业者积极反思（Ganz-Horwitz, 2014; Goswell, 2012），多做反思训练（Dean and Pollard, 2013; Hetherington, 2012）是十分重要的。

我最后一个研究重点是考察大学聋生对大学讲座手语传译性质的看法。我的研究中，四名聋人参加了一个小组（焦点小组）讨论，他们观看大学讲座手语传译的两个录像片段后，对传译的好坏发表评论，其中一个片段是意译为主，另一个是直译为主。我探讨了大学聋生对大学手语译员教育背景和教育资历的期待，以及对传译的理解情况。

我探讨聋人客户对手语译员和手语传译的看法，我和其他研究者调查了他们如何看待医疗保健信息的无障碍获取（Major, Napier, Ferrara and Johnston, 2012; Napier and Kidd, 2013; Napier, Major, Ferrara and Johnston, 2014; Napier and Sabolcec, 2014），如何看待视频远程传译（Napier, 2012; Napier and Leneham, 2011; Skinner, Turner, Napier and Wheatley, submitted for publication），如何看待教育场景译员的传译（Carty, Leigh, Goswell and Napier, submitted for publication）。我在其他研究中也较为宽泛地谈及了大学聋生的观点（Napir, 2011; Napier and Rohan, 2007）。其他国家从事手语传译教育的研究者也对聋人客户的观点做了进一步研究，这些研究者包括加拿大的斯特拉蒂（Stratiy, 2005），荷兰的德威特和斯卢伊斯（De Wit and Sluis, 2014），美国的福雷斯塔尔、库尔兹和兰格（Forestal, 2005; Kurz and Langer, 2004）。

手语传译研究的新手们，如德威特、海耶里克、考林等（De Wit, 2010; Heyerick, 2014; Kauling, 2015），已经复制了，或者正在模仿和复制我在本书中所汇报的不同方面的研究。希望通过出版这部书，我的研究能够继续帮助手语传译的学生、教育者、手语传译从业者、有声语言和手语传译研究者了解手语传译，启发他们的研究。

致谢

我非常感谢《传译研究系列书籍》的联合编辑梅兰妮· 梅茨格（Melanie Metzger）和厄尔·弗利特伍德（Earl Fleetwood）将本书选入该传译研究系列。我非常感谢道格拉斯·麦克莱恩出版社授予我这部书的出版权，让我可以与加劳德特大学出版社合作，确保这部书能够再次出版。

参考文献

Adam, R. (2012). Language contact and borrowing. In R. Pfau, M. Steinbach,& B. Woll (Eds.), Sign language: An international handbook (pp. 841-861). Berlin, Germany: De Gruyter Mouton.

Barik, H. A. (1975). Simultaneous interpretation: Qualitative and linguistic data. Language and Speech, 18, 272-297.

Bartlomiejczyk, M. (2006). Strategies of simultaneous interpreting and directionality. Interpreting, 8(2), 149-174.

Blakemore, D., & Gallai, F. (2014). Discourse markers in free indirect style and interpreting. Journal of Pragmatics, 60,106-120.

Carty, B., Leigh, G., Goswell, D., & Napier, J. (2015). Teachers' interactions with deaf students in sign language interpreted classrooms: Use of questions. Manuscript submitted for publication.

Chernov, G. V. (2004). Inference and anticipation in simultaneous interpreting: A probability-prediction model. Amsterdam, Netherlands: John Benjamins.

Cokely, D. (1992a). Effects of lag time on interpreter errors. In D. Cokely (Ed.), Sign language interpreters and interpreting (pp. 39-69). Burtonsville, MD: Linstok Press.

Cokely, D. (1992b). Interpretation: A sociolinguistic model. Burtonsville, MD: Linstok Press.

Davis, J. (1990a). Interpreting in a language contact situation: The case of English-to-ASL interpretation (Unpublished doctoral dissertation). University of New Mexico, Albuquerque.

Davis, J. (1990b). Linguistic transference and interference: Interpreting between English and ASL. In C. Lucas (Ed.), Sign language research: Theoretical issues (pp. 308-321). Washington, DC: Gallaudet University Press.

Davis, J. (2003). Cross-linguistic strategies used by interpreters. Journal of Interpretation, 95-128.

Davis, J. (2005). Code choices and consequences: Implications for educational interpreting. In M. Marschark, R. Peterson, & E. A. Winston (Eds.), Interpreting and interpreter education: Directions for research and practice (pp. 112-141). New York, NY: Oxford University Press.

Dean, R. K., & Pollard, R. Q. (2013). The demand control schema: Interpreting as a practice profession. North Charleston, SC: CreateSpace.

De Wit, M. (2010). Linguistic coping strategies from International Sign to English (Unpublished master's research essay). Heriot-Watt University, Edinburgh, Scotland.

De Wit, M., & Sluis, I. (2014). Sign language interpreter quality: The perspective of deaf sign language users in the Netherlands. The Interpreter's Newsletter, 19, 63-85.

Forestal, L. (2005). Attitudes of deaf leaders toward signed language interpreters and interpreting. In M. Metzger & E. Fleetwood (Eds.), Attitudes, innuendo, and regulators: Challenges of interpretation (pp. 71-91). Washington, DC: Gallaudet University Press.

Ganz Horwitz, M. (2014). Demands and strategies of interpreting a theatrical performance into American Sign Language. Journal of Interpretation, 23(1), Article 4. Retrieved from http://digitalcommons.unf.edu/joi/vol23/iss1Z4.

Goswell, D. (2012). Do you see what I see? Using ELAN for self-analysis and reflection. International Journal of Interpreter Education, 4(1), 73-82.

Gutt, E. (2000). Translation and relevance: Cognition and context. Manchester, United Kingdom: St. Jerome.

Halliday, M. A. K. (1985). Spoken and written language. Burwood, Victoria, Australia: Deakin University Press.

Halliday, M. A. K. (1993). Language in a changing world. Burwood, Victoria, Australia: Applied Linguistics Association of Australia, Deakin University.

Halliday, M. A. K. (1994). An introduction to functional grammar. London, United Kingdom: Edward Arnold.

Halliday, M. A. K., & Hasan, R. (1985). Language, context and text: Aspects of language in a social semiotic perspective. Burwood, Victoria, Australia: Deakin University Press.

Hatim, B., & Mason, I. (1990). Discourse and the translator. London, United Kingdom: Longman.

Hetherington, A. (2012). Supervision and the interpreting profession: Support and accountability through reflective practice. International Journal of Interpreter Education, 4(1), 46-57.

Heyerick, I. (2014). Linguistic interpreting strategies: Designing a research methodology (Unpublished master's dissertation). KU Leuven, Belgium.

Kauling, E. (2015). From omission to mission: The influence of preparation and background knowledge on omissions in the sign language interpretation of a university lecture (Unpublished master's dissertation). Heriot-Watt University, Edinburgh, Scotland.

Kurz, K. B., & Langer, E. C. (2004). Student perspectives on educational interpreting: Twenty deaf and hard of hearing students offer insights and suggestions. In E. Winston (Ed.), Educational interpreting: How it can succeed (pp. 9-47). Washington, DC: Gallaudet University Press.

Lakner, K., & Turner, G. H. (2015). Connecting research and practice to create digital resources for sign language interpreters: Professional development through knowledge exchange. In S. Ehrlich, & J. Napier (Eds.), Interpreter education in the digital age: Innovation, access, and change (pp. 209-227). Washington, DC: Gallaudet University Press.

Leeson, L. (2005). Making the effort in simultaneous interpreting: Some considerations for signed language interpreters. In T. Janzen (Ed.), Topics in signed language interpreting (pp. 51-68). Amsterdam, Netherlands: John Benjamins.

Livingston, S., Singer, B., & Abrahamson, T. (1994). Effectiveness compared: ASL interpretation versus transliteration. Sign Language Studies, 82, 1-54.

Locker, R. (1990). Lexical equivalence in transliterating for deaf students in the university classroom: Two perspectives. Issues in Applied

Linguistics, 1 (2), 167-195.

Lucas, C., & Valli, C. (1989). Language contact in the American Deaf community. In C. Lucas (Ed.), The sociolinguistics of the Deaf community (pp. 11-40). San Diego, CA: Academic Press.

Lucas, C., & Valli, C. (1990). ASL, English, and contact signing. In C. Lucas (Ed.), Sign language research: Theoretical issues (pp. 288-307). Washington, DC: Gallaudet University Press.

Major, G., & Napier, J. (2012). Interpreting and knowledge mediation in the healthcare setting: What do we really mean by "accuracy"? In V Montalt & M. Shuttleworth (Eds.), Linguistica Antiverpiesa Series: No. 11. Translation and knowledge mediation in medical and health settings (pp. 207-226). Antwerp, Belgium: Artesius University College.

Major, G., Napier, J., Ferrara, L., & Johnston, T. (2012). Exploring lexical gaps in Australian Sign Language for the purposes of health communication. Communication & Medicine, 9(1), 37-47.

Mason, I. (2000). Audience design in translating. The Translator, 6(1), 1-22.

Metzger, M. (1995). The paradox of neutrality: A comparison of interpreters' goals with the reality of interactive discourse (Unpublished doctoral dissertation). Georgetown University, Washington, DC.

Metzger, M. (1999). Sign language interpreting: Dcconstructing the myth of neutrality. Washington, DC: Gallaudet University Press.

Metzger, M. (2006). Salient studies of signed language interpreting in the context of community interpreting scholarship. In E. Hertog & B. van der Veer (Eds.), Linguistica Antiverpiensia Series: No. 5. Taking stock: Research and methodology in community interpreting (pp. 263-291). Antwerp, Belgium: Hoges- chool Antwerpen, Hoger Instituut voor Vertalers en Tolken.

Napier, J. (2001). Linguistic coping strategies of sign language interpreters (Unpublished doctoral dissertation). Macquarie University, Sydney, Australia.

Napier, J. (2002a). Sign language interpreting: Linguistic coping strategies. Coleford, United Kingdom: Douglas McLean.

Napier, J. (2002b). Linguistic coping strategies of interpreters: An exploration. Journal of Interpretation, 63-92.

Napier, J. (2002c). University interpreting: Linguistic issues for consideration. Journal of Deaf Studies and Deaf Education, 7(4), 281-301.

Napier, J. (2003). A sociolinguistic analysis of the occurrence and types of omissions produced by Australian Sign Language/English interpreters. In M. Metzger, S. Collins, V Dively, & R. Shaw (Eds.), From topic boundaries to omission: Research on interpretation (pp. 99-153). Washington, DC: Gallaudet University Press.

Napier, J. (2004) Interpreting omissions: A new perspective. Interpreting, 6(2), 117-142.

Napier, J. (2005a). Linguistic features and strategies of interpreting: From research to education to practice. In M. Marschark, R. Peterson, & E. A. Winston (Eds.), Interpreting and interpreter education: Directions for research and practice (pp. 84-111). New York, NY: Oxford University Press.

Napier, J. (2005b). Teaching interpreters to identify omission potential. In C. Roy (Ed.), Advances in teaching sign language interpreters (pp. 123-137). Washington, DC: Gallaudet University Press.

Napier, J. (2011). "It's not what they say but the way they say it." A content analysis of interpreter and consumer perceptions of signed language interpreting in Australia. International Journal of the Sociology of

Language, 207, 59-87.

Napier, J. (2012). Exploring themes in stakeholder perspectives of video remote interpreting in court. In C. J. Kellett (Ed.), Interpreting across genres: Multiple research perspectives (pp. 219-254). Trieste, Italy: EUT Edizioni Universta di Trieste.

Napier, J. (2015). Omissions. In F. Pochhacker (Ed.), Routledge Encyclopedia of Interpreting Studies (pp. 289-291). London, United Kingdom: Routledge.

Napier, J., & Barker, R. (2004a). Accessing university education: Perceptions, preferences, and expectations for interpreting by deaf students. Journal of Deaf Studies and Deaf Education, 9(2), 228-238.

Napier, J., & Barker, R. (2004b). Sign language interpreting: The relationship between metalinguistic awareness and the production of interpreting omissions. Sign Language Studies, 4(4), 369-393.

Napier, J., & Kidd, M. (2013). English literacy as a barrier to healthcare information for deaf people who use Auslan. Australian Family Physician, 42(12), 896-899.

Napier, J., & Leneham, M. (2011). "It was difficult to manage the communication": Testing the feasibility of video remote signed language interpreting in courts in NSW, Australia. Journal of Interpretation, 21,53-62.

Napier, J., Major, G., Ferrara, L., & Johnston, T. (2014). Medical Signbank as a model for sign language planning? A review of community engagement. Current Issues in Language Planning, 15, 279-295. Doi: 10.1080/14664208.2014.972536.

Napier, J., & Rohan, M. (2007). An invitation to dance: Deaf consumers' perceptions of signed language interpreters and interpreting. In M.

Metzger & E. Fleetwood (Eds.), Translation, sociolinguistic, and consumer issues in interpreting (pp. 159-203). Washington, DC: Gallaudet University Press.

Napier, J., & Sabolcec, J. (2014). Direct, translated, or interpreter-mediated? A qualitative study of access to preventative and on-going healthcare information for Australian Deaf people. In B. Nicodemus & M. Metzger (Eds.), Investigations in healthcare interpreting (pp. 51-89). Washington, DC: Gallaudet University Press.

Newmark, P. (1987). A textbook of translation. London, United Kingdom: Longman.

Newmark, P. (1991). About translation. Clevedon, United Kingdom: Multilingual Matters.

Nicodemus, B., & Emmorey, K. (2015). Directionality in ASL-English interpreting: Accuracy and articulation quality in L1 and L2. Interpreting, 17(2), 145-166.

Nord, C. (1997). Translating as a purposeful activity: Functionalist approaches explained. Manchester, United Kingdom: St. Jerome Publishing.

Pochhacker, F. (2004). Introducing interpreting studies. London, United Kingdom: Routledge.

Pochhacker, F. (Ed.). (2015). Routledge Encyclopedia of Interpreting Studies. London, United Kingdom: Routledge.

Pym, A. (2008). On omission in simultaneous interpreting: Risk analysis of a hidden effort. In G. Hansen, A. Chesterman, & H. Gerzymisch-Arbogast (Eds.), Efforts and models in interpreting and translation research: A tribute to Daniel Gile (pp. 83-105). Amsterdam, Netherlands: John Benjamins.

Roy, C., & Metzger, M. (2014). Researching signed language interpreting

research through a sociolinguistic lens. International Journal of Translation & Interpreting Research, 6(1), 158-176.
Russell, D., & Winston, E. (2014). Tapping into the interpreting process: Using participant reports to inform the interpreting process in educational settings. International Journal of Translation & Interpreting Research, 6(1), 102-127. Doi: ti.106201.2014.a07.
Siple, L. (1995). The use of additions in sign language transliteration (Unpublished doctoral dissertation). State University of New York, Buffalo.
Siple, L. (1996). The use of additions in sign language transliteration. In D. M. Jones (Ed.), Assessing our work: Assessing our worth. Proceedings of the 11th National Convention of the Conference of Interpreter Trainers (pp. 29-45). Northridge, CA: CIT.
Skinner, R., Turner, G. H., Napier, J., & Wheatley, M. (Jemina-what year?). Democracy, telecommunications and deaf citizenship. Manuscript submitted for publication.
Sofinski, B. A. (2003). Adverbials, constructed dialogue, and use of space: Oh my! Nonmanual elements used in signed language transliteration. In M. Metzger, S. Collins, V. Dively, & R. Shaw (Eds.), From topic boundaries to omission: New research on interpretation (pp. 154-186). Washington, DC: Gallaudet University Press.
Sofinski, B. A., Yesbeck, N. A., Gerhold, S. C., & Bach-Hansen, M. C. (2001). Features of voice-to-sign transliteration by educational interpreters. Journal of Interpretation, 47-68.
Sperber, D., & Wilson, D. (1986). Relevance: Communication and cognition. Oxford, United Kingdom: Blackwell.
Stone, C. (2005). Towards a Deaf translation norm (Unpublished doctoral

dissertation). University of Bristol, United Kingdom.

Stone, C. (2009). Toward a Deaf translation norm. Washington, DC: Gallaudet University Press.

Stratiy A. (2005). Best practices in interpreting: A deaf community perspective. In T. Janzen (Ed.), Topics in signed language interpreting (pp. 231-250). Amsterdam, Netherlands: John Benjamins.

Sunnari, M. (1995) Processing strategies in simultaneous interpreting: "Saying it all" versus synthesis. In J. Tommola (Ed.), Topics in interpreting (pp. 109-119). Turku, Finland: University of Turku, Centre for Translation & Interpreting.

Wadensjö, C. (1998). Interpreting as interaction. London, United Kingdom: Longman.

Wang, J. (2013). Working memory and signed language interpreting (Unpublished doctoral dissertation). Macquarie University, Sydney, Australia.

Wang, J., & Napier, J. (2016). Directionality in signed language interpreting. Meta.

Winston, E. (1989). Transliteration: What's the message? In C. Lucas (Ed.), The sociolinguistics of the Deaf community (pp.147-164). San Diego, CA: Academic Press.

Winston, E., & Monikowski, C. (2003). Marking topic boundaries in signed interpretation and transliteration. In M. Metzger, S. Collins, V. Dively, & R. Shaw (Eds.), From topic boundaries to omission: New research on interpretation(pp.187-227). Washington, DC: Gallaudet University Press.

Author's preface to Chinese version, 2025

We know that the sign language interpreting profession, and sign language interpreter education, is at different stages of progression throughout the world largely influenced by socio-economic and social justice polices and legislation, and the status of recognition for the rights of Deaf people to use sign languages as a human right. As at 2025, approximately 78 countries have officially recognised their national sign language in the form of a sign language law or act. We have seen an explosion of research over the last 25 years, which documents the examination of sign language interpreting in practice and explores different pedagogical practices.

In China, the population of Deaf people is said to be 27.80 million and there is increasing demand for sign language interpreting services in a variety of settings: education, healthcare, workplaces, court and legal contexts being the most prominent. With Chinese government policies ensuring that disabled and Deaf people have access to high quality, free education from primary to tertiary level, there has been a boom in numbers of Deaf students entering university in the last two decades. As such, educational interpreting (especially in the university environment), and conference interpreting utilising Chinese Sign Language are on the rise.

There has already been ground-breaking work done by Xiaoyan Xiao, Xiao Zhao and Hongyu Liu to push the boundaries of thinking about the provision and quality of sign language interpreting in China by signalling that it is one important aspect of the booming professional interpreting industry in China.

For all of these reasons I was delighted to be approached by Hongyu Liu and her colleague Jilin Fu to translate my research monograph *Linguistic Coping Strategies in Sign Language Interpreting* into Chinese. The book was a result of my PhD study, which I published in 2002 and then was updated and a 2nd edition published in 2016. The research focused specifically on sign language interpreting in university lectures, so it seems very apt to have this book made available to Chinese sign language interpreter students and practitioners, given the rise of university interpreting in China.

Both Professor Hongyu Liu and Professor Jilin Fu have expertise in teaching interpreting students, and also in co-translating sign language related books. So, I appreciate the expertise they both bring to the translation of my book, and also respect the fact that they both felt that a translated version of my book would make a valuable contribution to the Chinese sign language interpreting context. They have consulted me frequently about their translation decisions, which has brought the book back to life for me again! They tell me that they think this is a seminal text in the field, so I hope that now it is accessible in Chinese it will be considered in the same way by a wider readership, that it will continue to make a significant contribution to the interpreting studies literature, and that it may inspire others to conduct research on Chinese Sign Language interpreting.

Jemina Napier

中文版序言（2025）

我们知道，全世界不同国家和地区的手语翻译行业和手语译员教育处于不同发展阶段，其发展水平在很大程度上受社会经济发展、社会法制和立法情况以及手语作为聋人基本权益的认可度等因素影响。截至2025年，已有78个国家用手语立法或法案等形式认可其国家手语的正式地位。在过去25年间，手语传译实践以及手语翻译相关教学实践的研究呈爆发式增长。

在中国，据称聋人数量已达2 780万。人们对手语翻译服务的需求不断增加，需求场景也非常丰富，其中教育、医疗、工作场所、法律场景的手语传译需求尤为突出。中国政府的残疾人保护政策保障了基础教育到高等教育阶段的聋人和其他类型的残疾人可以享受高质量、免费的学校教育。最近20年读大学的聋人学生数量大幅增加，因此，教育场景（尤其是大学环境下）的手语传译服务，以及使用中国手语的会议手语传译服务的需求在不断攀升。

在这一领域，中国已有一些开创性的研究成果，例如肖晓燕、赵肖、刘鸿宇等学者，她们突破性地思考并探讨了中国手语翻译服务的供给和质量问题，指出在中国迅速发展起来的职业翻译行业中，手语传译也是重要的组成部分。

鉴于以上原因，当刘鸿宇教授和她的同事付继林教授提出希望将我的专著《手语传译中的语言应对策略》（*Linguistic Coping Strategies in Sign Language Interpreting*）译成中文时，我感到非常高兴。这部独创专著是基于我 2002 年出版的博士论文，2016 年我更新并出版了第二版。这项研究聚焦于大学讲座手语传译问题。考虑到当前中国大学手语翻译的迅速发展态势，此时将本书提供给中国手语翻译方向的学习者和相关实践者似乎尤为合适。

刘鸿宇教授和付继林教授在翻译教学方面颇具专长，还拥有丰富的手语相关译著合作翻译经验。我非常感谢他们在翻译我的专著时所展现的专业知识和学术能力，也敬佩他们的决定和努力。他们认为我的这部专著非常重要，非常有必要翻译和引入中国，认为这部专著将对中国手语翻译发展作出重要贡献。在做中文译本的翻译决策时，他们常常咨询我的意见，让我专著中的内容和观点又栩栩如生！他们坚信这部专著是本领域中影响力深远的开创性研究，因此我希望它的中文译本也是翻译研究中的一部力作，能惠及更多读者，让中文读者同样获益匪浅，激励和推动更多人投入中国手语翻译研究。

杰米娜 • 纳皮尔

第一章　口译的社会语言学和社会文化语境

为了重现手语译员的工作语境，本章有必要探讨可能影响手语传译的社会语言学和社会文化因素。在厘清通用意义上的口译框架的同时，我们可对有声语言口译和手语传译加以比较，进而识别出手语传译的特性。本章还关注其他社会语言学和社会文化因素，包括相关话语环境，以及处理源文本特定语言特征（如词汇密度等）时译员所面临的挑战。

一、口译框架

本书探讨手语译员的语言应对策略，为了使讨论卓有成效，本章需要先建立一个口译框架来说明译员是如何工作的。通过探讨译员工作的普遍性质，研究背景将得以确立。本书既聚焦于口译的语言过程，也探讨译员的角色行为，这是理解口译复杂性的必要途径。

本书序言介绍了口译的本质是将思想从一种语言转换到另一种语言的过程。然而，两种语言之间转换概念的过程并不像看起来那么简单，这需要译员储备多层面的技能。科克利（1995）清晰定义了口译过程的各个层面，具体如下：

> 在由两个主要群体组成的一个三方实时互动中，三元体中的两个主要群体各自掌握一种自然演化的语言，但却不懂或不愿使用对方的语言，[处于第三方的译员因而进行两种语言间的口译]，有效且连贯地使用一方的语言来传达另一方的语言所表达的意义

和意图，以此确保交际互动能够实现（Cokely, 1995:1）。

如上所示，口译是一个高度复杂的语言过程，涉及“大脑能同时处理两种语言的奇妙机制”（Ingram, 1978: 113）。一些文献专门提出了口译的心理语言学视角，即口译过程涉及认知信息处理过程（Flores d'Arcais, 1978; Ford, 1981; Goldman-Gisler, 1978; Goldman-Gisler and Cohen,1974; Ingram, 1974, 1985; Isham, 1994; Isham and Lane, 1993; Le Ny, 1978; Lörscher, 1996; Massaro, 1978; Moser, 1978; Seleskovitch, 1976; Tweney, 1978）。用心理语言学方法来研究口译通常强调口译的线性过程，即源语的信息被解码、分析、重新编码到目标语，在这一过程中记忆非常重要。然而，这种方法具有一定的局限性，因为它暗示了转换过程仅发生在两种语言之间，而不是发生在不同语言、不同社群和不同文化之间。

其他学者，如科克利、弗里希伯格、梅茨格、诺依曼-索洛、佩格尼尔、罗伊（Cokely, 1985, 1992a; Frishberg, 2000; Metzger, 1995, 1999; Neumann-Solow, 2000; Pergnier, 1978; Roy, 1989a, 1992, 1996, 2000a）指出，任何有关口译的研究都应该采用社会语言学的参数框架，因为译员不仅需要协调两种语言，还要协调两个社群和两种文化。因此，无论面对何种形式的口译，译员传译时都需要基于对互动双方的语言和文化的理解，以及对双方不同规范和价值观的理解。斯科特-吉布森（1992）断言口译不仅仅是理解信息。她指出，无论是何种口译，译员都应该将一种语言的思想重新表述为第二种语言，同时，译员应该把相同情形下第二种语言母语者将有的意图和风格也表达出来。此外，斯科特-吉布森强调，译员必须既具备双语能力，又具备双文化能力，“深入了解两种语言、两种文化和所涉及的文化差异，只有在这个基础上，译员才能准确传达信息”（Scott-Gibson,1992:255）。

采用社会语言学和社会文化的方法研究口译，重点不在于不同语言中信息的解码和重新编码，而是在于所传递的信息和要传达的意义。哈蒂姆和梅森指出社会语言学观点强调口译的关键是实现“动态对等”（Hatim and Mason, 1990）；也就是说，确保目标语听众能够从口译信息中得出与源语演讲者想表达的意义完全相同的意义。因此，口译过程不是关于语言的传输和变化，而是关于信息在社会语言学和社会文化语境下的传达（Pergnier, 1978）。

在手语传译界，是“重新以语言表达”还是“传达信息”，这一讨论焦点颇受过去二十年间提出的各种口译模式的影响。如何看待译员角色，研究者对此的描述也是多样的，例如，有“服务模式”（Witter Merithew, 1987, 1988）、“译员形象”（Frishberg, 1990）、“译员观点框架”（Humphrey and Alcorn, 1996）、“口译模式”（Stewart, Schein and Cartwright, 1998）等。李（Lee, 1997）指出，译员的角色受到诸多因素影响，但随着该领域的研究越来越多，学者已建立了一些模式，并对其进行改进。李（Lee, 1997: 41）评论道：“我们要向外界定义我们的角色……同时，作为专业的译员，我们在同行之间也讨论工作时要遵循的口译模式。”

口译模式是“对一个过程或事物的假定性的呈现形式，它以语言或图表的形式来表达一个活动，一个事物，或者一系列活动事件”（Stewart et al., 1998: 33）。早期的模式很少承认可能影响译员工作的社会语言学或社会文化因素，也很少承认出现在传译场景中的译员会因自身介入交流而不可避免地影响交际互动。提出这些早期模式的研究者有斯图尔特、诺依曼-索洛、弗里希伯格等，他们分别提出了认知模式（Stewart et al., 1998）、传声筒模式（Neumann Solow, 1981）和沟通促进者模式（Frishberg, 1990; Neumann Solow, 1981）。然而，汉弗莱和奥尔康、麦金泰尔和桑德森、梅茨格、罗伊等研究者认识到，将译员隐喻为对交际没有影响的中转人，这并不能解释人类交互的动态性和口译对译员灵活处理能力的要求（Humphrey and Alcorn, 1996; McIntire and Sanderson,

1993; Metzger, 1999; Roy, 1993）。

基于社会语言学范式的口译模式是呈现口译完整动态的最佳方式。在此模式中，译员参与在不同语言之间进行信息传达这一复杂的语言和文化过程，认识到他们可以帮助而非阻碍交际互动。社会语言学模式的聚焦点是参与者之间的人际互动，由此它承认可能影响译员工作的各种社会语言学因素，也承认译员会影响交际互动。社会语言学或双语双文化模式（McIntire and Sanderson, 1993）要求译员对交际互动所涉及的诸多因素，如场景、参与者、目的、信息等，均加以识别和考量，而不是保持"隐身状态"，也不是仅仅依赖对语言的理解（Stewart et al., 1998）。译员被认为是"第三文化"的成员（Atwood and Gray, 1986; Bienvenu, 1987; Napier, 2002; Sherwood, 1987）。这一观点源于这样一个事实，即当代表着两种文化的交际者相遇时，通常译员是交际现场中唯一能够发现问题，借助自身对两种文化的理解而适当调整语言的人（Roy, 1993）。

科克利（1985, 1992a）是社会语言学口译过程模式的主要倡导者之一。他将口译的社会语言学途径定义为通过并行而非线性方式处理、具有多层面性的口译。在他提出的"具有社会语言学敏感性的过程模式"中，他总结了口译过程的七个关键阶段。该模式的示意图似乎暗示口译的处理过程是依次线性发生的。然而，科克利澄清了这一点，他指出，"将该过程视为一个具有多个嵌套阶段的过程会更有帮助"（Cokely, 1992a: 128）。通过这种嵌套方式，该模式可以描述口译的关键过程和子过程，学界普遍认为口译的重要阶段不一定彼此独立，可能彼此重叠。

科克利提出的口译过程的七个重要阶段是：（1）接收信息；（2）初步处理；（3）信息的短时记忆；（4）语义意图的实现；（5）语义等效的确定；（6）句法信息的形式化；（7）信息的产出。此外，他假设一系列子过程和因素可能对口译的整体过程具有影响。这些子过程和因素包括跨语言和跨文化意识、语言和句法能力、身体和心理因素，以及语义、句法和语境知识等。

因此，我们应该认识到在任何交际互动中，译员都是一个能够施加影响并且反过来受参与者、语言、文化和社会规范影响的人，他们并不是对交互没有影响力的实体。贝克-申克（Baker-Shenk,1986）指出，手语译员不可能完全中立，因为他们是人数居多的听人社群的成员，因此也属于曾对聋人施加限制的社群。采用社会语言学、双语双文化的传译模式为译员提供了机会，译员可以利用对聋人和听人文化的了解来解决权力失衡问题，并且促进有意义的互动（Page,1993）。译员可以被视为聋人社群的“盟友”（McIntire and Sanderson,1993），充当语言和文化的协调者，赋能聋人，使他们平等且无障碍地获取信息。

在科克利（Cokely, 1992a）模式基础上，斯图尔特等（Stewart et al., 1998）进一步提出了一种互动口译模式。就可能影响口译过程的因素而言，除了社会语言学和社会文化因素外，该模式还将非语言因素纳入考察范围。在该模式中，影响口译过程的因素由三类组成：参与者、信息和环境。“参与者”类因素是指交互的发起者（也称源语演讲者）、信息的接收者（也称目标语群体/个体）和处理信息的译员。“信息”类因素是指主要参与者所表达的信息。“环境”类因素包括“口译话语所处的物理环境和心理语境……[包括]口译话语所处的社会语境”（Stewart et al., 1998: 34）。该模式中，成功取决于每类因素之间的交互作用，这其实与科克利（1992a）提出的“多阶段嵌套”口译过程有异曲同工之妙。

该模式不仅包含了科克利概述的所有社会语言学因素，还详细讨论了交际互动的本质。口译过程不仅是不同语言之间的信息翻译，而且是不同文化和不同社群之间的信息翻译。该模式的核心关注点是所有语言交流都发生在互动中，为了在不同语言和文化之间有效地进行口译，译员必须被视为互动的一部分。与之前的口译模式不同，这一互动模式承认无论是何种交际，译员都会将一些东西带入互动中，译员传达信息的意义，使表达在文化上贴切和恰当，帮助使用不同语言的交流者成功理解对方。

其他学者，如梅茨格（Metzger, 1995, 1999）、罗伊（Roy, 1989a, 1992, 1996, 2000a）和瓦登斯约（Wadensjö,1998）也认为互动视角是充分描述口译过程的唯一可行的方法。因此，应该将互动口译模式视为理想的口译框架。通过从因素互动的角度观察口译过程，可以明确语言和文化层面上有效传译的程度和原因。然而，只有当译员采用社会语言学和社会文化的工作途径，并且承认每次口译都会根据情景语境的不同而有所变化时，互动口译模式才能被成功应用。

（一）社会语言学和社会文化途径下的口译

> 文本通常依赖于先前的文本经验以唤起重要的意义（互文性）。当语篇的接受者对该语言没有任何经验，因此也没有相关的先前文本时，译者有责任提供一个译本，使语篇的接受者能够推断出源语发出者想要表达的意识形态与立场（Metzger, 1995: 28）。

为了给会话参与者提供一个社会文化框架，以便后者推断“意识形态与立场”，译员必须具备双语和双文化的能力。然而，仅仅具备双语和双文化能力仍是不够的，译员还必须运用一些工具来明确某个事物对目标受众的意义，找到有效传译信息的最好方式，使其符合目标受众的文化规范和价值观。因此，译员不仅必须理解目标受众世界观下的社会语言学和社会文化语境，还必须采用正确的口译方法，以确保自己能够在社会文化框架内准确传达信息的意义。

根据生活经历和所感受到的文化归属，人们会形成一套对这个世界和对他们交际互动对象的假设。框架理论可以解释人们如何基于自身在多个类似情景中的经验对知识进行分类，进而形成该情景的知识框架，因此，当再次面对相似情景时，人们可能会有意识或无意识地参考已形成的框架，使用相关词汇、语法和经验性知识，对话语情景及其参与者做出相应判断。

多位学者，包括戈夫曼（Goffman, 1974），甘柏兹（Gumperz, 1982），哈蒂姆和梅森（1990），梅茨格（1995, 1999），罗伊（2000d），希夫林（Schiffrin, 1993），坦嫩（Tannen, 1979, 1993），以及威尔科克斯夫妇（Wilcox, 1985），在讨论与语篇相关的问题时都提到了“框架”或“图式”理论。威尔科克斯夫妇将图式理论定义为“关于知识的理论”，该理论解释了理解是如何发生的、理解是怎样受到先验知识和语境影响的。图式或“框架”理论认为，信息的意义并不是像语言的认知模式所描述的那样是通过解码而得来的，相反，信息的意义是通过建构而得来的。

本质上，框架理论描述了概念的“框架”，人们用它来“挂放”信息，并且人们基于这些框架来形成对人、物、地点的假设。“框架”由不同的价值观搭建而成，而这些价值观因个人生活经历而异。当这些价值观组合在一起时，就形成了一个概念。就像个体对人、物、地点做出假设一样，个体也会以“脚本”的形式对“不成文”的行为规则做出同样的假设。尚克和阿贝尔森（Schank and Abelson, 1977: 38）将脚本定义为“标准事件序列”，哈蒂姆和梅森（1990: 160）则将脚本称为“具有预先建立的例行程序的固定计划”。这些脚本用于指导一个人根据特定环境中的特定行为期待来达成特定形式的社会交往，而这些特定行为期待又取决于一个人在成长过程中接触到的社交互动类型。

人们假设已知信息，并且在此基础上给出新信息。人们在框架和脚本间进行搭桥推理，针对正在接收的信息做进一步的假设。因此，译员在投身口译任务时，会带着关于人、主题和事件的自己的框架和脚本。其他所有参与者，无论是聋人还是听人，也都会有自己的假设，这些假设可能会影响交际互动。因此，译员所持有的假设将不可避免地对口译本身产生某种影响，这意味着在考虑口译过程模式时，译员影响必须是一个核心因素。

如前所述，通过采用社会语言学途径，互动模式能够将译员作为参与者纳入口译过程，从而明确承认了译员以及主要对话者将对互动产生影响。通过运用来自双方社群、语言和文化的全部语境知识，针对受众双方都能够理解的内容做出自己的假设和判断，译员就可以确保口译在语言和文化上对所有参与者都有效。译员将根据参考框架和某些概念的意义，从文化角度推断这些概念在源语和目标受众眼中的意义，做出具体的语言选择（Napier, 1998b, 1998c, 2000, 2001）。因此，译员将从受众或接收者的视角来构建信息的意义（Frishberg, 2000）。

为了确保受众对接收到的信息做出相同的推断，译员必须致力于在语言和文化上实现对等。仅仅在每种语言中搜索那些可以直接翻译出的单词是不够的，因为社会文化语境可能改变人们对某些表达的理解。哈蒂姆和梅森（1990: 100）指出，口译过程是“一个不断发展变化的存在，是信息发出者和接受者基于共同的认知环境做出假设，进行合作和交流的过程”。为了对口译的社会语言学和社会文化语境做出最佳应对，译员必须认清自身的语言能力、文化知识，明白知识运用能够提升口译质量。通过这一方式，译员对交际互动做出积极贡献。就应用框架理论和有效发挥语言和文化协调作用而言，译员最适合的并且最具活力的口译方法应该是意译法。

（二）口译技巧

意译原则的核心是译员不仅仅是一个传声筒。[1] 对译员来说，仅做到两种语言都非常流利是不够的；她必须对潜在的对立文化规范和价值观有深刻的理解，并对自己的口译做出相应的判断。尽管语言学家认为流利程度意味着文化意识，但将这一概念应用于口译是一个相对较新的现象。许多口译文献指出，译员不仅必须利用她的文化知识和对参与者的理解，还必须利用她的元语言意识来判断口译是否有效。

根据麦基（McKee, 1996）的研究，无论从事何种语言的口译，译员面临的一个最大困难是互动参与者语言不同，经验、知识或对特定情景的熟悉程度也可能不同。她表示，译员通常会陪同个体进入不同情景，获取与其文化无关的新信息，或者常常置身于一个参与者对彼此的社群、语言或文化价值均一无所知的工作环境。因此，“我们会觉得在口译中没有把一些事情说清楚，然而在通常情况下，会话参与者的确不具备相同的知识、假设或做事方式”（McKee, 1996: 22）。

因此，可以说，译员必须为不同文化所持有的不同假设做好准备。面对同样一则信息，每个译员都会根据她对信息的理解而进行不同的传译，但是译员还必须考虑的是“一旦信息被传译后，使用目标语的参与者将理解到的信息意义究竟是什么”。

关于意译，很关键的一点是译员能够将合理的假设和推理带入口译任务中。为了对目标受众做出假设，译员必须具有双语能力，也必须具备双文化能力。熟悉某个社群及其社群文化将有助于译员获取这些人所接受的教育程度、社群成员所接触到的信息类型、语言使用的性质，以及文化规范和价值观等有用信息。译员可以推断文化层面和语言层面上受众对所讨论主题的理解程度如何，据此在整个传译过程中做出刻意的选择，进而做出恰当的文化含义转换（Hatim and Mason, 1990）。泰弗尔（Tajfel, 1969）描述了“文化适应如何作为衡量和理解其他一切的参考点”。因此，译员要意识到人们具有不同的文化视角，要知道在口译时如何使用一些线索而忽略另一些线索（cited in Cavell and Wells, 1986: 99）。因为依赖于语言的形式，译员往往过于关注句法、词汇。口译时，传达一个语段的文化意义的能力可能比强调信息的形式，即“以词译词”的能力更为重要。因此，作为口译方法，意译法是“忽略源语结构，根据要传达的意义而努力实现源语和目标语的对等”（Crystal, 1987: 344）。直译与意译不同，直译是“严格遵循源文本的语言结构，但可以根据目标语的规则进行规范化”（Crystal, 1987: 344）。例如，如果将英语直译到澳大利亚手语，直译后的澳大利亚手语表达中除了含有澳大利亚手语的语言特征外，还将带有英语的单词语序特征，或者英语单词发音时的唇形特征。大多数的手语传译文献把直译称为音译（Cerney, 2000）。[2]

任何口译的关键都是正确传达信息，并且确保目标受众收到的信息与收听或观看源语演讲者的受众相同。因此，口译必须不仅仅是从一种语言到另一种语言的逐词翻译。口译时译员思考的应该是如何实现意义的对等，而非单词的对等（Seleskovitch, 1978）。对等一词是意译概念的核心。无论是何种口译任务，译员都会带上自己的情景框架；对交际参与者，她会形成自己的假设，并根据这些假设做出推断。在双语能力和双文化能力基础上，译员应该能够通过理解和推断某事对特定受众的意义来找到两种语言之间的意义对等。哈蒂姆和梅森（1990）强化了这一观点，指出每一个词汇项在另一种语言中都可能对应着几个词汇项，这取决于不同语境所赋予的词语的外延意义（词语字面所指称的基本词义）和内涵意义（基本词义之外的附加意义）。因此，仅仅知道两种语言中可彼此替代的对应词是不够的；相反，译员必须要找到的是“能够表达‘同样一回事儿’的那些表达，不论原句中的词语是什么”（Baker, 1992: 87）。由此，信息才能产生“意义”（Seleskovitch, 1992）。

在这个前提下，用一种语言说的一切都可以用另一种语言去表达，前提是这两种语言所归属的社会处于同样的发展水平。塞莱丝柯维奇（Seleskovitch, 1978）提出一个假设，即特定单词被认为不可翻译的唯一原因是不同的语言以不同的方式表达概念，因此不一定存在完全对等的单词。然而，不同的人类社群将会具有相似的参考框架，“单词，即概念的语言外壳，只有当目标语的社会现实中不存在这些单词的所指物时，它们才是‘不可翻译的’”（Seleskovitch, 1978: 88）。

塞莱丝柯维奇指出，口译过程中的一个必要部分可能是在现有的文化框架中引入一个新概念，然后通过赋予它一个名称将其正式引入目标语言。随后，在任何口译任务中，译员都将利用她的语言技能和文化知识来决定一个概念对受众来说是否是新的，她将据此进行口译。为了确保所有互动参与者都能收到相同信息，寻求语言和文化对等是一切口译过程的基础。当某些词语或概念可能对一个受众具有正面积极含义，但对另一个受众却具有负面消极联想时（Frishberg, 1990; Lane, Hoffmeister and Bahan, 1996），这种对等就会引起质疑。这意味着译员必须考虑互动参与者“丰富的文化现实”（Cokely, 2001）。

任何概念的内涵都必须在语言选择中得到反映；仅仅进行单词和手势词之间的相互转换是不够的，必须关注深深嵌入在手势词和单词中的文化价值观。翻译技巧丰富的译员在互动模式中扮演了语言和文化协调者的角色，她应该自然而然地采用意译法，并将其视为在两种语言和文化之间进行翻译的唯一可行方式。在认识到其他社会语言学因素的影响后，克里斯特尔（1987）指出，译员除了必须具备双语和双文化能力以外，还必须对口译环境中使用的话语有透彻的理解，因此他们需要了解可能影响信息预期效果的各种社会因素、文化因素或情感内涵。

很多文献都经常提及意译的概念，但只有梅茨格（1999）和纳皮尔（2001）对其进行了具体讨论。他们将意译定义为“将概念和意义从一种语言翻译成另一种语言的过程，在这一过程中要综合考量文化规范和价值观，要运用基于价值观的假定知识，要寻求在语言和文化层面的对等”（Napier, 2001: 31）。

尽管意译在口译技巧中非常关键，但本节最后还要说明一种情况，那就是在特定的话语环境中，由于环境的正式性和目标受众的需求，译员使用更加直译的口译技巧作为她的翻译风格是恰当的。本书第三章将进一步探讨这一点。

二、手语译员和有声语言译员的比较

到目前为止，本章讨论并强调了译员的工作面向的是不能使用或选择不使用相同语言的人们。还有人提出，译员在拥有不同文化经验的个体之间充当协调者的角色。许多译员的服务对象都来自少数语言群体，因此这些服务对象也属于社会地位有落差的人群（Gentile, Ozolins and Vasilakakos, 1996）。有趣的是，金泰尔等观察到“译员可能与使用‘较低地位’语言的客户同属一个族群”，并且“这些动态关系会直接影响到译员”（Gentile et al., 1996: 21）。

无论使用何种语言，传译的基本过程都是相同的（Roberts, 1987）。尽管如此，由于手语译员通常都在地位不具可比性的两个或多个社群之间工作，因此他们面临的问题与有声语言译员面临的问题有很大不同。例如，如果将聋人视为一个族群的成员，那么手语译员会由于听力正常而无法真正与聋人同属一个群体。这种情况意味着当涉及译员的聋人社群成员身份、双语地位等问题时，就手语使用而言，手语译员会遇到各种语言问题。

（一）聋人社群及其语言使用情况

布伦南等许多学者（Brennan, 1992; Brien, 1991; Higgins, 1980; Ladd, 2002; Lane et al., 1996）都讨论过聋人社群的概念，并将聋人定义为一个基于共同语言、身份、社会和教育经历而相互认同的语言和文化上的少数群体。贝克和科克利（1980）解释了加入聋人社群的四条“途径”：听觉途径、政治途径、语言途径和社会途径。四条进入途径都符合的人被认为是社群的“核心”成员，其他人则是“边缘”成员。例如，帕登（Padden, 1980: 41）指出，成为聋人社群成员，听不到并不是必要的，因为“聋人社群可以包括非聋人，但他必须是积极拥护该社群目标、积极合作、努力实现该目标的人”。因此，她的聋人定义可包括译员和聋人家庭中的非聋人成员，但只能作为社群内的边缘成员。因此，虽然听人可能被聋人社群接受，但听人永远不会被视为聋人“族群”中真的一员。

聋人社群经常被认为是社会中权利受到影响的群体，他们在非聋人占大多数的社会曾经非常受限制。一些学者，如贝克-申克等（Baker-Shenk, 1986; Lane, 1993）将聋人称为“受压制的群体”，他们的生活历来都由“听得见的”那些人决定和控制。聋人有过自身语言和文化价值遭受诋毁，自己也被污名化为“异常之人”的历史（Higgins, 1980）。成为被污名化的社群的一员明显影响了聋人的社会和文化认同。他们被剥夺了使用自己语言的权利，并且处在与社会中占主导位置的成员（即听人）的权力斗争中，他们的文化、传统和信念的价值被低估（Humphrey and Alcorn, 1996）。

根据罗林斯和詹塞玛（Rawlings and Jensema, 1977）的研究，聋校中父母也是聋人的聋童只有 5%到 10%（cited in Meadow-Orlans, 1990）。因此，对于大多数聋人来说，在他们步入教育体系之际才第一次有机会与其他聋人接触，与其他聋人建立身份认同关系，形成关于聋人身份的个人观念和社会认同。莱恩（Lane, 1993）指出，寄宿制的聋人学校[3]就是聋人文化价值观最为凸显的一个地方。

矛盾的是，在聋人的经历中，教育体系似乎是最具压制性的机构之一。1880 年在米兰举行的聋教育大会导致的后果是聋校禁止聋人学生使用手语，绝大多数聋人儿童[4]通过口语教学法接受教育，聋校鼓励他们利用残余听力，通过唇读法，而不是使用手语来发展语言能力（Erting, 1994; Lane et al., 1996）。尽管教育体系有其不利的方面，但聋人的文化价值观几乎不受其影响，仍然持续发展，因为聋人在很小的时候就依靠寄宿制学校将彼此聚集在一起，为彼此提供共同的人生体验。

多年来，教育体系发生了变化，许多聋人寄宿学校被关停了，聋童要么被安置在当地学校的独立聋部中，要么完全融入非专门招收聋童的普通学校中。因此，由于聋人的教育经历不同、接受教育的语言或教育模式不同，他们的手语使用情况会有所不同（Kannapell, 1989）。其他可能影响聋人手语熟练程度的因素包括：小时候是否在家中使用手语（无论他们的父母是聋人还是听人），是否拥有打手语的聋人伙伴，以及他们是在全是聋人的环境还是在全是听人的环境中工作。尽管某个人或许能采用某种形式的手势沟通，但他或她不一定能流利地使用自然手语。

汉弗莱和奥尔康等（1996）描述了与聋人社群成员互动时可能遇到的一系列的“手势交流符号”。这一符号连续统含有各种手势交流形式，如手势英语[①]、手语和有声语言之间各种接触语的变体，以及自然手语。

然而近年来，随着面向聋童的双语教育项目不断推出，聋人使用有声语言书面语和他们使用手语形式一样自如。即使对于那些以自然手语为第一语言或首选语言的聋人而言，他们选择使用或接收的手势符号系统也可能会因所处情景语境不同而有所不同。

译员要注意语言使用差异带来的影响，因为译员必须考虑每个聋人客户的背景和教育经历，以及他们可能偏好的交流方式。除此之外，译员还要注意另外一个因素，即能够听到声音的社会主流成员对聋人的压制明显影响了聋人与手语译员之间的工作关系，因为译员正来自占人口多数的听人社群。

虽然帕登（1980）已经描述了非聋人如何成为聋人社群的成员，但似乎聋人对欢迎听人加入他们圈子的开放态度是有限的。为了让译员能够充分融入聋人社群并成为熟练的双语者，接纳译员进入聋人社群是十分必要的。

科特-吉布森（1992）等学者表明为聋人做传译曾经被视为聋人社会福利工作者分内的工作，然而，在大多数情况下，这些角色是由聋人的亲属来担任的。尽管能够听到声音，这些人几乎已自动成为聋人社群的成员，他们在手语流利程度上等同于或接近聋人水平，因此可

---

① 手势英语是将一个英语句子逐词对应地用手势打出来。多年来，为了以手势的形式再现英语，人们采用了数种方法。根据约翰斯顿的研究，在这些方法中，“有的只是使用 26 个字母手型来替代并指拼出英语字母；有的既使用聋人的手势词，也使用调动手指字母的指拼形式；还有的是把聋人所用的手势词、手指字母的指拼形式、人为设计的手势全部组合起来，共同再现英语。这些方法有一个共同目标，就是以手势的形式来呈现英语，如果不能逐个语素地呈现，也要逐个单词地呈现”（Johnston, 1989: 473）。

以被视为双语者。

为了“将聋人从家长式束缚和照顾的枷锁中解放出来”，手语译员的角色向职业化发展（Pollitt, 1997: 21）。随着对手语的语言学地位的研究不断增多，越来越多的听人出于对手语的兴趣而非要给聋人提供帮助的责任感而参与到聋人社群当中。职业化的过程似乎满足了聋人社群的需求，但斯科特-吉布森（1994）指出手语译员经历的一个最基本的困难是“职业专长崇拜”，因为译员和聋人社群的需求并不一样。菲利普（Phillip, 1994）讨论了聋人允许听人译员成为聋人社群的成员但缺乏回报的情况。由于社会对手语的态度改善了（Burns, Matthews and Nolan-Conroy, 2001），越来越多的人对学习手语作为第二语言产生了浓厚的兴趣（甚至有人认为这很“时髦”），这意味着有更多的听人选择接受手语译员培训。

在强调手语传译、语言使用和聋人教育的问题时，科克（Corker, 1997）对聋人和译员之间的权力斗争表示担忧，因为译员通常在聋人社群、聋人的语言和文化方面接受过更好的教育，他们的手语熟练程度往往比许多聋人还要出色。科克指出，由于这种权力对立，译员通常“在使用主流文化规则生成话语方面更为老练”（Corker, 1997: 19）。

许多探讨聋人和听人译员两者关系性质的文献都暗示出他们之间存在一种难控制的相互依赖关系（Napier, 2001）。译员依赖聋人的信任和慷慨接纳而融入聋人社群，以便能够具备双语和双文化能力，而聋人则依赖译员的双语和双文化能力，方便自己跟更广泛的多数人群进行沟通。文献表明，聋人不想被听人帮助，他们对那些真切投身于聋人社群的工作但却不是在聋人社群中长大的人也保持警惕。波利特（Pollitt, 1997: 21-22）将当前的不信任状态归因于译员采纳了非聋人的、多数群体的职业价值观，因此他们“被视为回避了聋人社群珍贵的文化价值观，根据聋人自己的说法，聋人社群的成员彼此间并不是客户，而是教师、导师、家庭成员和朋友”。

有趣的是，波利特（1997）指出，手语译员选择遵从的职业价值观是有声语言译员的职业价值观。这似乎是常识，因为无论传译哪种语言，译员最终发挥的作用都是相同的。然而手语译员的角色是多方面的，我们可以从对聋人社群，以及该社群的语言、文化和社会地位的描述中看出这一点。无论使用何种语言，传译的基本过程都是相同的。然而手语传译和有声语言口译在译员工作条件、译员角色和工作的边界方面并不一定相同。可以说，两者虽然有许多相似的必要特征，但手语译员会面临一些独特问题。

（二）双语和双模态传译

为聋人社群提供传译服务，手语译员已经反思了自己会面临的一些问题，如聋人对听人能给他们提供什么持怀疑态度、聋人社群中交流形式非常多样。语言变异问题对译员培训颇有启示，因为译员如果要想在手语使用上达到类似聋人的水平，就必须融入其中。令人遗憾的是，手语译员不能像口语译员那样在他们的第二语言来源国生活。并没有一个叫作“聋人国”的地方可以让手语译员抵达该国并沉浸式地学习手语。手语译员的文化融入取决于他们与聋人社群成员互动的能力，如前所述，这对他们来说是困难重重的。

有声语言译员通常与他们的客户一样都来自同一族群。手语译员显然并非如此，这一事实对手语译员的语言使用影响颇大，它还突显了与有声语言口译情况不同的另一个难题。一般来说，有声语言译员的目标语是他们的“母语”（或“A”语言）（Baker, 1992; Bowen, 1980），译员要把第二语言翻译成自己的第一语言，即本族语。这种模式基于一个假设，即人们在使用他们的第一语言时总是能更熟练、更连贯、更准确。然而，对手语译员来说，情况通常并非如此（Frishberg, 1990）。除非这位译员在很小的时候与打手语的父母或兄弟姐妹在一起“耳濡目染”，因而很早接触到手语，否则她很难将手语作为她的第一语言。然而，更有可能的是，手语译员往往把英语传译成澳大利亚手语或英国手语，这意味着他们通常是从自己的“A”语言（本族语）译入自己的“B”语言（非母语，但能够有效、准确使用的语言）。由于聋人和听人之间的权力失衡，手语译员通常出现在聋人要依赖非聋人获取信息的交流活动中，这意味着在手语传译过程中信息通常是单向传递的。

影响手语译员工作实践的另一个语言问题是语言模态问题。有声语言译员在两种线性语言之间工作，传译时一个词在另一个词之后产出，信息是有声符号序列性累积而来的。然而，手语是视觉空间语言，通过描述空间、位置、所指和其他要素来形成图像，进而传达意义。因此，手语译员不断地在图像和线性有声符号这两种不同的语言模态之间做信息转换，而两者的信息呈现方式非常不同。这个过程通常被称为双模态传译。

人们已经注意到译员是在双语和双文化交互的界面上工作，但仍须注意的是手语传译的双模态性及其对聋人和听人交际互动的影响。布伦南和布朗（Brennan and Brown, 1997: 125）充分讨论了法庭场景下双模态传译的互动效果，但他们讨论的问题与手语译员的全部工作情景都相关。他们指出由于手语的视觉性特征，手语传译中的双模态传译“必然会改变实时互动的动态性”。布伦南和布朗列举了一些必须考虑的互动要素。首先，他们强调了互动中的目光接触的问题。为了接收信息，聋人必须与手语译员保持目光接触，然而在听人的沟通规范中，沟通互动的参与者要彼此保持目光接触。因此，聋人可能会错过听人给出的视觉线索。同样，听人可能会将注意力集中在译员身上（因为声音来自这里），而忽略聋人给出的视觉手势线索。其次，他们提出了手语译员更易受到影响（与有声语言译员相比），因为传译时参与互动的所有人总能看到他们，诸多注意力会投向他们（see also Siple, 1993）。

布伦南和布朗（1997）还指出，由于聋人和听人使用手势的方式非常不同，彼此很容易根据自己的参考框架来解读手势，进而误解他人的意思和意图。某些面部表情在手语语法中有约定的意义和功能，但可能会被听人误解。例如，在接收信息时，聋人通常会点头表示他们理解了他们看到的手势，就像非聋的英语使用者可能会用“嗯嗯”或“嗯哼”来确认他们理解了听到的内容一样。然而，聋人的点头有时可能会被误解，因为在范围更广的西方世界中，点头通常表示同意，然而有时聋人或许在点头，但这仅表示他看到了，并不一定意味着他同意所接收到的信息。

手语是在视觉空间维度上表达信息，布伦南和布朗推测，“现实世界”的视觉信息渗透到手语的语法特征中，手语会自然而然地编码这些视觉信息。因此，手语使用中的这个特点对手语译员提出了一定的要求，有声语言译员可能对此并不理解。当听到某些抽象概念或宽泛描述时，手语译员需要更多详细的视觉信息，在任何传译中她都需要将这些细节信息隐含到视觉编码中。布伦南和布朗引用了英国手语中的一个例子：“X 打破了窗户”，他们指出，为了准确地在视觉上呈现窗户被打破，译员理想情况下需要知道窗户的样子，以及它是如何被打破的。同样，如果向聋人对象传译有人被“谋杀”了，那么是用刀，还是用枪？是掐着喉咙勒死，还是使其缺氧闷死？所有这些细节概念都需要用手语加以视觉呈现，以便让聋人对象看懂。

因此，手语译员为聋人客户传译时面临这样的挑战，他们或者不断将听到的线性语音内容转换成可视化的手语图像，或者将手语呈现的视觉图像转换为连续成串的语音意义符号。图像语言到线性语言的模态转换显然为手语的传译过程增加了额外维度，因为手语译员不仅要在两种语言和文化间做意义转换，还要在两种特点迥异的语言产出模态间进行转换。

语言使用影响手语译员和有声语言译员，还有另外一种情况。从长远来看，客户对手语译员的需求永远不会停止。有声语言译员的客户可以选择学习主流语言，就此不再使用译员了，而手语译员的聋人客户却没有这个选项。聋人将永远无法听到声音，将始终依赖手语译员获取信息（Ozolins and Bridge, 1999）。正如戴维斯（Davis, 1989, 1990a, 1990b）指出的那样，聋人之所以使用手语译员是因为他们听不到声音，而不一定是因为他们不懂或不会源语。

至此，本章已经讨论了聋人社群背景下的传译，以便读者更清楚地了解手语译员面临的独特难题。通过明确手语译员服务聋人客户时必须注意的一般性社会语言学和社会文化因素，本研究的具体背景更为清晰。澳大利亚手语译员日常工作中所面临的与沟通相关的难题，以及与大学讲座手语传译相关的其他难题也非常值得关注。另外，手语译员所使用的技巧要与特定的大学话语环境相适应。因此，传译可以被视为一种话语过程（Roy, 2000a）。

三、值得关注的话语环境

为了充分研究传译，我们有必要认识和明确不同情景下可能影响所使用语言的社会语言学和社会文化语境。语言变异明显影响作为话语过程的传译，因为译员需要顺应他们接收到的源语，并相应调整目标语的产出。

（一）情景语境

功能语法关注语言的目的和语言的使用，并在语言使用的语境中研究口语和书面语。功能语法认为人们所使用的词与其所产生的意义之间的关系不是任意的。相反，语言是发挥功能的，意义是通过对词语和句法结构的选择而构建的，在选择和构建中词语方得以产出（Gerot and Wignell, 1995）。

因此，从功能视角研究语言和语言的传译，不能与语言使用的情景相剥离（Hatim and Mason,1990）。韩礼德和哈桑（Halliday and Hasan, 1985: 5）将语境和文本（无论是书面语、口语，还是手语）描述为同一过程的不同方面，其中语境是“文本与文本实际发生的情景之间的桥梁”。许多学者讨论了语言、交际互动和语境之间的关系（Brown and Fraser, 1979; Crystal, 1984; Halliday, 1978, 1993; Hymes, 1967, 1972; Ryan and Giles, 1982; Sinclair and Coulthard, 1975），主张所有语言都在情景语境下发挥作用，因此都与语境相关。基于这一点，韩礼德 （1978: 32）指出，定义语境的目的并不是质疑在词汇、语法或发音上有特异倾向的用法，而是明确“哪些情景因素决定了语言系统中的哪些选择”。

克里斯特尔和戴维（Crystal and Davey, 1969）、韩礼德（1978），以及海姆斯（Hymes,1967）提出了一系列用于描述情景语境的概念。海姆斯概述了分析情景语境下的语言使用时人们需要考虑的因素，包括信息的形式和内容、场合、参与者、交际意图和效果、要点、媒介和体裁，以及特定场景的互动规范。

韩礼德（1978）对这些因素做了进一步扩展，总结出三个概括性术语，用以描述情景语境如何影响交际中的语言特征，这三个术语分别是“语场”（或话语范围）、“语旨”（或话语基调）、“语式”（或话语方式）。其中“语场”是指某一语言使用所出现的常规场景、主题[5]、整体活动，以及对语言本身的强调程度；“语旨”是指参与者之间的人际关系和动态变化；“语式”描述沟通所使用的渠道（如口语、书面语、手语）、“言语”的体裁，以及语段的即兴性。他指出，情景语境对语言的影响将导致语言与环境之间呈现系统性的关系，不同的语言特征被配置到语义系统的不同组成部分，即“语场”特征配置到概念意义，“语旨”特征配置到人际意义，“语式”特征配置到语篇意义。

克里斯特尔和戴维（1969）也提出语境因素影响语言使用的观点，他们是基于对“领域”“身份”和“体式”三类语言特征的描述。“领域”关注语段的发生和影响语段使用的语言外因素；“身份”是指互动的参与者及其社会地位；“体式”关注语段的目的。克里斯特尔和戴维认为这些语言特征共同发挥作用，促使说话者面对特定话语场景时会遵循人们所预期的常规。

至此，所有概念解读都旨在说明考量情景语境对描述语言使用至关重要。如果情景语境影响了语言使用和交流者的语言选择，那么同样的语境必然也会影响译员的语言选择。根据科克利（Cokely, 1992a）的观点，译员不断评估影响互动参与者和源语产出的各个因素，以便自己能够在目标语产出时准确把握这些因素。他指出，通过研究这些影响交际行为的因素，译员可以“厘清与交际互动语境相关的因素和与交际信息本身特点相关的因素”（Cokely, 1992a: 19）。

在借鉴韩礼德（1978）和海姆斯（1972）的研究成果，以及自己专门展开的传译研究的基础上，科克利（1992a）将影响交际行为的因素划分为“互动因素”和“信息因素”。互动因素可能影响情景语境，从而影响译员的工作。科克利建立了一个互动因素的分类体系，该体系包括场景、目的和参与者。场景因素涉及可能影响交际互动结果的一系列环境或语言外因素；目的因素则包括交际互动中发生的活动、参与者的目标、主题，其中“活动”这一组成部分涵盖参与者可能参与互动的各种目的；参与者因素是指那些可能影响交际互动的个体的特征，或者个体之间真实关系或所感知关系的特征。在提到海姆斯（1972）的研究时，科克利还强调了让译员认识到“信息因素”如何影响交际互动的重要性。信息的形式和内容显然是关键的注意事项。此外，信息的基调、传递渠道、语言外壳，交际互动的规范和传译规范，以及话语体裁等也是需要考虑的重要方面。

因此，可以看出，通过定义交际互动的性质和建立情景语境，就可以预测在这些情景中人们对译员的期望。在讨论情景语境时，人们已经认识到语言使用因个人所处的情景和交际互动语境的变化而变化。由语境和情景的多样性而引起的语言变异是译员工作时要考虑的最重要的因素，因为他们必须为此做好准备，在不同语境和情景中对语言使用做出相应的调整。

（二）情景语言变异

> 情景变体是指同一人在不同环境中话语表达出现差异。从这个角度研究语言通常意味着我们要思考语言在情景中所发挥的作用或所实现的功能。反过来这也意味着通过双方的话语风格或语域，我们能够判断两个对话者的地位和相互熟悉程度，以及他们需要交流的原因（Wray, Trott and Bloomer, 1998: 93）。

在讨论语言变体和使用情景时，法恩根、贝尼耶、布莱尔和柯林斯等（Finegan, Besnier, Blair and Collins, 1992）使用了“语言变体集”一词来描述言语社群中涵盖口语和书面语的全部语言变体。其他人则根据语言在社交情景中的使用而对语言进行分类，他们使用术语“功能变体集”（Wray, et al., 1998）。根据齐默（Zimmer, 1989）的观点，语域或风格变异涉及对情景因素敏感的差异性语言的使用。然而，沃德豪（Wardhaugh, 1992）和弗罗姆金等（Fromkin, et al., 1990）则明确区分了风格和语域。

沃德豪（1992: 49）将风格描述为受环境影响的不同的说话方式，或正式，或非正式。然而，他将语域定义为“与特定职业或社会群体相关的不同的词汇集”。弗罗姆金等（1990）将风格描述为“情景方言”，它介于非正式语言和正式语言之间，并受到说话者对接收者的态度、主题或沟通目的的影响。语域被定义为完全由主题决定的语言变体。弗罗姆金等（1990: 266）认为，风格或语域变化不仅包括词汇的变化，还包括语法规则的调整。例如，“在非正式风格中，缩略规则更常用，否定和一致关系的句法规则可能被改变，说话者会使用许多正式风格中不会出现的词”。不同的主题，如法律文书或烹饪食谱，经常被当成语域变体的例子，前者使用更长的句子、更古老的词汇、更长的状语成分和更明确的重复；后者则多使用短小的简单句，祈使语气的动词、介词短语。在概括单语社群的语言变体集概念时，法恩根等（1992）指出，语域是由一组语言特征和不同情景下语言使用的特点所决定的，但所有语言变体都依赖于基本相同的语法系统。此外，他们还强调，与规范语域变化的规则相伴而生的还有规范站立、坐着、身体靠近和面对面等非语言行为的社交规则。

这些不同的定义中有许多是从裘斯（Joos, 1967）提出的语域模型发展起来的，该模型设定了五种不同的沟通风格，涵盖不同的正式程度。韩礼德（1978）批评了该模型，质疑“正式程度”的概念及其含义。应该承认的是，语言是一个充满活力的实体，很难进行割离与划分，从它聚焦于有限的文体风格来看，该模型可能会略显局限。然而，为了分析语言产出及其对译员的影响，裘斯（1967）提出的观点是值得探讨的，因为它们提供了诸多风格范畴，可用于对语言和传译的概括性讨论。

裘斯提出了五种不同的语域或语言使用的风格：庄严体、正式体、协商体、随意体、亲密体。[6]每种语域都有具体的特征和不成文的规则，用于确定互动规范、句法和句子的复杂性、词汇选择、言语产出的“音量大小”、言语产出的速度和适合讨论的主题。下文将简要介绍每种语域的特点。

庄严体包括那些每次语言使用都相同，而且通常具有仪式性的情景。例如，做祷告、唱国歌。在这些情况下，言语活动的意义和意图更多的是来自庄严体文本的目的，而不是文本本身的内容。也就是说，人们在教堂一起祷告的仪式比祷告词更具意义。

正式体是指如下情景，即该情景中通常有一个主导发言者和一群听众，实际上发言者和听众之间并没有话轮转换（不会轮流发言）。使用正式体的情况有会议上的主题演讲、大学讲座或总统演讲。通常人们可以通过演讲者和听众之间存在的空间隔离和心理隔离来识别这些场景。空间位置的安排和聚光灯投射造成的心理距离强调了发言者和听众之间的界限。正式体的一些语言使用特征是没有话轮转换、词汇选择中较少使用口语化词汇、句子结构更加复杂、言语产出的速度较慢且更加谨慎、言语产出的音量增大。

在一方具有“专家”知识且另一方正在寻求其建议或指导的互动中，协商体将派上用场。它与正式体的区别在于，互动是发生在说话者和听众之间，双方确实出现了交际互动。常见的例子包括教师和学生之间的会面、患者就诊看医生、客户咨询律师。在协商体中，交际者需要遵守一些不成文的话轮转换和互动规则，例如，学生在课堂上向老师提问要先举手，患者在医生进行诊断时不去打断他。协商体的语言特点有：使用整句、复合句，以及与讨论主题相关的专业术语。在协商体中，个体角色的变化是依据他们是要寻求知识还是已具备提供知识的能力。汉弗莱和奥尔康（1996）给出了一个律师和水管工交际互动的例子。律师和水管工两者中，究竟谁在特定互动中扮演“专家”的角色，这取决于交际者是需要法律咨询还是需要给水管维修报价。

随意体的使用往往暗示互动参与者的地位是平等的。在随意体中，话轮转换更加流畅；允许一定程度的话语打断；句子通常更短，因此导致说话人语速更快。随意体语境中常见的特点还有：说话人使用口语化词汇和俚语，语法使用上不那么严谨。常见的使用随意体的例子包括邻居、学生和同事之间的交际互动。

彼此之间拥有一个或多个共同经历的人，他们在互动时会使用亲密体。由于双方共享一些假定知识，所以此时交际动态性发生改变的方面是，对于一些信息，他们彼此之间没必要清晰呈现。亲密体最常用于朋友、父母子女、兄弟姐妹、夫妻；亲密体的语言特点是话轮转换非常快，句子不完整，缺乏专业词汇或术语。

尽管裘斯（1967）将这些语域描述为彼此独立的实体，但观察结果表明语域存在重叠。例如，为了与听众建立更融洽的关系，在正式体中，发言者可能将协商体或非正体的相关规范也融入他的演讲中。同样，教师可能在协商体的课堂中使用更为正式的话语风格，并且不鼓励互动（Humphrey and Alcorn, 1996）。因此，虽然裘斯的理论框架可以用作语言描述的基础，但是我们也需要考虑情景语境，采用韩礼德 （1978）所提出的更具技巧性的语言描述方法。

语域和风格对译员来说是个难题，因为他们必须熟悉不同情景中互动和语言使用的规范，并在传译时做出相应的调整。在努力实现语言和文化对等时，译员还需要提升针对情景语境恰当使用语言的意识。如果缺乏语境意识，翻译可能出现失误，例如，译员会找到一个自认为的“完美”对等词，但这个词其实只适用于非正式的对话，并不适用于正式的讲座。

在手语中，语域变体或“双言现象”存在争议。尽管文献中普遍认为这一语言现象确实存在（Davis, 1989; Deuchar, 1979, 1984; Fontana, 1999; Lee, 1982; Llewellyn Jones, Kyle and Woll, 1979; Lucas and Valli, 1989, 1990; Stokoe, 1969; Woodward, 1973; Zimmer, 1989），但是，对于手语语域的显著特征，学界仍存在一些分歧。齐默（1989: 257）指出，语域是一个“抽象的概念，不容易定义，而且任何给定的言语事件可能很难被归类为一种变体”。

手语研究者面临的主要问题有：手语变体的“连续统”能否在一个聋人社群中同时存在；是否应该认为一种手势交流形式比另一种更为“正规”。一个广泛共识是手语具有以“口音”和“方言”形式存在的社会语言学变异。手语使用者的年龄、社会阶层、性别、种族群体、宗教信仰、教育背景和地理位置等因素的差异促成了这些变异形式（Lucas, Bayley, Valli, Rose and Wulf, 2001; Sutton-Spence and Woll, 1998）。虽然学界达成以上共识，但是因情景变化而发生的手语变异却引发了不同的理论探讨。

斯多基（Stokoe, 1969） 和迪赫尔（Deuchar, 1979）对早期手语中的双言现象进行了探讨，提出在正式语境使用手语“高”变体，在非正式语境使用手语“低”变体。迪赫尔认为她观察到的英国手语高变体实际上是一种手势英语，而低变体则是更加纯粹、不受英语干扰的英国手语。然而，这个观点不那么可信，因为高变体和低变体名称中暗含褒贬差异，而且在她之后的研究中，迪赫尔（1984）评论道，她之前观察到的手势英语往往是聋人社群中听人的一种手语变体，聋人并不使用。更恰当的说法是，伍德沃德（Woodward, 1973）提出“双言连续统”变体，认为两种变体并非截然不同。卢埃林-琼斯等（Llewellyn-Jones, 1979）同意手语存在两种变体（即英国手语和手势英语），但认为手势英语在聋人社群成员当中并不常用，只是一种与听人交流的形式。因此，卢埃林-琼斯等认为英国聋人社群成员在语言使用上并非双言，因为使用高变体的那些人属于其社群的边缘人群，或者他们只是社群精英的一部分，由此更容易接触到大多数成员很难接触到的更正式的高变体。

劳森（Lawson, 1981）指出，聋人尚未接受将英国手语作为正式会议语言的观念，因此依赖手势英语（Signed English）。然而，卢埃林-琼斯（1981a）通过录制聋人手语使用者在不同环境中，包括正式会议中的视频，证明了英国手语中存在一种正式的语言风格。追溯以往，迪赫尔（1979, 1984）和卢埃林-琼斯（1981a）观察到的手势英语其实是英国手语在正式情景下的一种接触语变体。

由此可见，手语具有自己的情景语言变异形式，这一思路是可行的。手语更正式语域的使用情景有学术讲座、商务会议、宴会和教堂仪式（Baker and Cokely, 1980; Lee, 1982）。

齐默（1989）的研究发现证明了美国手语存在情景下的语言变异。尽管这只是一项研究，并不一定能得出所有手语都有情景变异的结论，但是他的研究概述了手语语域呈现的语言特征，值得关注。在齐默的研究中，他对一名聋人手语者（手语为母语）的三种不同情景进行了录像，分别是讲座、非正式交谈和采访；对其手语输出进行了音韵、词汇、形态和句法差异方面的分析。

齐默指出，三种情景下，就空间的使用而言，三者有明显的音韵差异。在讲座中，聋人使用了更大的手势空间（对应有声语言，即音量大或响度高），而在其他两种情景中，聋人中性空间使用得较多。讲座中，他的身体动作更明显，主手和辅手间的手势切换也更频繁。讲座中，他的手势同化现象（即相邻手势音位特征的相互影响与同化）不明显，手势的提前打出（即手型在主手开始打手势之前就提前打出）也未出现。此外，手势的迟滞打出（即在主手开始打下一个手势时，前一个词的辅手迟滞停留在原位）也很少见。

词汇和形态上的差异是聋人在讲座中使用了特别的手势词，而在非正式交谈和采访中并没有使用；此外，聋人在直接引语中使用了口语化的手势词，但在讲座主体部分则没有使用。在讲座中，聋人使用了某种屈折形态变化，齐默认为手势词中的这一夸张运动是用来替代一些非手控特征的。

句法上，聋人在讲座中大量使用反问句，出现的隐喻性手势词和隐喻性描述也较多，较少使用话题化，较多使用词汇项【现在】来标记句法边界。尽管这些数据仅来自一名聋人手语者，但足以说明随着情景语境的变化，手语产出呈现了显著差异。因此，手语译员面临着与有声语言译员相同的挑战，他们也需要应对不同传译情景下的语言变体难题。齐默（1989）指出语域及语言变异的相关知识对译员有效再现对等信息至关重要，因为如果她语域使用正确，传译的内容就是准确的，但是如果她使用了不恰当的语域，传译内容就会缺乏准确性。

根据我对不同语境下使用澳大利亚手语和英国手语的聋人的观察，似乎确实存在情景下的语言变异。作为一名在职译员，我在各种情景中进行传译，从小型会议到正式的大规模会议，再到各种演出，我注意到根据情景正式程度的变化，聋人参与者的手语输出发生变异。因此，我认为在正式的话语环境中，如大学讲座，手语和有声语言之间的语言接触特征是普遍存在的。由于这个观点并非基于实证研究，因而它只是轶事观察[1]的结论。

尽管如此，语言接触问题已经在手语研究领域得到认可，并且值得深思。卢卡斯和瓦利指出，“聋人社群中，一个重要的社会语言学问题就是关注语言接触的结果”（Lucas and Valli, 1989: 11），即手语和有声语言接触后形成的一种特殊的手势形式。关于聋人社群语言接触的研究，大多数地理坐标都是在美国；然而，最近丰塔纳（Fontana, 1999）对意大利聋人社群情况的一项研究也观察到相似的结果，证明其他聋人社群中也存在相似的语言接触现象。

伍德沃德（1973）认为这种接触语变体是聋人和听人交际互动的结果，是一种洋泾浜（即皮钦语）现象。然而，科克利（1983b）、卢卡斯和瓦利（Lucas and Valli, 1989, 1990）、戴维斯（1989）驳斥了这一论断。为了说明美国手语和英语之间的语言接触并不一定导致洋泾浜的出现，科克利（1983b）提到了洋泾浜发展的先决条件和若干标准（即主导语言的不对称传播、相对封闭的互动网络，以及大量用户认为新兴变体是一个独立实体的语言态度）。与伍德沃德的观点不同，科克利认为促成美国手语中接触语变体连续统的因素是：“外国人式话语”[2]的动态变化性、对语言能力和熟练程度的判断，以及学习者为掌握目标语言而做出的努力。

卢卡斯和瓦利（1989, 1990: 30）描述了美国手语和英语发生语言接触时所呈现的语码转换和语码混合的特征，即手语者在呈现美国手语特征的同时，会用嘴唇模仿英语单词发音时的口型，或者直接指拼出英语单词。他们还指出，这一美国手语的接触语变体形式出现了“特异性的

---

① 从这项研究之后，我启动了语言接触的相关研究，对比研究在学术讲座中聋人演讲者和手语译员的语言接触特征，详情可参见纳皮尔（Napier, 2006）。

② “外国人式话语”是一种呈现简单性特点的语域，通常适用于与外国人或“外人”的交际互动（Fontana, 1999）。“外国人式话语”的特点包括：句子简短、省去虚词、避免口语中的用词、词汇项有重复、缓慢而夸张的清晰发音、较少使用屈折形态变化（Ferguson and DeBose, 1977; cited in Cokely, 1983b）。

句法结构……既不遵循美国手语语法，也不遵循英语语法”（Lucas and Valli, 1990: 30）。

卢卡斯和瓦利（1989, 1990）以及丰塔纳（1999）提出了多种社会语言学因素，它们影响手语和有声语言之间的语码转换和语码混合。这些社会语言学因素包括参与者之间熟悉度低，还包括一个对本研究目的来说更为重要的因素，即情景正式程度。根据卢卡斯和瓦利（1989, 1990）的研究，在越正式的情景中，英语的“干扰”会越多，此时人们会用到术语或专门用语，因此这些英语借词会以仿话口型或指拼手势词的形式融入美国手语中。

对于语言接触，戴维斯（1989, 1990a, 1990b）与卢卡斯和瓦利（1989, 1990）观点相同，他将美国手语和英语之间的语码转换和语码混合称为“语际迁移”。他研究了从英语传译到美国手语时的语言接触现象，发现英语单词的仿话口型和指拼的使用是有规律的。他发现通常情况下，“指拼手势词带有英语仿话口型的标记，大多数已经词汇化了的指拼手势词是用于强调、列举、计数和疑问词表达”（戴维斯, 1989: 101）；而且所有这些特征都符合美国手语语法。关于指拼，戴维斯指出，译员传译一个英语单词时可能依次打出该单词字母的指拼形式，因为美国手语中不存在与该英语单词相对应的手势词。另外，他观察到当表达一个含有“多个意义”的美国手语的手势词时，译员可以首先指拼出一个英语单词，作为说明性前缀或含义标签，以此明确该手势词的具体意义。戴维斯（1989: 102）指出，在这种情况下，“指拼手势词有非常具体的标记方式，如添加仿话口型、目光注视、指示词、标签、引号，以及调整手掌朝向”。

戴维斯（1989, 1990a, 1990b）的研究表明，在讲座场景中，译员传译时使用了恰当的手语接触语变体形式。这些研究结果与卢卡斯和瓦利（1989, 1990）的结论一致，即场景的正式程度会影响手语中语言接触的使用。戴维斯（1989, 1990a, 1990b）还证明了他研究中的手语译员反映了在这类场景中聋人使用语言的典型情况。纳皮尔和亚当（2002）比较了英国手语译员和澳大利亚手语译员的语言，得出了相似结论。在该研究中，五名英国手语译员和五名澳大利亚手语译员对同一场正式演讲进行手语传译，他们随后比较了这些译员的手语输出，结果发现译员的语言使用情况反映了译员所服务的聋人社群的语言使用情况。例如，在指拼方面，“与英国手语相比，澳大利亚手语经常使用指拼……五个澳大利亚手语译员传译内容的转写文本正体现了这一点”（Napier and Adam, 2002: 28）。就语言接触和手语变异而言，他们讨论并强调了在非正式互动中，译员传译时必须恰当反映聋人的语言使用，必须遵守话语体裁的相应“规则”。

（三）话语体裁

话语分析可以应用于任何形式的交际互动中，它旨在识别不同的话语体裁。已展开的不同话语研究覆盖了叙事（Chafe, 1980）、笑话（Sacks, 1974）、会话（Schegloff, 1972; Tannen, 1984b）等不同话语体裁。话语分析既研究独白也研究对话（Longacre, 1983），因此，讲座作为典型的独白形式，可以被视为一种独特的话语体裁。然而，科克利（1992a）指出，专注于讲座这种特定独白话语的描述性研究很少。相反，研究者只是对讲座的特点进行一般性观察。在讨论讲座的诸多特点之前，我们首先需要明确讲座的定义。

> 讲座是一种约定俗成的长时间的演讲，其中演讲者传达他对某一主题的观点，这些观点和思想构成了他所谓的“文本”。其风格通常是庄重，略微疏离而且不掺杂个人情感。这种讲座风格的目的是促使受众冷静思考，以便理解演讲内容，其目的并非仅追求娱乐效果和情感冲击，或者唤起立即行动（Goffman,1981: 165）。

莱考夫（Lakoff, 1982）对讲座的定义与戈夫曼（1981）的类似，即互动话语中由其中一个参与者控制，该参与者负责选择主题，并且决定话语何时开始和结束（cited in Cokely, 1992a）。因此，我们可以把讲座描述为单向的独白，或者称之为“阐述性独白”（Cokely, 1992a: 27）。

在借鉴朗埃克（Longacre, 1983）的研究，并将话语分析应用于研究一般的阐述性独白时，我们发现讲座这一阐述性独白具有区别于其他叙述性独白的一些特点。典型的阐述性独白依赖于主题或逻辑的关联，而不是叙述性独白中常见的固有的时间关联。阐述性独白的焦点往往是同一主题或一组相关主题，而不是参与者（例如出现在叙述性独白中的参与者）。此外，与叙述性独白相比，阐述性独白中包含更多的紧张感，如冲突或极化等。朗埃克指出，有效的阐述性话语应当努力确保信息清晰，特别是当话语的受众可能没有必需的背景知识时，清晰性是阐述性话语的固有属性。

关注讲座特点和该话语体裁语言表达的同时，戈夫曼（1981）还强调了三种不同的言语产出方式，即三种不同的讲座方式，这些方式使演讲者位于不同的“立足点”[①]，与观众之间形成不同的社交关系。三种讲座方式分别是凭记忆演讲、朗读演讲稿和即兴演讲。他指出，演讲者通常选择大声朗读打印好的文本，而这会影响观众的接受与反应。根据戈夫曼的观点，演讲者可能选择朗读打印好的文本，而不是自发地即兴演讲，这是因为书面语文本和口语文本的动态性效果不同，这似乎暗指与口语文本相比，书面语地位更高。

> 即使明显是朗读而来的演讲，它所呈现的“高级风格”效果也值得讨论。演讲进行中，语言的优雅运用，例如，精妙的措辞、隐喻、排比、格言不断涌现，不仅证明了演讲者的智慧……而且表明了他把自己的思想和能力都投入到当前的演讲（Goffman,1981: 189）。

① “立足点”的变化意味着我们按照被预期的表达方式管控自己的发话和接话，以调整我们的立场，以及我们与在场其他人的关系。立足点的变化是指以另一种谈论方式来讲述我们事件框架中的一个变化（Goffman, 1982: 128）。

戈夫曼认为讲座中使用的语域对定义演讲者与观众的关系至关重要。因此，尽管人们对“优秀写作”和“优秀演讲”的看法有系统性差异，但在做讲座时演讲者通常都会选择朗读事先准备好的文本，因为打印好的文本往往比即兴演讲时的口语文本更连贯。

这一发现对从事大学讲座传译的译员具有重要意义。韩礼德（1978）指出，大学教师在做讲座时通常使用书面语的篇章结构进行演讲。他认为，大学教师由于受所处环境的影响，以及会假定大学生文化水平还不错，因此他们在讲座时产出的口语文本通常词汇密度很高。词汇密度高的口语文本其特点是符合典型的书面语篇章结构，实词数量多于虚词数量。

然而，在讨论词汇密度之前，我们首先需要讨论一下手语讲座而不是有声语言讲座的特点，以及二者是否有显著差异。手语译员需要考虑使用有声语言的学生、使用手语的学生对讲座传译的期望，以及他们希望以何种语言接收讲座的信息。

如前所述，齐默（1989）指出，在讲座环境和其他两种不太正式的环境中，手语风格存在明显差异。克卢温（Kluwin, 1985）研究了聋生从手语讲座中获取信息的能力，发现所呈现信息的显著性对记忆量有影响。然而，这种影响不仅取决于演讲者的手语流利程度，也取决于接收者的手语流利程度。为了促进聋生双语学术能力的发展，克里斯蒂等（Christie et al., 1999）比较了美国手语、英语口语和英语书面语的话语结构的视觉表征。他们要求学生以美国手语创作一篇正式的记叙文，其中要包含美国手语正式语域的话语特征。这些被强调的特征与之前罗伊（1989b）讨论过的内容相同。

罗伊的研究聚焦于美国手语讲座的特定话语特征。罗伊指出，通常语境下，讲座是有特定目标和以内容为导向的独白，往往以传达信息为目标。她声称，讲座需要借助语言手段，使听众清楚地理解一个语段在整个讲座过程中的意义。这些语言成分并不是内容本身，而是用于指导听众如何理解接收到的信息。例如，讲座中，演讲者会以词和短语作为衔接和结构手段，帮助听众区分主要和次要观点、旧信息和新信息，以及话题的变化。罗伊认为讲座遵循特定结构，即它的组织结构中包含将讲座子话题自然串联起来的事件链。她指出，人们普遍认为大多数讲座是以介绍主题和说明讲座目的开场，然后是讲座的主体部分，最后有一个必要的总结。讲座中即兴出现的片段，即临时出现的“插曲”，可以借助某些话语标记来识别。

罗伊发现，她研究的美国手语讲座中，手势词【现在】是最常用的话语标记，不仅表示讲座进行中的当下时间“现在”，而且是转向下一个子话题的标记。然而，手势词【既然】则用来标记话语转向讲座中的一些插曲。就讲座的特征而言，比安弗尼（Bienvenu, 1993）所描述的美国手语正式话语的特征与罗伊（1989b）的相似，他们都提及“讲座的开头、中间和结尾的特征”“讲座进程中的插曲”，以及讲座中使用修复策略的必要性（cited in Christie et al., 1999）。

虽然手语讲座和有声语言讲座有相似的特定结构，但是需要注意的是，罗伊（1989b）提出的话语标记并非手语正式语域的普遍特征，而是正式语言的特异性表达。使用手语进行讲座时，演讲者确实会采用话语标记来凸显正式性，但标记的特征可能因人而异。演讲者可能根据对讲座话语结构的共识，呈现讲座语域的正式性，例如，他可能使用停顿或重复；但是演讲者也可能根据个人偏好，以不同的手势词说明话题或子话题的转变。例如，前文罗伊提到有演讲者使用【现在】和【既然】这两个手势词。然而，其他演讲者可能选择手势词【好】【对】【嗯】【所以】等，就像英语演讲中人们会选择不同的词语作为话语标记一样。

虽然讲座话语标记的使用存在个体特异性，但是对于讲座这一话语体裁，手语译员必须将相关知识和理解融入传译工作中。译员要考虑讲座的语域及其语言特征，特别是要考虑到讲座源文本可能具有“词汇密度高”的语言特征。

（四）词汇密度

词汇密度可以反映文本的复杂性，这是书面语的典型特征（Crystal, 1995; Gerot and Wignell, 1995; Halliday, 1985），另外，词汇密度也用于衡量文本难度（O'Loughlin, 1995; Richards, Platt and Platt, 1992）。在此，我们将在大学讲座语境下探讨词汇密度的含义，以及信息如何呈现。目前的共识是讲座通常以朗读的形式进行，演讲者将逐字朗读文本。另外，由于环境影响，大学演讲者可能在演讲时使用书面语的结构。韩礼德（1985: 7）对英语口语和书面语进行了区分，认为"当以口语呈现英语的书面语时，大多数听起来都不太自然"。他认为，虽然英语口语和英语书面语是同一种语言的不同形式，但它们具有不同的特点，而且口语结构并不比书面语的更简单，因为"与书面语文本不同，即兴的口头演讲含有许多错误，句子通常很简短，而且实际上整个口头表达中都交织着犹豫与沉默"（1985: 76）。

莱考夫（Lakoff, 1979）提出，与书面语相比，口语具有"非正式""即兴性"和"无关紧要性"的特点，这些是口语和书面语差异的一些主要影响因素（cited in Beaman, 1984）。通常，口语文本以简单词语构成复杂句子，而书面语文本则是简单句中也有复杂词语。韩礼德（1979）认为这是由于两者比较而言，口语动态性强，书面语静态性强。因此，口语语篇的词汇密度往往比书面语的更低一些。尤尔（Ure, 1971）指出，英语文本的词汇密度首先取决于媒介（即口语还是书面语），其次取决于在社会环境中发挥的功能（即语言的实用性）。这一观点强调了大学教师可能受工作环境影响，在该环境中，因为他们语言的实用性通常都是基于专业技术研究，所以口语产出可以受书面语的影响。

语言中词语可分为实义成分（如实词）和功能成分（如虚词），因此，文本中实义成分和功能成分的数量决定了其词汇密度。例如，一个词汇密度高的段落实义成分的数量要多于功能成分。韩礼德指出，书面语通常词汇密度高，而口语则不然，因为"书面语中实词在文本中的占比很高”（1985: 61）。因此，“使用的语言越‘书面语’化，实词在文本中的比例就越高”（1985: 64）。

虚词在封闭系统中发挥作用，即虚词包括若干限定词、大部分介词、连词和某些类别的副词和限定动词（例如，英语中的虚词有定冠词“the”、助动词“has”、介词“to”和“on”）。然而，实词则是在语言的开放系统中运作，语言的各种实词词类其表征事物、现象、动作、特点等的潜力无法被封闭起来（例如，“门”“大门”“窗”等）。作为有实际意义的词语，实义成分的长度可变，可以由多个词组成，例如，英语短语“stand up”（站起来）是一个实义成分。英语情态动词，如“always”（总是）和“perhaps”（或许），处于实词和虚词之间的临界位置；因此，在任何分析中，研究者都需要决定将情态动词纳入哪个类别，而且必须保持分类一致。英语中实词和虚词的一个明显差异是在拼写上。英语实词通常至少由三个字母组成，而英语虚词仅需两个字母就可以。

在汇报文本的词汇密度时，可以通过以下方式进行词汇密度计算：如果一段文本的实词与虚词的比例是 12∶8，那么实词在全部文本中的占比可以看作是 12∶20；因此，该文本的词汇密度是 60%。

尤尔（Ure, 1971）使用上述方法分析了不同的口语和书面语文本，制定出典型文本的词汇密度列表。各种口语文本（包括非正式的二人对话、讲故事、电台采访和体育评论）的词汇密度从 23.9%到 43.2%不等。然而，书面语文本（包括学校作文、儿童故事、各种指南、报纸上的报道）的词汇密度在 35.8%到 56.8%之间变化。因此，尤尔发现口语文本的平均词汇密度为 33%，书面语文本的平均词汇密度为 46%。关于口语文本，他发现所有词汇密度达到 36%或更高的文本都是独白，而所有词汇密度低于 36%的文本都涉及某种形式的交际互动。典型的口语讲座的词汇密度为 39.6%。

四、词汇密度高的文本的传译

（一）译员面临的诸多困难[7]

根据梅西纳（Messina, 1998）的观点，对译员而言，事先准备好并逐字朗读文本要比即兴演讲更具挑战性。他指出，“书面语文本的特点以及演讲者通常如何演讲”对译员的传译表现影响最大（1998: 148）。在这方面，梅西纳不仅提到了书面语文本语法简单和词汇密度高的特点，还提到了朗读书面语文本时韵律的特征，例如，语调单一、语速较快、停顿较少。

巴尔扎尼（Balzani, 1990）研究了译员对书面语朗读文本的传译表现，发现译员在此种情况下会出现更多错误（cited in Messina, 1998）。对译员来说，处理词汇密度高的文本的关键问题是“随着译员认知处理能力达到饱和，其理解和传译能力受损的风险变得更高”（Messina, 1998: 156）。然而，传译朗读文本并不是译员面临的唯一困难。准备好但不一定朗读的口语文本也可能词汇密度很高，从而给译员带来挑战。

因此，译员在传译词汇密度比通常情况更密集的口语文本时（即词汇密度超过 33%），可能会面临困难。大学讲座就是一个很好的例子，无论译员使用哪种语言，这类源文本都会给译员工作带来挑战。重要的是要牢记韩礼德（1978）的观点，即做讲座时，大学教师或学者们常常使用更接近书面语而非口语的语言结构。

（二）词汇密度高的文本的手语传译

大学讲座的演讲风格（例如，赶速度、较少停顿等）对手语译员构成挑战。此外，大学讲座的词汇密度也对聋人如何从手语译员处获取信息造成影响。由于手语没有约定俗成的书面“正字法”，参加讲座的聋人受众可能没有相应的参考框架去理解从词汇密度高的文本到手语的传译。这种情况对手语译员构成了挑战，因为他们必须解读文本含义，决定要传达哪些最重要的词。手语译员必须考虑以下问题：在有声语言和手语之间传译时的语言接触情况、以手语产出的大学讲座的一般规范、某些词语可能带有哪些文化内涵因而实现语言和文化上的何种对等，以及为了确保聋人受众能够接收到与非聋人受众相同的信息，译员决定采用何种语言应对策略。此外，聋人和非聋人受众最终感受到的信息的语境效力或相对影响力（Isham, 1986）也应尽可能相同。

奈达（1998）总结了在传译过程中需要考虑的社会语言学和社会文化语境因素，并且将其分为如下四类：一是在特定语境中使用适当的语言风格；二是目标受众对接收到何种翻译的期望；三是源文本独特的社会语言学特征；四是翻译文本使用的媒介（即书面语或口语）。

与聋生打交道，为其传译大学讲座，手语译员除了要考虑讲座文本的词汇密度外，还要考虑其他社会语言学和社会文化因素。教育场景的传译对手语译员来说是独特的（Bremner and Housden, 1996），它需要特殊的技能（Saur, 1992），因为与其他非英语背景的学生相比，聋生有不同的需求（Ozolns and Bridge, 1999）。通常涉及教育时，有声语言的译员可能发挥着促进家长与教师沟通的作用。然而，对聋人来说，手语译员是在课堂上发挥作用，致力于扫清障碍，帮助聋生真正参与学习。

在思考手语译员日常工作中的交际管理问题时，与大学讲座传译相关的其他问题也值得关注。译员所使用的技能必须适应大学讲座的特定环境，这样身处教育场景的手语译员才能够有效促进聋生取得学业成果（Paul and Quigley, 1990）。译员需要考虑自己在教育环境中的角色，以及与其他大学生相比，聋生可能面临的劣势。尽管所有大学生都可能在没有任何学科背景知识的情况下参加讲座，因而都会缺乏对特定主题术语的了解，但译员面临的任务是如何提供一个在语言和文化上都贴切的传译，实现意义对等，同时为聋人学生提供接触和学习专门术语的机会，这些术语可能对他们充分理解讲座内容并且通过考试至关重要。

这种情况令手语译员左右为难，究竟是自由地意译讲座的内容，还是建立语言接触语境，即偶尔借助对英语单词的指拼和使用直译来传译讲座内容。根据对客户语言的了解，以及对主题和术语的掌握，译员需要决定哪些概念应该传译成手语对等词，哪些术语应该直译。因此，译员还需要判断讲座的源文本中词汇项的重要性，以及何时省略信息以澄清意义。在这种话语环境中，译员对自身角色的认知将影响其传译决策。

如前所述，目前的观点是译员应该是双语和双文化的协调者，根据对客户群体的文化知识和互动规范的了解做出语言决策。在决定聋生是否需要接触和学习特定主题的相关术语时，译员不应将自己的角色视为教育者，而应视为语言决策者。通过这个决策过程，译员将不可避免地做出一些省略，其中有些可能是无意识的，还有些可能是有意识的语言决策。因此，译员将运用关键的语言策略来帮助自己做出决策。

对于传译大学讲座的手语译员，我的建议是：为了优化决策过程和提升传译输出的质量，译员应该在意译和直译之间切换翻译风格，并且将其作为一种语言应对策略。使用这种应对策略，将在恰当的时候（将指拼融入直译中）为聋生提供无障碍学习专业词汇的机会；同时（通过使用意译）为其提供有意义、概念准确和文化相关的信息。为了提高传译决策过程的效果，译员应该采用另一种语言应对策略，即有策略地使用省略，删除不相关或冗余信息，有效传达大学讲座的信息和意图。关于什么是语言应对策略，以及译员如何使用语言应对策略，本书第二章将做进一步讨论。

译者注释:

❶ 第 8 页，“conduit”一词本书使用“传声筒”译法，也有学者译为“管道” 。

❷ 第 10 页，塞尔尼（Cerney, 2000：4）提到在美国很多文献认为

将英语"直译"为保留英语句法结构的美国手语就是"音译"，这种将"直译"和"音译"混用的情况存在很久了。他认为美国手语译员注册中心颁发的音译证书鉴定的应是直译。关于美国手语译员资格证书鉴定相关信息可参见张宁生主编的《手语翻译概论》（2009：11-22）。

❸ 第 13 页，"聋人学校"可以简称为"聋校"。

❹ 第 13 页，"聋人儿童"可以简称为"聋童"。

❺ 第 20 页，"subject matter"的译法还有"题材""说话内容"（方梦之，2011: 192，156；胡壮麟等，2017：45），或"话题"（胡壮麟等，2017：241）等。《现代汉语词典》（第七版）对"题材"的释义是"构成文学和艺术作品的材料，即作品中具体描写的生活事件或生活现象"（中国社会科学院语言研究所词典编辑室，2016: 1286）。鉴于"题材"外延意义似乎较窄，"话题"或与句子层面的"话题"相干扰，本书暂用"主题"。

❻ 第 23 页，"style"一词在汉语中对应"风格"和"文体"等很多术语，而且中国译学对翻译风格、译者风格、文体、语体风格等都有相应的定义，请参见方梦之主编的《中国译学大辞典》（2011: 91，155，159，160）。《中国译学大辞典》中，裘斯提出的五种英语风格是在"翻译中的语言变体"词目下。在"语域"词目下也有所记录，即按"正式程度（交谈方式）可分为庄重体、正式体、通常体、随便体等"（方梦之，2011: 156）。相关概念解释均与本书原著者的论证思路较为接近。英语文体学相关内容可参见秦秀白（1986）《英语文体学入门》。

❼ 第 36 页，为了方便读者理解原著者的思路，第四节"词汇密度高的文本的传译"下面的小节（一）的标题"译员面临的诸多困难"来自译者对该节内容和主旨的总结。

第二章　译员的应对策略

本章旨在详细阐释应对策略，以便清晰定义术语“语言应对策略”。通过讨论译员的一般应对策略，本章进一步探讨手语译员的应对策略，即详细讨论他们如何将翻译风格和省略用作手语传译中的语言应对策略。

一、应对策略

“应对策略”是一个总括性术语，也就是说，它可以依据个人理解而自由裁量其丰富的术语内容。应对策略是显而易见的术语，然而几乎没有学者探讨过它。有学者曾提出其他相近术语，如“应对妙招”[1]（Gile, 1995）、“交际事件管理策略”（Roy, 1996: 63）、“应对机制”（Moser-Mercer, Kunzli and Korac, 1998）、“创造性的问题解决策略”（Mackenzie, 1998）。实际上，格罕（Gran, 1998）将“招数”（tactics）描述为“策略”（strategies）和“创造力”（creativity）相交互的界面。口译过程的各个阶段会用到不同的应对策略。通过描述口译的不同阶段，本章再现语言应对策略的使用环境，以便读者在语境中思考将翻译风格和省略用作语言应对策略的各种可能情况。

（一）应对发生的不同阶段

应对策略可融入口译过程的任何阶段，无论是译前准备阶段、口译任务进行中（在口译现场），还是译后回顾阶段（Napier, 1996; Witter-Merithew, 1982）。应对策略被定义为“译员所采用的方法或技巧，主要为了达成如下目标：一是流畅执行口译任务，二是将干扰或误解降至最低，三是管控好外部因素，四是口译任务全过程译员都感到舒适和自信”（Napier, 2001: 72）。

译前准备阶段的应对策略包括：在口译任务之前拿到相关文件和其他准备材料；对翻译任务的话题进行调研，（通过阅读书籍、期刊文章或互联网资料）充分熟悉关键术语；对时事保持消息灵通；在翻译任务前与同事协商好双人协作口译的流程；[①]联络客户筹划口译工作事项（如口译时长、译员站位或座位安排、照明等）。以上仅列举若干例子，正式口译前译员要大费周章地处理很多这样的难题，确保自己积累了尽可能多的背景知识，口译时能预测和应对任何可能的困难（Shaw, 1997）。

麦肯齐（1998: 202）强调口译要做充足准备，他认为“要分析翻译需求出现的情景”。基于情景分析，译员决定询问哪些具体问题，以便发现和明确任何可能出现的问题。特纳（Turner, 2001: 68）提出所有口译任务都应该有一个“可准备”维度，即“任务越可准备……就越可能是较简单的”。他提出了一个含有12个维度的纲目供译员参考，帮助译员判定是否具备了完成此任务的应对策略，是否接受此任务。这些维度涵盖译员对翻译语言和翻译语境的熟悉度、客户的语言是否

---

① 术语“Tandem interpreting”（“双人协作口译”）通常是指两名译员一前一后协作完成同一个口译任务。一名译员首先承担主要译员角色，持续口译 20 至 30 分钟，此时另一名译员承担辅助译员角色，保持安静，提供支持。当第一名译员做完了第一段的 20 至 30 分钟口译后，更换另一名译员继续口译 20 至 30 分钟，按此方式一前一后轮替。在超过两小时的口译任务中需要这种由双人甚至多人协作并且定时轮替的口译模式。这种做法是受研究结果的启发，已成为执行口译任务时的常规安排。因为有研究表明口译的最佳持续时间是 20 分钟，如果超出 20 分钟，口译服务的质量将会下降。如果只聘用了一名译员，那么必须为该译员安排固定的休息时间。

存在多样性、所用语言的术语问题、口译任务的敏感性，以及感知到的任务难度。通过明确任务中出现的各种要求，译员才能更好地把握输入信息（Dean and Pollard, 2001），对口译任务中可能出现的任何挑战也将准备得更好。

译后回顾阶段的反思技巧可以与译员反思口译任务时所用的任何方法相结合。无论是与客户或同事交谈，获得客户或同事对自己表现的反馈；还是观看或回听口译任务录像（音）并加以批判性分析；或者只是大概思考一下口译任务的效果，记录一下关键问题以备将来参考。许多学者如汉弗莱等（ Humphrey, 2000; Labath, 1998; West, 1994）都赞同译员使用反思日志作为回顾阶段的应对策略，译员借助反思日志可以回顾并思考口译任务中用到的应对策略，以及特定语境下的应对策略。然而，无论之前做了多少准备，口译现场仍可能会出现译员没有预料到的其他问题，这时译员需要采用其他应对策略，做即兴处理。

（二）问题自然出现时的即兴解决策略

口译时自然而然会遇到问题。导致问题出现的因素很多，既包括语言因素的干扰（如译员和客户对语言的理解、产出和接受性语言技能），来自话语环境的社会语言学因素的影响（如口音、方言或语域），译员的元语言意识；还包括内部或外部非语言因素的干扰（如预判技能不足、疲劳、受限于译员和客户的假定知识、环境干扰和/或译员合作效果不佳）。若干研究者已经注意到这些因素，有的学者已经提出了解决方案，而其他学者只是提出了需要讨论的问题（Anderson, 1978; Blewett, 1985; Brasel, 1975; Cooper, Davies and Tung, 1982; Darò, 1994; Gerver, 1974）。

应对自然而然出现的问题，译员需要即兴解决问题的能力。当思考这个论题时，吉尔（1995: 191）认为无论译员经验丰富与否，口译中遇到问题都是不可避免的。他指出，问题自然出现的原因是译员“处理口译信息的能力有欠缺、管控处理能力时出现错误、知识储备不足”。阿特伍德（1985: 94）描述了一个事实，即当受某种非语言因素（如环境干扰）影响时，译员可能不得不即兴做出应对。他特别提到，当译员与同事协同口译时，她的同事可能不断插话，这会令译员心绪不宁，在自己的口译和同事的插话之间摇摆不定，陷入“失衡”。他建议译员采用不同的方法去解决同事之间的分歧。译员可以协商用哪些恰当的表述来澄清信息，在哪些适当的时机和场合去处理这种性质的冲突。[2] 口译过程中译员听到插话后，这种听觉干扰对她语言表述的破坏力极大，因为插话会干扰她传译语言信息。遗憾的是，阿特伍德只是简单提及了对即兴问题的解决，因为他着力探讨的是非语言策略，就是上文谈到的用在双人协作口译中的那些非语言策略。

费希尔（Fischer, 1993）详细介绍了更积极的双人协作口译方法，该方法着重于采取积极主动而非被动应对的措施。她提出了一些指导方针，将疲劳、信息传递技巧和工作条件等其他非语言因素考虑进来，以确保译员能够有效地合作，提供满意的口译服务。

麦肯齐（1998）对可能出现的两种类型的问题（即开放性问题和封闭性问题）做了区分，但只对开放性问题的概念进行了解释。她假设许多译员遇到的都是开放性问题，即没有预先确定的解决方案，不能通过控制条件有意识地解决。相反，麦肯齐认为，开放性问题需要使用创造性的问题解决策略。尽管共识是译员在应对没有准备的问题时必须具有创造性，但也可以认为，如果译员能够监控自己的语言选择，也就是说，如果她对口译过程有一定的元语言意识，那么她也可以有意识地解决问题。

沙伊贝（Scheibe, 1986）详细阐释了创造性问题解决策略。她提出了几个步骤，包括评估问题、识别需要改变的领域和分析群体动态等。然而，她的结论相对简单，她建议将培养好奇心和允许花时间去幻想作为创造性问题解决的策略，却没有意识到传译涉及的多层次语言过程和可能出现的实际问题。

然而，里卡尔迪（Riccardi, 1998:174）坚持认为译员的创造性行为应被视为一种问题解决策略，因为口译过程本质上是创造性的。她描述了两种具体策略，分别应对所面对的不同困难，由此她支持了问题解决是有意识过程的一部分的观点。首先，她提到了基于技能的策略，即口译过程中早已存储好，可自动反应出来并惯例化地执行的那些策略（例如，推动会议进程的典型活动，包括问候、感谢、议程和动议执行过程等的基本口译技能）。其次，她讨论了基于知识的策略，这些策略需要采取不同的方法，因为它们是在新情景中实施的，依赖有意识的分析过程和“存储的知识”。根据里卡尔迪的观点，与基于技能的策略相比，基于知识的策略需要付出更多的努力，因为在整个口译过程中，信息处理是受控和有意识的。

临场选择应对策略并做决策，这种有意识和分析性的注意力，或者说元语言意识，是至关重要的。本研究的一个焦点是手语译员在传译过程中的元语言能力。在任何时候，任何译员的元语言分析能力都会影响其对特定策略的选择。

（三）元语言意识

元语言意识的概念通常在语言习得和读写能力发展的背景下进行讨论。已经有学者对儿童获得的元认知技能、儿童对自己语言发展的元语言意识，以及元语言意识如何影响儿童的读写能力等进行了探讨（Clark, 1978; Karmiloff-Smith, 1986; Perner, 1988; Tunmer and Bowey, 1984; Tunmer and Herriman, 1984）。马拉科夫和哈库塔（Malakoff and Hakuta, 1991）专门讨论了双语儿童的翻译技能和元语言意识。

加顿和普拉特（Garton and Pratt, 1998: 149-150）将元语言意识定义为“关注语言并反思其性质、结构和功能的能力”，并指出“从事语言工作的人必须关注语言”。

因此，元语言意识这个概念适用于译员及其拥有的技能，可用于译员自我管理和监控自己在不同语言间传译的能力（Peterson, 2000; Smith, 2000）。佩纳（Perner, 1988）提出为了促成元语言意识，个体必须关注自己的语言使用，并对语言使用进行反思，同时也要意识到所反思的是语言本身（cited in Garton and Pratt, 1998）。比亚韦斯托克和瑞安（Bialystok and Ryan, 1985a, 1985b）以及比亚韦斯托克（Bialystok, 1991a, 1993）认为，元语言意识涉及关键技能，包括将语言知识分类的能力、选择和处理特定语言信息的注意力控制能力，以及主动思考哪些语言方面与语境相关的能力。

因此，为了胜任传译工作，译员应该具备较高水平的元语言意识，因为他们需要不断分析语言的结构，同时还要考虑语言使用的社会文化背景和单个信息的影响。根据加顿和普拉特（1998）的观点，元语言意识的发展为人们提供了选择和控制语言的技能，而且有助于促进沟通。因此，他们认为元语言意识依赖于社交互动，因为人们需要获得对彼此语言使用的反馈。

将这个概念应用于译员的工作时，可以看到他们需要依靠某种形式的互动来发展元语言意识。手语译员通常会从聋人客户那里得到反馈，这种反馈可以是点头或其他肯定性手势，表明他们理解了。如果反馈是负面的而非正面的，译员就需要反思他们做出了什么语言选择，以及如何重复或改变这些选择，以使自己的传译能够被理解。元语言意识这个概念也被称为“元能力”（Nord, 2000）或“元策略”的使用（Hoffman, 1997）。

此专项研究的一个关注重点是，在大学讲座传译过程中手语译员对自己语言选择的元语言意识或元认知水平（Peterson, 2000）情况的了解，尤其是自己做了哪些类型的省略，以及为何做出这样的省略。达罗、朗伯和法布罗（Darò, Lambert and Fabbro, 1996）指出，在同声传译过程中，对注意力的有意识监控可能会影响译员出错的次数和错误类型。因此，本研究的目的是展示译员所做的省略类型，论证他们在做出省略时是否使用了“元认知策略”（Smith, 2000），还是省略时他们是无意识的。

在这一点上，我想强调的是，正如目前为止一直在暗示的那样，应对策略并不一定只用于解决问题。我们可以将应对策略视为不同的技巧，它们用于确保传译尽可能有效。尽管有些策略可能是被动的，以应对出现的问题；但它们通常是积极主动的，用以增强传译的效果，而不是仅仅应对出岔子的情况。到目前为止，我们所讨论的文献中都未提及应对策略的本质，即它是语言过程的一部分。本书关注的核心就是这些应对策略，作为任何传译过程中固有的语言过程的一部分，恰恰是这类应对策略有助于有效地传译，而不仅仅是用于危机管理。

二、语言应对策略

大多数某种程度上提及应对策略是传译过程一部分的研究，都是关注交际互动事件的社会语言学研究。然而，就应对策略的概念而言，所有相关研究的视角都有所不同，因为这个概念的解读具有开放性。有两位学者分析了互动话语（Roy, 1989a, 1992, 1996, 2000a; Metzger, 1995, 1999），其中一位专注于特定的语言策略（Davis, 1989, 1990a, 1990b），另一位则关注传译与文化相关信息时意译方法的使用（Napier, 1998b, 1998c）。我们将这些研究分成两类，一是将语言和文化知识用作语言应对策略，二是将翻译风格用作语言应对策略。

（一）将语言和文化知识用作应对策略

罗伊（1989a）的博士论文研究了美国手语译员如何影响当面对话时话轮转换的顺序，这项研究通过 1992 年和 1996 年刊发相关论文进一步推进，并于 2000 年出版了相关书籍。罗伊指出，译员“管理每个话轮是借助对表面形式之外的语言和社会意义的了解”，通过掌握这些知识，译员能够对话轮转换顺序施加影响（1996: 40）。这项研究从社会语言学的视角考察了在面对面互动情形下，译员控制话轮时所使用的应对策略。

罗伊最初的研究（1989a）涉及一位大学教授给一名学生上的辅导课，她对辅导课进行了录像和转写，分析了上课的视频片段，采访了课程全部参与者（即听人教授、聋生和译员这三人），了解他们对特定话轮转换顺序的看法，以及传译时出现的任何困惑或误解。对结论进行讨论时，罗伊将此次传译作为一个成功的交际事件，并且基于这一聚焦点而展开讨论。她考察译员成功地做了哪些事情而不是做错了哪些事情。由于译员双文化和双语能力较强，她能够利用自己对听人和聋人之间会话互动规范的了解，来确保交际不受任何限制地顺畅进行。这就意味着传译时她要融入一系列策略，例如，她要接过自己的话轮，提示聋生接过学生话轮，认识到大学场景中的权力差异偶尔将话轮交给上辅导课的听人教授，利用非常长的间隔时间[3]充分思考应对某些语段的传译。

对转写的分析揭示，尽管在手语传译中确实出现了“类似于普通[4]面对面会话中的一般话轮”，但是译员并不仅仅依赖两个主要参与者去控制话轮（Roy, 1996: 47）。在回顾性访谈中，罗伊播放了传译录像，询问译员为什么当时做出某些决策（例如，当会话出现话语交叠时），由此就能够得知译员是在有意识地采用应对策略。尽管该研究的焦点不是传译时译员对自己语言决策的清晰意识，但可以看出，译员确实运用了语言和文化知识以及对该知识的元语言意识，她以此来制定有关话轮转换的应对策略。罗伊对这一发现总结如下：

> 研究显示，译员接过话轮是译员自己做出的决策以及主要发言者默许译员的决策这两者共同作用的结果……[译员]遵循语言使用的传译规范，通过自己对语言系统、社交情景和话语结构系统的了解来促成话轮交接（Roy, 1996: 63）。

因此，罗伊断言，除具备“交际事件管理策略”外，译员不仅要有双语能力，还要了解社交场合的说话方式（1996: 63）。

钱（Qian, 1994）的口译研究采用了与罗伊（1989a）类似的方法，描述了译员如何影响交际过程，讨论了人们认为译员脱离自身角色不恰当影响交际的两种情况。钱（1994）指出，为了保持职业素养，译员必须“抑制与交际事件参与者互动的本能或冲动”（1994: 218）。然而，罗伊（1989a, 1992, 1996, 2000a）却鼓励译员认识到这些本能，他认为为了提升交际互动的效果，译员可以适当利用自己的互动本能。

梅茨格（1995, 1999）也研究了手语译员如何影响聋人和听人之间的互动话语，但她关注的参数略有不同，而且她是从另一种类型的传译互动中收集数据的。罗伊（1989a, 1992, 1996, 2000a）专注于译员的存在如何影响话轮，而梅茨格（1995, 1999）关注她所说的中立悖论。这个术语是指人们期望职业译员在传译任务中保持中立，并且忠实地传达每一句话，即“对参与者话语的中立翻译有助于确保译员不选择性地省略其他参与者的这句话或那句话”（1995: 9）。梅茨格（1999）的研究旨在证明译员无法完全保持中立这一事实，由此“解构中立神话”，进而阐明中立的想法并不现实。

梅茨格（1995, 1999）认为，由于译员的工作性质，以及译员具有双语和双文化能力这一事实，他们必然会利用所掌握的知识对源语和目标语受众做出假设，并推断一句话在语言和文化上对每个受众来说意思是什么。这种观点意味着，译员不可能在任何传译互动中都保持完全中立。基于“框架理论”，以及每个人都有自己专属的参考框架（即由其生活经历所塑造，进而发展起来的定义不同概念的参考框架）的事实，梅茨格提出了译员不可能中立这一论点。因此译员会在传译中做出具体的选择，决定某事在自己看来是什么意思，同时推测和假定某事在互动双方看来是什么意思。这样，他们就能为每个文化群体提供对等的信息，进而使社会文化语境中的每一句话都有意义。为了验证她的论点，梅茨格（1995）对两次医疗就诊的手语传译场景进行了互动社会语言学分析，一次是传译专业的学生扮演译员的模拟就诊场景，另一次是专业手语译员真实传译就诊场景。前一次的就诊手语传译视频是译员培训课程录制的部分培训资料，在视频参与者允许的情况下，梅茨格得到了一份视频副本。此模拟就诊视频是在一间大教室中进行的，有三名参与者，包括两名听人女性和一名聋人男性，持续时间 7 分钟多一点。梅茨格亲自参与并录制了另一次就诊视频，这是一次真实的就诊互动，有真正的手语译员。在医生办公室里有六名参与者，分别是一名医生（男性）、一名护士（女性）、一名译员（女性）、一位母亲（女性）和一个小孩（男性），以及一名研究人员（女性）。持续时间约为 26 分钟。梅茨格比较了这两次就诊场景的手语传译视频，旨在明确译员对互动话语的影响程度，以及译员是否将自己的参考框架带入交际事件。

尽管梅茨格（1995, 1999）承认研究受到了某些社会语言学因素的影响，例如，有研究人员和（或）摄像机在场、语言接触对聋人参与者的影响、两次就诊手语传译视频时长不同，但是她却没有提出可能影响研究效度的其他因素。例如，两次就诊手语传译视频涉及的研究对象人数不同、性别有差异，这些事实可能已经影响了访谈的内部动态。另外，就诊视频是在不同条件下按不同程序录制的，这一事实可能严重影响了两个案例的可比性。另一个需要考虑的问题是，研究仅比较了两名译员，而且这两名译员能力水平截然不同。一个是将手语用作第二语言、正在学习美国手语的传译学生；另一位却是将美国手语用作母语、传译经验丰富的译员。因此，将两个数据有区别的案例并置一起加以对比，研究的效度会受到质疑。尽管有诸多问题，但梅茨格的这项研究发现并强调了译员的一些重要工作品质，即译员的语言应对策略，因此她的研究发现仍然值得关注。

梅茨格发现了各种各样、可以证明参考框架存在的语言特征，包括韵律、话语串儿（如问答对儿）、话题引入、言语修复。在两个案例中，会话双方和译员所使用的语言特征都表明他们有些事件参考框架是彼此一致的，但另一些事件参考框架却是不同的。在两个案例中，译员都以不同的方式影响互动话语，包括打断会话者、要求澄清信息、回答听人或聋人会话者提出的问题等。梅茨格的结论是，译员确实会将自己的参考框架和假设的知识带入每次传译中，这可能会影响交际话语的内部动态，而且有些译员比其他人更能意识到这种影响。她指出，译员选择省略一些内容，因为传译中这个选择或许是有意识的，所以译员将不可避免地做出决策，这些决策将影响互动结果。

以另一视角审视梅茨格的研究，我们可以断言，在译员的语言应对策略库中，译员假设知识和译员推断这两个策略也包含在其中。如果译员有意识地做决策，找到两种语言和两种文化的对等，那么这意味着译员对传译过程具有一定程度的元语言意识，因此他们能够解释自己的任何决策。

译员运用自己的语言和文化知识来做策略性决策，以应对交际事件。她决策过程的衍生结果是译员总是将翻译风格用作语言应对策略。

（二）将翻译风格用作语言应对策略

在我的第一次研究中，我研究了意译以及英国手语译员对意译的使用（Napier, 1998b）。我采用了与梅茨格（1995）类似的方法，将框架理论应用于传译过程，我还对英国手语译员能够保持完全中立提出了质疑。我讨论了“意译”和“直译”，我的断言是如果译员将自己视为语言和文化的协调者，那么他们应该采用意译。

我同意麦克达德等其他学者的观点（McDade, 1995; Phillip, 1994; Pollitt, 1997; Scott Gibson, 1994），即手语传译服务的职业化导致译员和聋人对职业译员的含义产生不同看法，而且译员可能不再能满足聋人社群的需求了（Napier, 1998b, 1998c）。就此，我提出以上现象导致聋人和译员之间产生了不信任感，因为没有人检验译员的翻译，译员不被信任能胜任工作，而且译员因自己的基本技能受到怀疑而感到受伤。我进一步推测，这种不信任出现在大多数英国手语译员采用的直译过程中，因为直译可以让聋人观众借助读唇[5]来检验译员的传译决策，聋人会将读唇获取的信息与演讲者的原始信息相比较，由此判断传译好坏。

我录制并分析了五名英国手语译员从英语到英国手语的传译表现，以此验证我的推测。我要求每个译员同时翻译一个 6 分钟的视频片段，这一视频片段包含“受文化背景限制的”信息（Napier, 1998b: 60）。①由于这是准备好的朗读文本，所以源文本很可能词汇密度很高。所有译员在任务开始前都有机会观看一次视频片段，但我没有告诉他们我研究的目的。结果分析显示，五名译员中只有两名译员展现了我定义的“有效的文化传译”（1998b: 66），他们使用了意译方法传达信息。其他三名译员都采用了更为直译的方法，他们出现了更多不恰当的错误。

这次研究是探讨英国手语译员作为语言和文化协调者的工作实践，评估他们是否满足聋人社群的需求。我认为，为了切实满足聋人的要求，译员应该利用来自聋人社群以及更广泛社群的社会语言学和社会文化知识，确保传译的信息在语言上和文化上都与聋人的参考框架相关。意译用作一种翻译风格、英国手语译员和聋人关系探讨，虽然就这些研究角度而言，本次研究很有趣，但回头审视时，我意识到我分析时有些主观。虽然我提出了有效的文化传译来自意译方法，但是我并没有解释“有效的文化传译”的具体定义，并没有说明它的原理。在本书的研究汇报中，我注意到了这个不足，详细描述了译员翻译“风格”的分类。我的

① 源语视频材料含有“受文化背景限制的”信息（“culturally bound” information），这一判断是因为视频来自一档英国时事节目，该节目对观众的语言水平和生活经历进行了假设，所以该节目的假定观众与聋人社群成员的语言水平和对事物的参考框架可能并不一致。因此视频片段展现的信息是受源语和源语文化背景限制的信息。当传译这样一段内容时，为了找到文化对等语，译员使用意译方法会更有效。科克利（Cokely, 2001）使用“文化内容丰富的”信息（“culturally rich” information）来表达相似概念。

第一次研究没有采访参与者，没有确定他们做语言选择时的意识水平，以及他们的语言选择多大程度上是基于他们的社会语言学和社会文化知识。因此，我只能假设译员在传译过程中的元语言意识情况。

尽管这次研究有诸多缺憾，但就语言应对策略而言，我发现意译是应对两种语言和两种文化之间传译动态难题的语言翻译技巧。正如纳皮尔所证明的，这一语言应对策略[6]，有些译员会采用，有些则不会采用。借助框架理论、假设的知识和推断，译员应该能够做出判断，即在两个语言社群中哪些语言和文化意义需要实现对等。因此，可以认为手语译员是使用语言应对策略来提高传译效果的，他们通过运用知识和使用各种方法处理社会语言学和社会文化信息。

戴维斯（1989, 1990a）也探讨了翻译风格的影响因素，但他考虑的是翻译中的其他语言特征。通过分析从英语到美国手语的两场讲座传译中出现的语言干扰和语言迁移，他讨论了美国手语中的语言接触现象及其对语言接触环境中译员翻译风格的影响。他将手势媒体公司（Sign Media Inc.）发行的 DVD 影像产品《译员模式——从英语到美国手语》作为数据分析的来源，影像中可以看到两名美国手语译员同时传译两个 30 分钟的讲座，未经彩排，未被打断。这两名译员在有语言接触的环境下工作，观众是五名聋人和九名听人，他们被分为聋听混合的两组，每名译员都为自己小组的观众进行手语传译。每名译员都可以看到演讲者和他（或她）的观众，但是两名译员看不到彼此。这两名译员都是美国手语的母语使用者，他们职业经验丰富，备受尊重。

戴维斯将语言干扰定义为一种语言的规则被搬用到另一种语言中，将语言迁移[7]定义为从源语中搬走成分材料，将之挪到目标语中，但遵守并维持目标语的语言规则。戴维斯解释说，对于应对英语口语和美国手语同声传译工作的译员来说，由于这两种语言差别很大，所以一定会出现一些语言干扰。他推测“可以想象，译员不熟练的美国手语可能明显触发语言干扰”（1989: 91）。然后，他又假设道，以美国手语为母语的译员从英语译入美国手语时将受到最小的英语干扰，因为他们对这两种语言的理解都更为透彻。然而，这一假设似乎有些天真，因为对于同时处理两种语言的所有译员来说，无论他们的语言流利程度如何，都会不可避免地受到一定程度的语言干扰，尤其是当他们疲劳时。

在对数据进行分析时，戴维斯（1989, 1990a）聚焦于讲座传译中出现的语码转换、语码混合（在一句话中或小句中出现的语言切换）以及借词，他发现语言干扰的发生要远少于语言迁移。他识别出一种受规则约束的语码混合（迁移），因为两个译员在进行语言选择时都采用了这种语码混合，而且用法非常相似。例如，译员打目标语即美国手语时，他们打名词、疑问词、数词和指拼手势词时，都同时使用了英语单词的仿话口型。关于指拼，戴维斯指出，译员使用了一种“临时”指拼策略，以此来表达来自英语词汇项的特定借词。在这种情况下，当演讲者第一次介绍一个单词时，译员会逐个指拼出构成该单词的每个字母（或美国手语语素）。随着该单词的重复出现，译员会删除或同化一些语素，使指拼出来的单词更像是一个已经词汇化了的手势词，而不是“将英语单词正字法形式进行逐个字母指拼的活动”（1989: 98）。戴维斯描述了参与者、传译主题和场景如何改变语言间迁移的程度，例如，由于观众中一些聋人可能比其他人的英语和美国手语双语运用能力更强，所以译员可以选择将一些英语口语中的单词直接迁移到美国手语中，将它们编码为手指字母指拼出的视觉呈现模式。

戴维斯的研究（1989, 1990a）有效论证了在语言接触环境下，语言迁移和语言干扰如何发生于手语的传译过程中。然而，应该承认戴维斯的数据仅限于他研究的两名译员，而且这两个人都是手语母语者。因此，对于将戴维斯的研究结果推广到整个手语传译人群，我们仍需慎重。为了让观察视角更加均衡，一个理想的研究应该是研究对象既有手语是母语的译员，也有手语不是母语的译员。戴维斯提出了一些可用于讨论应对策略的有趣观点，因此戴维斯提出的问题仍值得我们关注。

戴维斯（1990b）在另一篇论文中进一步讨论了他的想法，文中他将语码混合，或者说语言迁移，描述为一种语言策略，用于避免传译中出现模糊或歧义。译员在输出美国手语时直接编码手势视觉的英语形式，从而切换到更为直译的翻译风格。戴维斯指出，当译员对英语形式进行视觉编码时，他们使用有系统规律性的语言迁移标记来阐明这是被打断的话语片段，这是从美国手语切换到英语。例如，译员拼写一个非美国手语手势词之前和之后都将使用美国手语中的“双引号”手势词，以强调这个单词来自英语，并非美国手语的手势词。另一方面，戴维斯将“语言干扰”描述为将视觉编码的英语完全融入美国手语输出中，这实际上对信息的命题内容有干扰，并且是“零星出现和没有提示符号的”（1990b: 308），即在指拼和使用仿话口型时并没有添加有系统规律性的语言干扰标记。

因此，可以说，戴维斯（1989, 1990a, 1990b）强调的语言迁移技能可以被视为语言应对策略，因为译员对语言选择做了有意识的决策，使自己能够在传译中澄清信息，并相应地调整翻译风格。译员在传译中所做的选择在某种程度上必须是有意识的，因为两名译员都以相似的方式使用了语码混合，而且遵循已建立的语言迁移规则。然而，戴维斯没有对这一论点进行后续讨论研究，因此我们无法了解译员对自己的传译过程和语言策略使用的元语言意识程度。

伊维尔（Ivir, 1998）讨论了实现文化迁移的各种策略。这些技巧包括借词、直译、替换、增译和省略[①]等。伊维尔指出，译者对语言和交际因素的考虑制约着他对特定策略的选择，因此译者的策略经历一个决策过程，每个决策都出于“本身的益处，以及对翻译行为所处情景语境的考量”（1998: 138）。本书的重点是语言应对策略，这些策略要求将

---

① 关于增译和替换的进一步探讨，可参见科克利（Cokely, 1985, 1992a）；关于借词和直译的详细讨论，可参见伊维尔（Ivir, 1998）。

语言和文化知识融入传译过程，由此也产生了一系列的翻译技巧，运用这些技巧可以实现语言和文化上的对等。译员对策略运用的元语言意识、使用这些策略的原因，以及相关翻译风格的运用、省略的策略性使用，这些都是语言决策过程中要考虑的重要构成部分。

（三）传译中省略的使用

省略的一个词典定义是“不包括某事或没做某事，这或是故意而为，或是无心之举”（Fox, 1988: 547）。另一个定义将省略描述为“疏忽或未能执行某事（尤其是职责）的动作或行为”（Brown, 1993, 1994）。就译员使用的省略而言，似乎前一个定义更为恰当，因为它使用“不包括某事”，陈述更为积极，而不是使用有消极联想的词语。

第一个定义还明确了省略行为可以是意外的，也可以是故意的；换句话说，它或是无意识的，或是有意识的。传译中无意识省略的一个例子是译员根本没有听到某句话，因此翻译时没有包括这句话。有意识的省略则是指译员出于各种原因故意或不故意而造成的省略，译员有可能意识到自己做了省略，但这不一定是一个深思熟虑的决定。例如，译员可能不理解某个单词的含义，或者译员没有立即翻译某个单词或概念，因为她在等待机会好做进一步阐述，但是随着接收更多信息，由于一直等待，这个信息就被遗忘了。另一种情况是，译员评估源信息的文化含义，确定其在目标语和目标语文化中的对等表达，结果她特意决定有意识地省略某些内容。她可以不接受传译中的某些概念，做出有意识的策略性决定；也就是说，省略那些与传译接受者无关的概念，或者省略那些非核心而且留下反倒更干扰理解的概念。这些策略性的省略正是译员在面对词汇密度、语言和文化相关性难题时的应对策略。

尽管这个具体传译领域的相关研究还很少，但是本书还是找到了一些加以综述。虽然本书已经明确省略可以用作一种积极的策略来确保有效的传译，但是对文献做比较综述，从不同视角看待省略是十分有价值的。我所综述的研究分为两类：一是错误或失误背景下的传译省略研究；二是将省略看作译员工作中固有的语言应对策略的省略研究。因此本书首先讨论将省略视为错误的文献，然后讨论将省略视为语言应对策略的研究。

1. **将省略视为错误**

为了讨论被视为错误的省略，我们有必要探讨一下一般情况下的错误和口译分别是什么情况。科普钦斯基（Kopczynski, 1980）大部分篇幅都在讨论译员出现的错误。为了建立研究背景，他将错误定义为“演讲者—学习者偏离既定规范的话语”（1980: 63）。他确认有两种不同类型的错误：一是学习者违反规范中的某些未知规则（呈现系统性规律的错误），二是学习者违反已知规则（失误）。呈现系统性规律的错误的定义是能力水平和学习经验都相同的那些人经常犯的错误，也称为能力型错误。失误则被归类为由其他影响因素，如注意力不集中、压力和疲劳等引起的错误，也称为表现型错误。

在介绍错误分析的概念时，科普钦斯基指出，只有话语违反了已知规则才被视为错误（即表现型错误）。科普钦斯基使用了巴里克（Barik, 1975）最初提出的错误分类法，该分类法区分了译员可能偏离源语中原始信息的三种主要错误类型，分别是疏漏[8]、错误的添加和错误的替换，每种类型都可进一步细分。错误的添加大类下包括描述添加、详述添加、关系说明和结尾添加等四种次级添加错误。错误的替换大类下则包括出现轻微语义错误的替换，以及出现严重语义错误的替换，这些错误的替换都是以词汇项或语块（如短语或句子）为载体的。错误类型疏漏的次级类型则详细列出了四种出错的省略，分别是：跳词省略（遗漏单个词汇项）；理解型省略（由于无法理解源语信息而遗漏较大的意义单位）；迟滞型省略（由于跟不上演讲者的速度而遗漏较大的意义单位）；复合型省略（将来自不同小句或句子的成分错误地合并在一起）。

科普钦斯基（1980）指出，巴里克（1975）研究了职业译员和业余译员的省略次数和类型。巴里克发现，对源材料的省略，这两组译员在数量上大致相同，无论是译入他们的主导语言，还是他们的第二语言。他还明确了有准备的翻译比即兴翻译省略更多，前者间隔时间更长，导致更多的省略。

科普钦斯基（1980）的研究采用了巴里克（1975）的错误分类法，他试图确定正确翻译和错误翻译之间的界限。他选择了一段来自外交宴会上的政治祝酒词，要求八名口译学生完成英语和波兰语之间的翻译任务。该研究使用了一段词汇密度高的文本，语域正式，科普钦斯基（1980: 76）将其描述为“文本类型可归入以口语传达的书面语的独白”。

科普钦斯基详细说明了发现的传译错误类型有哪些。它们分别是句法和短语能力型错误、词汇项错误、表现型错误（如犹豫、重复等）、添加和省略。关于省略，值得我们注意的是，科普钦斯基区分了“必要”省略和“可选择的”省略，而这两种省略出现的根源是翻译任务中两种语言的结构差异（1980: 85）。人们认为这两种省略或多或少是恰当的，因为省略决策是根据文本中的关键词是否可译做出的。研究结果显示，无论同声传译还是交替传译，出现的省略都比添加多。然而，当仔细观察整句中或句子成分中的省略时，交替传译中出现的省略比例要高得多。在总结部分，科普钦斯基将出错的省略分为表现型错误和理解能力型错误这两种涵盖性广的错误。他认为，省略可以是表现型错误，因为出现省略可能是受到译员记忆缺失、错过最佳传译时机、时间压力和疲劳等因素的影响。然而，他也断言，如果省略是因为译员无法理解源语信息，那么这种省略可看作是理解能力型错误。

很明显，在阐述对省略的看法以及省略如何和为何发生时，科普钦斯基将省略视为传译时发生的错误或失误。除了略微提及“可选择的”省略外，他行文中并未指出省略是传译过程中有意识的组成部分，或者是一种语言应对策略。他并未考虑到译员可以有效利用省略来实现文化对等，实现成功的传译。为了洞察传译过程，研究者可以拆解传译过程，详细分析意义和准确性。科普钦斯基的详细分析和对不同传译类型的比较是值得称赞的，但我们也应意识到，拆解传译到更加细小的组成部分，审视传译成功的要素而不是错误，这类对事物积极面的分析也是很有必要的。其他学者如奥特曼等（Altman, 1989; Moser-Mercer, Kunzli and Korac, 1998; Russell, 2000）采用了和科普钦斯基（1980）类似的方法，也研究译员所犯的错误，省略被归类为错误而不是策略。然而，本书的研究强调了译员的省略具有不同类型，一些是策略性省略，另一些是可能出错的省略。

科克利（1985, 1992a, 1992b）对传译语言是英语和美国手语的译员进行了质性的语言研究，他开发了一种分析技术，类似于巴里克（1975）的分类技术，但他做了优化，以便分析手语传译。此技术名称是失误分类法，仅从名称上看，它带有负面消极内涵，因为"失误"一词暗示此分类法也是为了找出译员所犯的错误。科克利的"失误"定义是"偏离原文"（1992a: 73），他确定了五种常见的失误类型。这些类型包括添加、疏漏、替换、插入和异常。然后，疏漏进一步细分为形态、词汇项和衔接方面的疏漏。

科克利（1992b）具体研究了间隔时间对传译失误的影响，他将失误分类法用于分析四份录制好的会议场景下英语到美国手语的视频，即四名译员单独传译的表现。科克利发现，两名译员的平均间隔时间为两秒，而另外两名译员的间隔时间大约保持在四秒。他随后比较了译员的间隔时间与失误次数之间的关系。

就疏漏次数而言，科克利发现两秒组和四秒组的译员最为普遍的失误都是词汇项疏漏，其次是衔接疏漏，而形态疏漏次数较少。有趣的是，研究显示，间隔时间是两秒的译员比间隔时间更长的译员疏漏次数更多，总共出现了两倍多的疏漏失误。这一点值得注意，因为这与巴里克（1975）早期研究的发现相矛盾，后者证明较长的间隔时间会导致更多的疏漏。科克利（1992b）指出同声传译的一个天真假设是，间隔时间较短的话，疏漏也会更少。然而事实正相反，他断言道“被压缩的间隔时间将使译员处于一种准跟述任务中，期间发音的速度和打手语的速度，这两者速度的差异可能导致疏漏增加（1992b: 54），因为手语译员要努力‘跟上’有声语言演讲者”。另外，科克利认为，间隔时间的增加使译员提升了对源语信息的整体理解，能够“确定形态、衔接以及词汇单位的信息和功能价值”（1992b: 54）。

虽然科克利（1985, 1992a, 1992b）承认传译时译员可能会利用额外的间隔时间来做决策，这意味着他具有一定程度的元语言意识，但科克利的各项研究都将省略视为出现失误的疏漏，而且讨论了可能导致失误的原因，因此本质上他在建议传译时如何预防疏漏。

探讨传译有效和成功的一面具有益处，本章前面已明确了这一点。本节（即将省略视为错误这节）讨论的文献并未将省略看作成功策略，相反，它们统计并研究那些被当作错误的省略（即疏漏）。早在1973年，恩克维斯特（Enkvist）就提出了这样一个疑问，即分析传译时我们应计算错误数量，还是应衡量交际中成功的方面。恩克维斯特支持以目标为导向的分析，他提出了语境恰当的概念，即一句话在情景语境中是否恰当，提出将语境恰当作为判断疏漏是否严重的“标尺”。恩克维斯特认为，所谓“错误”是有目标驱动的互动的结果，因此对错误的思考和判断应该把错误与功能目标相关联，把它看成互动的结果，而非只把它当成“错误”。贝克（1992）也认识到译员偶尔需要“借助省略来达成翻译目标”，因此她承认使用省略的确可能是出于策略性考虑。

2. 省略的策略性使用

瓦登斯约（Wadensjö, 1998）描述了有译员作为协调者的交际，她探讨了译员的职责，以及交际参与者和译员的各方期待。她分析了一名申请居留许可的俄罗斯移民与一名警官的互动传译，传译场景是瑞典一所警察局移民部门的听证会。瓦登斯约讨论了社群传译的概念、译员角色、互动规范、沟通的前提、译员的影响、话轮转换、语言和文化对等。她的研究与策略性省略有关，受到了关注，因为瓦登斯约提出了自己的省略分类法，并且以此测定传译事件是否成功。她开发的省略分类法包含了与巴里克（1975）和科克利（1985, 1992a, 1992b）相似的一些组成部分，但她使用了内涵更积极正面的术语。

首先，瓦登斯约（1998）提出译员的传译是一种“话语再现”[9]，再现的话语在某种程度上与前面会话者刚讲的原话相关联。“再现话语”与原话的关系有若干次类型。她指出源文本可以看作是“话语链中的上下文语境”，源文本决定并影响了其他话语和上下文语境的发展。瓦登斯约称，尽管“原”话是在特定的语境中被听到（或被看到，如果是手语语境），但译员有必要在一定程度上先将每句原话去语境化，使其成为一个独立的单元，然后将它重新语境化，变成目标语言“话语流”中的一句新话（1998: 107）。

因此，为了比较译员的话语与原话，瓦登斯约定义了译员“话语再现”下的八个次类型，包括近似再现、扩展再现、简化再现（或减量翻译）、替代再现、总结再现（或概括翻译）、多部分再现、非再现、零再现（或零翻译）。这些次级类型使分析者能够审视传译语境下特定话语再现的恰当性，进而探索传译成功的实质。

在策略性省略方面，大多数人都感兴趣的次级类型是简化再现[10]，其他学者也称之为简缩策略（Sunnari, 1995）或选择性删减（Hatim and Mason, 1990）。瓦登斯约（1998: 107）将简化再现定义为紧随其后的译入语“信息的显化度和明晰性不如前面的‘原’话”。研究者已注意到省略可用作一种策略，通过这种策略，译员在传译中可以有意识地决定省略某些内容，或者译入目标语时，减少对一定量源语信息的译入。因此，瓦登斯约探讨简化再现时译员的决策，这一研究路径为有意识的省略赋予了积极内涵。

瓦登斯约认为，她的研究中的译员使用了简化再现来实现交际目标。这种应对策略除了需要译员了解不同情景下的交际规范，还要求译员运用她对参与者及其所在社群的语言和文化知识。瓦登斯约举了一个简化再现的例子，其中源语（俄语）信息是这样说的："……无论如何，即使我生活在苏联，在我看来无论怎样我都不是俄罗斯人，我是希腊人，无论如何，所以官方眼里，我还是希腊人。"（1998: 114）而瑞典语的口译如下："……即使我一辈子都生活在苏联，我无论如何都会被当成希腊人，而不是俄罗斯人。"（1998: 114）瓦登斯约解释说，这一译法在语境、语言和文化上都是恰当的，因为原陈述的交际目标在译员的信息再现中都得到了实现。她指出，译员的简化再现策略传译并强调了原话语所表达的两个交际目标中最新近且明确表达的那个。她认为译员专注于这一交际目标的决定是合理的，因为传译这些信息满足了警官"快速和无歧义地记录案件事实"的需求（而不是其他需求，例如，警官可能希望理解面前申请人的推理方式）（1998: 115）。

因此，通过说明译员这样翻译信息是恰当的，以及解释译员如何维持互动但却不影响交际参与者达成对信息的一致认知，瓦登斯约证实了译员运用省略策略的合理性。同样，瓦登斯约也没有探讨译员对策略性省略或简化再现的元语言意识。然而，可以假设，如果译员意识到为了向接收者传达对等信息，需要省略某些话语，那么她所做的策略性省略在某种程度上必定是有意识的。

3. 新的省略分类法

上一节讨论了不同研究者提出的译员可能用到的各种省略类型，包括形态、词汇、句法、衔接和语境等不同层面的省略。已经明确的是，在将源语信息转换为目标语信息时，译员可能会有意识或无意识地进行省略，前者被认为是策略，后者被看成错误。我开发了一种新的省略分类法作为本书的研究成果，该方法是根据意识水平和策略性来确定传译中可能的省略策略（Napier, 2001），具体省略类型如下：

（1）有意识的策略性省略：译员有意识地去使用的策略性省略，即译员决定省去一些信息以提高传译的效果。在做策略性省略决策时，除了考虑传译效果外，译员还结合自己的语言和文化知识，来决定哪些源语信息对目标语受众有意义，哪些信息具有文化相关性，哪些信息是冗余的。

（2）有察觉的有意省略：会造成有意义信息缺失的省略。译员对省略有察觉，因为译员没能理解某个词汇项或概念，或者无法在目标语中找到恰当的对等表达，因而有意省略对该信息的传译。

（3）有察觉的无意省略：会造成有意义信息缺失的省略。译员对省略有察觉但却无意间造成了省略。他们在传译之前听到了一个词汇项（或很多词汇项），并决定先“存档”，打算等了解更多的上下文信息或弄清深层含义后再做传译。然而，由于更多的源语输入涌进和间隔时间影响，该词汇项（或很多词汇项）被忘记，未被激活，因而被省略。

（4）有察觉的接收性省略：译员因接收到的源语声音质量差，无法准确解读所听到的内容，不得不做的有察觉的省略。

（5）无意识的省略：会造成有意义信息缺失的省略。译员对省略无意识，不记得自己听到过特定词汇项（或很多词汇项）。

这些省略类型是在与译员进行任务回顾以及译员评论自己使用省略时的意识水平的基础上形成的，这些内容将在本书第五章中做进一步讨论，该章将着重说明本研究使用的方法。

三、本章总结

本章介绍了应对策略的概念，以便为翻译风格和省略用作语言应对策略提供相关研究背景。本章表明，在传译过程的不同阶段，译员会使用不同的策略，无论是在传译任务之前、期间还是之后。译员使用策略应对可能影响他们传译表现的各种语言和非语言因素。应对策略不仅是应对即兴问题的反应性措施；为了提升传译质量，应对策略也可以是一种积极主动的手段。本章还介绍了一些研究，这些研究聚焦于译员语言应对策略的使用、语言和文化知识的运用，以及翻译风格的使用。

有学者认为译员可以选择将传译中的这些过程作为语言应对策略，用来提高传译的效果，确保任何话语的“意义潜势”都得以传达。为了能够投身于这一决策过程，并且积极选择语言策略，译员必须具备一定的元语言意识水平。通过运用元语言意识，译员将监控自己的语言使用和语言选择，相应地调整传译，选择恰当的策略来应对话语环境的语言要求。

研究者进一步研究和评估了译员的省略，大部分研究都将省略视为错误。但有研究者提出除了认识到有些省略是错误外，省略还可以是语言应对策略，即译员刻意省略一些信息，以此确保目标语言的翻译在语言和文化上都恰当和适宜。为了能够下决定使用这种作为应对策略的省略，译员必须有意识地参与到策略性选择的元语言过程中。因此，这种省略被称为“有意识的策略性省略”。

由于具备元语言意识，译员可能意识到自己的省略或许错了，尽管她并非故意犯错。本章介绍的省略分类法是将有意识的策略性省略置于一系列省略类型中加以讨论。

本章已经讨论了何谓译员的语言应对，也明确了本研究的重点是译员在传译大学讲座时用到的翻译风格和省略类型，本书接下来有必要更详细地探讨一下话语环境。通过回顾会议口译和教育场景口译等特定话语的研究，我们可以确定与大学讲座话语类似环境下的口译的相关语言特征。众所周知，会议是使用高语域（正式语言风格），通常会议环境与大学讲座的环境相似，即会议口译的源文本通常是先用书面语写出来，然后再朗读给观众。本书第三章将回顾不同的会议口译调查研究，然后讨论教育场景的口译，探讨手语译员在大学环境中进行传译时面临的一些问题。

译者注释：

❶ 第 40 页，也有口译专家（参见肖晓燕和杨柳燕译注、洛纳根和邓肯著[Lonergan and Duncan]《走进口译——欧盟亚欧口译项目多媒体教学资料》）将术语“应对妙招”的源文“coping tactics”译为“应对策略”（2014: 55）。根据本书语境，以及为了与本书核心术语“应对策略”（coping strategies）相互区别，本书暂将术语“coping tactics”译为“应对妙招”。

❷ 第 43 页，“这种性质的冲突”指同事插话干扰，即译员意见不一致、同事之间有分歧的情况。

❸ 第 47 页，“间隔时间”或“时间差”（lag time, delay time, or decalage）是指从原信息被传达，到相应传译信息被传达，这两者之间的时间差或两者的间隔时间，参见科克利（1992b: 39）。翻译研究专家还使用其他相关术语表达相近或相关概念，如“耳朵—声音时间差”（ear-voice span）、“眼动—击键时间差”（eye-key span）、“时间差”（time delay），参见许钧（2018: 506, 507, 519）。

❹ 第 47 页，区别于特殊会话，普通面对面会话可以指生活中最常见的、不需要译员参与的自然会话，如听人之间的口语会话，或聋人之间的手语会话等。

❺ 第 51 页，“读唇”或“唇读”（lip-reading）也称“看话”“视话”，“是聋人利用视觉信息，感知言语的一种特殊方式和技能”（朴永馨，顾定倩，邓猛，2014:237）。此处是指聋人在看译员的手语表达的同时，还观察手语译员打手语时的表情、口唇部的肌肉动态、口型变化，即译员无声地做出的类似有声语言（如英语）发音动作的面部特征，依据相关线索判断译员表达的是哪些英语单词，由此获取一定源语信息。

❻ 第 52 页，意译通常作为翻译方法来讨论，源文本此处先后使用“技巧”（technique）和“策略”（strategy）两个词描述意译这一方法，

可理解为一般用词，仅描述现象，不区分术语。

❼ 第 52 页，对于“语言迁移”（linguistic transference）参见沙特尔沃思和考伊（Shuttleworth and Cowie）著，谭载喜等译的《翻译研究词典》（2007: 243-244）。

❽ 第 56 页，此处术语译为“疏漏”（omission），考虑到此处主要讲出现错误的省略，所以此处暂用“疏漏”而不是“省略”以帮助读者区分两种性质的省略。

❾ 第 60 页，“rendition”一词通常被译为“翻译”或“译本”，根据上下文语境和为了区别其他相近术语，此处译法暂取“话语再现”。

❿ 第 60 页，术语“简化再现”（reduced rendition）也可译为“减量翻译”或“简化翻译”，本书暂用“简化再现”和“减量翻译”。

第三章　会议口译和教育场景手语传译概览

本章将概述一些研究，这些研究具有与本研究相类似的话语环境。尽管本研究聚焦于译员在大学讲座中的翻译工作，但还是对会议环境译员工作的文献进行了综述。回顾会议口译研究文献是十分有价值的，因为会议口译中译员的工作条件往往与大学类似，即他们要处理更正式的语域，对社交话语有精确性期望，通常是单向翻译。手语传译领域对这些话语环境的相似性早有认同，而且已经超过25年，萨克利夫（Sutcliffe, 1975）指出，在会议和大学场景应采用相同的翻译风格。因此，本章首先讨论会议口译，然后概述教育场景下的手语传译，最后对大学手语传译做更具体的讨论。

一、会议口译

会议口译正式开始于第一次世界大战期间。当时谈判的人们无法使用外交语言法语进行流利交谈，因而需要借助口译。最初，口译是逐句对译的交替式翻译（Gentile et al., 1996; Herbert, 1978）。1946年纽伦堡审判时，同声传译被正式引入会议口译，还使用了隔音间[1]和耳机等设备，目的是避免长时间的交替式翻译（Gentile et al., 1996; Moser-Mercer et al.,1998）。多年来，已经有许多论文探讨了会议同声传译时译员面临的问题（Gerver, 1969; Kopczynski, 1994; Kurz, 1993; Moser, 1978; Paneth, 1957），但一项影响深远的会议口译研究来自达妮卡・塞莱丝柯维奇

（Seleskovitch, 1978）。作为一名在会议口译方面取得卓越成就的译员，塞莱丝柯维奇从自己的经历出发，总结出典型的译员轶事，她强调无论翻译任何信息，从事会议口译的译员都需要在信息中探寻意义，找到语言和文化上的对等表达。塞莱丝柯维奇提出语言的可理解性是会议口译中译员必须面临的一大难题。她指出，“可理解性，是口头交流的目标，但它并不只是表达更明晰或表达不太清晰的问题，它还涉及其他情况，例如，演讲者希望做出改变以适应不同的情景，但这也会导致他在表达时出现错误”（1978: 20）。

除了源语的信息发出者可能犯错外，译员还不得不处理会议中的术语或“行话”，这也可能导致源语不可理解。塞莱丝柯维奇认为这种困难与人们在一个陌生环境中倍感孤立的情况相同，这时人们往往假设所有人对以该语言为载体的话题和情景都颇为熟悉。她举了一个例子，即家庭成员或同事之间尽管可能使用“省略表达和并不准确的术语”，但依然可以相互理解（1978: 21）。这种想当然的熟悉感通常会令演讲者在表达时采用首字母缩略词，或者在聋人会议上使用手语名[①]等。然而，

---

① 可以译为手语名或人名手势词（name sign），参见《手语语言学简明术语》，奈恩特维尔哈尔和范登博哈尔德（Nijen Twihaar and van den Bogaerde）著，付继林和刘鸿宇译（2023:167）。最先讨论手语名使用的研究者是梅朵（Meadow, 1977）和明迪斯（Mindess, 1990），还有其他一些研究者。手语名是聋人社群中描述个人身份的手势词或手势符号。由于聋人依赖的手语是一门视觉手势语言，所以除了使用正字法拼写出来的有声语言姓名外，聋人通常还会给彼此起手语名，借助这一“可视化”的手语名来称呼彼此。这些手语名可以是描述性的，因为它们通常是描述一个人的某个特征（如手语名“大鼻子”是指一个长有很大的鼻子的人；或手语名“卷头发”是指一个头发卷曲的人）。另外，这些手语名也可以是任意性的，因为它们并不对应个人的某个特征，而只是对应手语名背后的故事，即因为某件事曾发生在这个人身上，聋人们就根据他的个人故事给他起了相应的手语名。因此如果手语译员并不熟悉当地聋人用来称呼彼此的手语名，那么就很难理解这些聋人的会话，因为译员不知道正被谈论的对象是谁。

译员可能对此并不熟悉，这显然会影响到她的传译。为了弥补这种语言使用时的未知因素，塞莱丝柯维奇认为译员需要知识面广，并且必须在会议之前做充分的准备和研究，以提高对将要讨论话题的认识。她认为，译员首要任务是分析信息含义，应该利用自己对话题的知识来支撑口译过程，而不是取代口译过程。

塞莱丝柯维奇阐释了为什么说译员是具有多方面知识和经验的通才，他们并不需要像专家那样拥有同样水平的专业知识，但必须能够领悟和了解一切。由于译员并非信息的源头，而是对信息进行合理组织，因此他们不应该评判“信息的准确性、独创性或说服力”（1978: 62）。相反，他们应该斟酌这些信息是要说明什么，为此他们必须“领悟能力”与演讲者旗鼓相当（1978: 63）。根据塞莱丝柯维奇的观点，译员可以首先通过逻辑分析，其次借助对话题颇为熟悉来忠实地传译源语中的话语。她指出，正是在这种推理能力上而不是对事实的掌握上，译员必须达到与演讲者相一致的能力。

因此，可见塞莱丝柯维奇强调了从事会议口译的译员需要运用语言和文化知识，以及他们可能具备的专业知识来确保更有效的口译。她认为语言使用是会议口译中最具挑战性的一个方面。大学场景下的口译，情况也是如此，如果译员对正在讨论的大学专题没有一定的了解，那么她可能会犯错（Harrington, 2001a）。

此外，她应该做好准备，利用自己对涉及的语言和文化知识的了解，提供有意义的口译。语言的可理解性始终是一个重要因素，因为大学讲座往往使用更正式的语域，并且会假定目标听众已经具备相关知识。塞莱丝柯维奇提到了译员和演讲者具有可以用于大学场景的“相匹敌的理解和领悟能力”，可以认为这是指译员在身处大学环境从事口译前，已经完成了大学教育。因此，译员当时应该对大学的语言使用情况颇为熟悉，能够预测大学环境的语言使用情况如何影响口译过程。

桑德森、西普尔和莱昂斯（Sanderson, Siple and Lyons, 1999）提到，

为高等教育中的聋生提供手语传译服务，译员需要具备适当的工作资历。她的资历应包括在大学环境中学习过，熟悉大学所使用的有声语言，而且具备同样娴熟的手语交际能力。卡明斯（Cummins, 1980）对“认知和（或）学术语言能力”以及“基本人际沟通能力”的分类可用于描述手语译员的语言能力。译员运用传译语言（如英语和澳大利亚手语）时，其在社会语言学方面的交际能力，必须达到其认知和（或）学术语言能力相同水平，要能有效地传译大学讲座。

再回到会议中的语言使用问题，卢埃林-琼斯（Llewellyn-Jones, 1981a）探讨了英国手语的情况，而它的性质是一种自然形成的语言，他还探讨了英国手语是否适用于会议环境。在他撰写该论文时，英国聋人社群对英国手语是否使用正式语域争议得非常激烈，因而对它是否适合用作会议语言也争议颇大。卢埃林-琼斯提到了迪赫尔（Deuchar, 1979）的研究，该研究认为在英国，手语使用的双言现象决定了手势英语被视为最权威的手语形式，而英国手语权威性最低。然而，卢埃林-琼斯（1981a）提出质疑，认为手势英语并不一定在聋人社群中广泛使用，同时他还质疑了迪赫尔（1979）数据的真实性，因为后者是在当地聋人俱乐部（非正式场合）观察到聋人使用英国手语，是在宗教环境（正式场合）中看到一个听人使用手势英语。在他自己的研究中，卢埃林-琼斯（1981a）通过记录正式、半正式和非正式场景中聋人之间的互动，注意到他们的手语表达存在显著差异，从而证明了不同类型的“英国手语‘风格库’”确实存在（1981a: 51）。这些差异包括在正式场景中增加指拼表达和添加仿话口型。现在，这一英国手语的接触语变体形式通常被称为以手势辅助的英语表达，它融入很多英语的句法结构，被视为英语和英国手语语码混合而成的一种中介语（Corker, 1997）。

由此，卢埃林-琼斯（1981a）得出研究结论，认为从事会议口译的译员在决定目标语输出形式时情况要复杂得多，并非英国手语（非正式）或手势英语（正式）的简单区分。为了说明他的观点，他测试了语前聋的手语使用者对英国手语译员传译表现的理解情况。研究结果显示，当译员选择不恰当的目标语表达形式时，不理解比例变高。卢埃林-琼斯指出，那些没有充足英国手语风格库（含基本人际沟通能力以及认知和[或]学术语言能力）储备的译员会使用一种以手势编码的手势英语形式，而不是语码混合而产生的英国手语的正式变体形式（即以手势辅助的英语表达变体），这会导致传译观众误解不断。最后，他指出，为了让聋人在会议上平等获取信息，译员传译信息时必须采用“对大多数聋人群体最有意义”的语言形式（1981a: 59）。卢埃林-琼斯的研究结论同样适用于面向聋人大学生对象的大学讲座传译。

莫泽-默瑟等（Moser-Mercer et al., 1998）对译员在应对会议口译压力情景时所使用的“应对机制”及其对口译服务质量的影响进行了研究。他们制定了会议口译时译员的实践准则，这些实践准则旨在“缓解疲劳，确保高质量的输出”（1998: 48）。他们对会议口译时译员的工作条件也提出了关键建议，例如，口译一场演讲时，译员独自工作的最长时间不超过 40 分钟。再如，对于全天多人协作的会议口译，译员应该交替工作，每 30 分钟左右轮换一次。

除了调查译员在实验情景中的应对机制外，该研究还调查了译员在超过 30 分钟的长时间工作后的口译质量、生理和心理压力水平。莫泽-默瑟等的研究对象是有着至少 12 年丰富会议口译经验的英语和德语互译译员。他们被要求传译四个德国政治演讲以判定口译输出质量，还被要求填写问卷以明确他们对环境的心理反应，另外他们还需要捐献唾液样本以确定压力引起的皮质醇和免疫球蛋白的生理水平。

在其他学者，如巴里克（Barik, 1971）的评价量表基础上，莫泽-默瑟等开发了一个评价口译质量的分类系统。这个分类系统主要关注口译时意思层面的错误，其中具体错误类型有：与演讲者所说的内容正相反；与演讲者所说的内容不同；完全没有意义；没有完整领会原意（imprecision）。除了这些类型，该研究还分析了疏漏、添加、犹豫、更正、语法错误和词汇错误。

该研究的定性结果表明，口译任务时间越长，错误数量就越多，其中疏漏是最常见的错误类型。在译员工作前 3 分钟，疏漏的数量为 59.5 个，而在译员工作超过 60 分钟后，疏漏的数量增加到了 80 个。莫泽-默瑟等（1998）得出结论，在历经更长时间口译后，译员用于评判自身口译输出质量的元语言能力变得极不可靠。研究者发现在长时间口译时，译员通常对自己工作质量下降毫无察觉，尤其是当 5 名译员中有 3 名又额外多工作了 30 分钟时。除非当他们疲劳到无法继续进行口译，否则译员是不会停止工作的。

综上，通过论证译员从事超长时间会议口译时的质量应对策略，莫泽-默瑟等（1998）强调了该研究的有效性。他们认为随着译员越来越疲劳，他们在意义传达方面出现的口译错误也相应增加，而且事实上，译员并没有意识到口译输出质量降低，因此“至少在超长时间的轮流口译任务中，我们无法相信译员对自己口译表现的评估是实事求是的”（Moser-Mercer et al., 1998: 61）。

他们将这种意识缺乏归因于认知负荷过重，同时还假设只有当译员疲劳到无法再对源语的信息进行处理时，才会意识到口译输出质量下降。因此，莫泽-默瑟等建议从事会议口译的译员缩短轮换时间，以确保输出质量始终维持在高水平。这项研究同样适用于在大学环境中工作的译员，因为他们对讲座进行口译，经常需要连续工作两到三个小时，休息时间却少得可怜。澳大利亚一所大学的口译服务协调员证实，澳大利亚的大学很少考虑为每次讲座提供多名译员（V. Woodroffe, personal communication, December 8, 1999），这种做法显然会影响口译服务的质量。

尽管莫泽-默瑟等（1998）发现译员在口译表现方面缺乏元语言意识，但需要明白这些发现只适用于在压力条件下工作的译员。这并不是说在最佳条件下工作时，译员完全不会促发元语言意识。就该研究所涉及的情景而言，莫泽-默瑟等对口译出现错误的讨论是恰当的，因为他们已经证明了疲劳的译员无法对自己的口译输出做出判断。因此，任何疏漏、添加或犹豫的行为都不太可能是有意识的语言策略的一部分，因此可以理解为译员出现了失误。

莫泽（Moser, 1996）进行了一项调查，探讨了客户对有声语言会议口译的期望，从另一个角度来看会议口译的质量。莫泽试图证明他的一个假设，即不同的用户群体对译员会议口译的质量有不同期望，尤其对专业度高、技术性强的会议而言。莫泽向参加不同类型会议和研讨会的大约两百名参与者发放了调查问卷，发现参与者的答卷揭示了客户各种各样的需求。

45%的问卷参与者期望口译的内容忠实于原始的源文本，34%的参与者表示充分传达意义、没有犹豫、语法正确、使用完整的句子，以及清晰的表达都是译员的加分项。这些特点会令客户相信她是好译员。此外，超过三分之一的参与者提到，为了有效地传达原始信息的情感，译员应该展现出生动、非单调的声音，要清晰地发音。研究结果还表明，约三分之一的问卷参与者指出译员的间隔时间过长会令人不悦，认为译员保持同步口译（即与演讲者速度保持一致）是重要的。

莫泽将客户参加会议的经验与客户对口译的期望进行了相关性分析。尽管参会经验较少的客户和参会经验更丰富的客户都将说话声音好听、与演讲者同步、有好的修辞技巧视为重要因素，但两者对传译忠实性的期望存在显著差异。在经验较丰富的客户群体中，53%的参与者表示忠实性对口译来说非常重要，而在经验较少的客户群体中，持相同观点的人数只有 35%。莫泽就此总结道：

> 看起来，在评估口译质量时，不经常使用口译服务的客户认为同步性、声音质量、修辞技巧、意义忠实性等因素的重要性基本一样。而经验丰富的客户则更倾向于认为内容的忠实性远比其

他因素重要（Moser, 1996: 157）。

一些问卷参与者表示更认可口译时信息的完整性，而其他人则强调译员应该专注于表达信息的要点。年龄较大、经验较少的参与者更期望译员传达信息的要点。当被问及一名译员应该工作多长时间后再让另一名译员接替她时，超过一半的参与者认为 30 分钟是最佳时间。毫不奇怪，大部分参与者认为会议口译中术语的准确性很重要，参加专业技术性会议的女性更加支持这一观点。莫泽发现，无论是参加一般性会议还是技术性会议，会议口译服务的对象都更喜欢不那么直译的口译，他们更重视译员对信息意义的传译。

尽管莫泽强调由于环境不同，数据的有效性可能存在瑕疵，但就问卷调查结果而言，他们可以得出两个普遍性结论。首先，经验丰富的会议口译的客户对他们应该获得的服务及其内容有更高的期望；其次，参会者在参加不同类型的会议时并不一定需要不同的口译方法。莫泽最初的假设是会议的技术性越高，客户越偏好融入很多术语的直译。然而，调查结果表明，参与他研究的客户代表们更希望译员忠实传达信息的意义。

将这些研究结果应用于聋人客户，即他们出席有手语传译服务的会议时，我们假设问卷调查结果也会非常相似，因为聋人更喜欢高质量的重视意义的传译服务。正如前文所述，大学提供了与会议口译类似的环境，大学讲座的信息通常以类似于会议的方式呈现。因此，我们可以推断，参加大学讲座的手语传译的客户与会议口译客户有类似的期望。

本节已经综述了会议口译的相关文献，在文献基础上我们明确了客户对大学口译的译员服务期望可以比照会议口译的客户期望。因此，下一节我们可以综述专门研究教育场景译员工作的相关文献。

研究者已经注意到手语传译研究相对较少，但是在已有的研究中，大多数的论文都集中在教育场景的手语传译。可以推测，这是因为对手语译员来说，教育场景下的手语传译是非常独特的。

二、教育场景下的手语传译

根据斯图尔特等的观察，“在学校工作的译员比其他任何环境的都多”（Stewart et al., 1998: 189）。教育场景下客户对手语传译的需求非常大，从小学基础教育到高等教育阶段都有需求（Ozolins and Bridge, 1999），一些译员大部分工作任务都来自教育机构（Chafin Seal, 1998; Hayes, 1992; McIntire, 1990）。对于那些需要手语传译服务的聋童来说，他们通常会在融合环境中接受教育，通常的场所是主流学校内部专门为“听力障碍”儿童设置的特殊教学单位（Bowman and Hyde, 1993; Chafin Seal, 1998）。美国一个为聋生提供传译服务的工作组，他们将教育传译描述为使聋生能够与听人同伴相互融合的“促成因素”（Stuckless, Avery and Hurwitz, 1989: 1）。在小学和中学工作的译员面临的问题与他们在高等教育机构中面临的问题不同。斯图尔特等（1998）描述了为儿童提供手语传译的译员要符合的诸多要求，包括：要调整语言输出、要明确传译任务的信息类型（如故事阅读）、要清楚自身的支持者角色、保持绝对公正的能力（当该能力缺乏时知道怎么办）、对中学阶段相关科目（如生物和几何）缺乏了解时知道该怎么办。这些难题同样适用于为大学成年聋生提供手语传译的译员，特别是当译员缺乏所传译学科的背景知识时。对此，保罗和奎格利（Paul and Quigley, 1990）提出了疑问：教育场景下译员在为聋生提供传译服务之前究竟应该先学习哪些学科。

格林霍（Greenhaw, 1985）关注教育场景下的手语译员，他们服务的对象是年龄稍大的聋生。针对当时研究匮乏的情况，格林霍展开了这项调查研究，她调查了美国那些为听障学生提供传译服务的中等教育之后的高等教育机构。调查涵盖一系列问题，试图收集教育场景下译员工作的各个方面的数据，包括聘用条件、译员的可靠性、译员与学生数量的比率、专业化程度、传译服务评估、监督问题和服务成本等。在总结调查结果时，格林霍指出："调查显示在高等教育场景下，传译服务的各个方面都在程序性的标准化上有欠缺……这种情况使译员面临困境……"（1985: 53）尽管格林霍没有详细说明译员的困境是什么，但是可以推断她指的是译员角色与职责方面的困境，斯图尔特等（1998）在针对更年幼聋童的研究中提到了这一点。

康普顿和施罗耶等许多学者（Compton and Shroyer, 1997; Dahl and Wilcox, 1990; Harrington, 2001b; Scheibe and Hoza, 1986; Stewart et al., 1998）都认为，满足教育场景下的译员角色要求，手语译员需要一系列技能和知识，这与在其他场景工作的传统译员的角色可能存在矛盾。另外，译员并非总能为教育场景传译做好充分准备。

海斯（Hayes, 1992）在宾夕法尼亚州西部进行了一项调查，她调查了 32 名教育场景下的译员，旨在查明这些译员对手语传译工作的看法，以及他们可能存在的问题或担忧。她发现，大多数教育场景下，译员都资历不足，通常译员并不理解自己的角色和职责。琼斯、克拉克和索尔茨（Jones, Clark and Soltz, 1997）也对教育场景下的手语译员展开了一项调查，他们收集了译员的人口统计特征和对自己职责的看法，研究结果与海斯（1992）的发现相似。他们发现大多数接受调查的受访者都培训不足，无法满足角色需求。韦尔斯（Wells, 1996）则从另一个角度审视教育场景译员的角色，他讨论了客户如何感受和意识到教育场景下译员的职责，指出有必要对客户加以教育，让他们认清教育场景下译员的角色。

西普尔（1993, 2000）承认在大学课堂上手语译员会面临很多问题，这些译员是为大学教师或演讲者进行传译的，而这些人可能对译员角色缺乏充分理解。她指出译员遭遇的问题包括：聋生具有不同的交际需求；课堂上手语译员的存在会对其他学生造成视觉"干扰"；课堂上视觉辅助工具的运用；传译快节奏的演讲非常困难；传译课堂讨论时如何避免多人同时发言。西普尔建议，教师应将课堂上有手语译员的情况视为提升交际活力的机会，应将译员角色视为一种促成因素，而非不必要的干扰。

除了教育场景下译员角色的复杂性之外，还有一个需要考虑的复杂方面是教育场景译员的技能基础。有学者已经从不同的角度对“技能基础”的概念进行了探讨，他们关注教育场景下译员需要发展的不同能力。泰勒（Taylor, 1993, 2002）在讨论手语译员在任一特定情景下的必要技能时，区分了“知识精干技能”和“知识丰富技能”。前者在传译中的某些部分是必需的，更为具体地说，是指术语和传译技能；而后者在整个手语传译过程中都是必需的，而且这一技能的提升要依赖于对互动社群和互动文化的语境知识的理解与学习。

有一项更具体的教育场景传译研究，马罗尼和辛格（Maroney and Singer, 1996）开发并讨论了一种译员技能评估工具。他们确定了四个技能领域：信息等效性、语言能力、流利性和过程管理。对于开发评估工具，马罗尼和辛格断言，这有可能改善和保持为聋童提供的优质传译服务，增加教育场景下合格译员的数量，鼓励对这些译员的合理安置，为教育场景译员的专业发展构架提供支持。遗憾的是，他们对该工具的最初应用感到失望，评估工具未能尽如人意的原因是译员担心被录像、缺乏观看译员传译的聋人观众、信息等效性的评估标准悬而未决。

施克、威廉姆斯和博尔斯特（Schick, Williams and Bolster, 1999）研究了教育场景译员的技能，特别是他们在进入北美公立学校系统工作之前应具备的最低技能水平。他们使用了施克和威廉姆斯（Schick and Williams, 1994）开发的特定评估工具，对一批教育场景译员的表现进行评估，结果发现在他们评估的译员中，不到一半的人“表现勉强可接受”（1994:151）。因此，他们认为，教育场景译员在为聋童服务之前应该接受适当的培训和认证，因为他们对聋童教育成功与否会有重大影响。

科克利 （1983a）将另一种分析技术应用于观察另一技能。他的研究对象是将英语翻译成美国手语的译员，他分析这些译员是否具备有效传递元符号特质的能力。他将元符号特质定义为“感知信息和演讲者特质的能力，而非感知信息的字面或隐含意义”；也就是说，元符号特质是指“那些非信息内容的特征，这些特征影响或决定一个人对演讲者的整体印象”（1983a: 16）。为了论证译员在多大程度上准确传达了演讲者的元符号特质，科克利要求两名译员传译一系列讲座中的五场英语讲座，他分析这两名译员的表现。他还邀请了由聋人和听人组成的评估小组来填写问卷、评价演讲者，目的是确定不同译员对同一个演讲者是否有不同的感知。

科克利发现，观看不同的译员，评估小组对演讲者的感知也有所不同。例如，“当一号[译员]在传译时，对一号演讲者和二号演讲者的感知，聋人评估者比听人评估者的评价更为积极正面”（1983a: 20）。科克利得出的结论是，这种结果可能由两个原因造成：一是译员可能没有意识到自己的行为会有影响，因此有意或无意地表现出与演讲者元符号特质相冲突的言谈举止；二是译员可能没有意识到元符号特质会通过手语的某些语言特征来传达，因此她可能使用语法正确但却未能准确表达演讲者特质的语言特征。这些发现显然对聋生有影响，因为他们对大学教师的（理解与）感知可能因译员不准确地传达而产生偏差，聋生依赖译员来准确传递演讲者的元符号特质。

讨论译员技能时也需要结合翻译中的技能。就帮助大学生有效获取讲座信息而言，利文斯顿、辛格和阿伯拉罕森（Livingston, Singer and Abrahamson, 1994）比较了传译时采用美国手语（即偏向意译的方法）与采用音译（即偏向直译的方法）的差异和有效性。他们将音译定义为“从英语口语译入一个‘手语’接触语变体，而这一英语和美国手语接触语变体融合了英语和美国手语两者的语言特征”（1994: 2），在这种方式下，译员倾向于按照英语语序打出手势或手势词，逐一再现源语的单词和概念。相反，用美国手语进行传译则被归类为另一个不同的过程，即译员充分理解源语的意义，再以目标语重现源语意义，因此它并不留意单个词语。利文斯顿等指出，手语传译时，大学聋生需要接受适当的意译，否则他们将无法获得与同龄听人相同的教育。他们明确了译员可能使用音译的一个原因，那就是音译可以帮助大学聋生接触到与听人相同的大量英语词汇，有可能帮助大学聋生提高英语知识。

这项研究涉及 43 名学生，学生们根据其偏好的翻译风格分入两组，分别观看经验丰富的译员对讲座的意译和音译，同时学生们就所获取的讲座信息回答问题。结果显示，信息译入美国手语，当译员采用意译而不是直译时，学生们理解得更好，甚至对于那些声称更喜欢直译的大学聋生，情况也是如此。

在分析成功的大学讲座传译时，利文斯顿等注意到，译员的省略并不一定削弱对信息的理解。事实上，利文斯顿等（Livingston et al., 1994）强调将省略看作有意识的和策略性的语言过程的一部分。他们解释说，传译时省略某些信息，可能因为两个原因：一是译员可能会有意做出删除信息的决定，因为她认为很难在目标语中找到对等的信息。二是译员评估了哪些信息对她所服务的特定听众是有意义的，她据此做出省略。因此，就向聋生传递信息以确保更高水平的理解而言，意译比音译更有效，利文斯顿等认为省略是策略性语言使用过程的一部分，它能够提升传译效果。他们指出“省略不一定是传译质量差的标志。对这种意译来说，情况似乎恰恰相反”（Livingston et al., 1994: 28）。

温斯顿（Winston, 1989）对使用音译持更积极的看法，她分析了一名经常为同一个聋生做传译的大学讲座译员。温斯顿希望研究当译员对主题和客户都比较熟悉时，音译会有哪些特征，以便她讨论“使用音译的译员在分析和产出目标语形式时的有意识的策略，而这并非随机的产出或错误”（Winston, 1989: 152）。她假设音译将英语的一些特征，如英语语序、对英语的仿话口型，以及美国手语的一些特征，如词汇项、头部和身体的晃动、位置的使用等都融合到一起，是一种接触语变体。

她强调了为实现特定类型的音译而做的特定的策略性选择，这些策略包括：概念意义手势词的选择、增译和省略的使用、重构、仿话口型。

温斯顿借鉴了卡萨格兰德（Casagrande, 1954）的研究来定义四种类型的音译❷，第一种类型是“语用翻译”，在此过程中译员对源信息的翻译应该“尽可能高效和准确，重点是放在信息的意义上而非信息的形式上”（Winston, 1989: 151）。第二种类型是“语言翻译”，该类型关注语法对目标语输出的影响，而不是意义造成的影响。第三种类型是“美学诗体翻译”❸，其目标是在形式上实现目标语与源语言相似的美感与诗意。第四种类型是“民族志翻译”，即将一种语言翻译为另一种语言时努力涵盖对文化背景和文本所蕴含的文化的解释。温斯顿明确指出，这些类型并不彼此排斥，而是在翻译中相互结合，达成所有已述目标的平衡。

为了证明她的假设，温斯顿（1989）转写了 25 分钟的英语讲座，并将英语讲座音译成美国手语，然后选择两个特定片段做进一步分析。她随后访谈了采用音译的译员，咨询她纳入特定语言特征的原因，以求追溯性地判别她的策略是有意为之，“而非随机的决定或只是出错了”（1989: 148）。她还认识到核查客户对音译输出的理解的重要性，以此验证传译方法是否充分有效，她还将本研究中客户的“明显满意度”作为有效性的一个衡量标准（1989: 153）。

在分析省略时，温斯顿发现目标语中那些冗余的源语部分被省略了。她声称这种省略策略是为达成高效的音译目标，是一种语用翻译，即使两种语言中有直接对等词，可以实现逐个音译的目的。明显的冗余包括重复的过去时标记、复数标记、系词（如“be”）、介词（如“of”），以及之前已明确的主语代词。因此，温斯顿概述的省略策略可以被视为“有意识的策略性省略”。尽管这项研究特别针对音译而非手语传译，但她的研究结论同样与手语传译也相关。

西普尔（1995, 1996）进一步调查了温斯顿（1989）的发现，但仅关注音译员使用增译的情况。她强调音译是适合用于教育场景的传译方法。她还想证明译员有策略地使用增译，是为了以视觉上恰当的方式翻译信息，此外还可以澄清信息，保持连贯，必要时强调。西普尔试图分析和比较 15 名资深译员和 15 名新手译员对讲座的音译情况，进而区分增译的不同类型和出现频率。她要求译员们想象自己在为 3 名熟悉的聋人进行音译，“这三名聋人客户都拥有博士学位，都是学术领域中的专业人士，英语语言技能都很强（英语阅读和写作强，手语强），而且都更青睐与英语结构接近的音译”（1996: 33）。

在西普尔（1995, 1996）的分析结果中，她定义了五种增译：一是衔接型增译，用以达成话语衔接；二是澄清型增译，使信息更清晰，减少模糊和歧义；三是语言模态适应型增译，即以视觉形式传达听觉信息；四是重复型增译，通过重复关键词或短语来对信息加以强调；五是复制型增译，重复打出一个手势词以表示复数概念。前三种增译类型最常见。

对研究结果加以讨论时，西普尔举出了英语单词或概念的具体例子，说明它们是如何被音译为美国手语的。她指出，音译文本常常包含源文本中没有的信息，这证明了译员会有策略地增译，以此“添加补充信息，因为译员意识到逐字记录的信息会不完整”（1996: 39）。然而，她的说法是基于假设，因为西普尔没有在翻译任务完成之后采访译员。她在讨论中没有认识到可能影响译员语言决策的其他因素。尽管如此，西普尔的研究是值得称赞的，因为关注到了译员的策略，而不是译员的错误。

薇拉和斯托弗（Viera and Stauffer, 2000）讨论了聋人客户期望译员使用音译的问题。他们的论文认为音译是一个复杂的过程，要做的不只是将信息逐字从英语口语转换成以手势编码的英语。薇拉和斯托弗认识到无论是进行意译还是音译，译员都需要有策略地使用增译和省略来阐明意义。他们在美国做了一个小规模的客户调查，调查对象是失聪程度不一的聋人，他们发现更喜欢音译（而不是意译）的客户占比很高。然而，这项调查是发给其中一位学者的同事们，他们大多数人是以专业资格执业的。因此，调查结果可能并不具有代表性，因为如果大多数调查对象都是专业人士，那么他们更有可能具备双语能力，毕竟他们需要具备大学资历才能胜任工作。如果他们是双语者，他们因此更有可能对音译感到舒适，或者情况是他们会要求译员音译，以便能够无障碍地获取英语术语。尽管情况不一，但对于音译更受欢迎的原因，薇拉和斯托弗的研究确实提出了一个可信的观点，这与本研究尤其相关。

薇拉和斯托弗询问调查对象，在会议口译中他们究竟为什么更偏爱擅长音译的译员而不是其他译员，得到的最典型回答是调查对象希望能够获取到他们听人或聋人同伴正在使用的英语，这样就可以与同伴一样使用相同的语言参与话语讨论，确保双方对术语有共识。调查对象强调了译员需要具备出色的英语能力，词汇量达到研究生水平。薇拉和斯托弗的发现也可以用于大学聋生，因为他们可能倾向于依赖更加直译的翻译（如音译）来接收信息，以便他们能够获取到大学话语环境中与讲座主题相关的术语和学术英语。受访者的这一偏好要求大学场景译员必须具备适当的认知和（或）学术语言能力，而且要有胜任这种环境的相应工作资格。

从迄今为止综述的不同研究中可以看出，教育场景下的手语传译普遍得到极大的关注。这些研究涉及小学、中学、高等院校场景下的手语传译。然而，聚焦大学场景手语译员的研究却较为稀少。

三、大学手语传译

根据斯图尔特等（1998）的研究，从事大学口译工作的译员需要考虑的一个主要因素是主题。理想情况下，人们可以根据译员所掌握的背景知识将他们与聋生相匹配。不幸的是，现实中由于可调用译员极为短缺，往往情况并非所愿。由于聋生学习的科目范围广泛（Bremner and

Housden, 1996），译员经常被派去口译他们一无所知的科目，并且很少有机会做准备。

劳伦斯（Lawrence, 1987）对教育场景中 10 名具有不到 300 小时口译经验的译员和 10 名具有超过 1 500 小时口译经验的译员进行了研究，旨在记录有准备的口译和无准备的口译之间的差异。每组各有五名译员接受了有关细胞分裂主题的专业培训，了解了相关术语和概念。第二天所有 20 名译员在一堂细胞生物学大学讲座中都口译了这一主题的内容。劳伦斯分析了他们对讲座的口译，计算 “语义对等单元”达成的总数，同时比较每组译员“语义对等单元”的平均数。他发现在计算出来的总数为 50 的语义对等单元中，经验较少的译员在没有准备的情况下语义对等平均达到 10.2 个单元，有准备后语义对等达到 24.8 个单元。然而，经验丰富的译员在没有准备的情况下语义对等达到了 22.2 个单元，有准备后语义对等达到了 42.0 个单元。

结果表明，准备工作，即对主题有一些了解，可以带来更准确的口译。然而，劳伦斯在总结时指出，尽管对主题的了解很重要，但是技能水平对口译的准确性影响重大。他提出了一个原因，用以解释为什么高级译员比初学口译的学员口译的准确性更高。他认为原因就是这些高级译员们“已经掌握了许多‘行业诀窍’，培训师只需再向他们演示一下这些诀窍如何用到讲座主题上”（1987: 89）。

在某些方面，可以说大学场景下的译员角色比其他教育场景下的译员角色更清晰。由于译员将为一些决定继续深造的成年聋人提供翻译服务，可以假定这些聋人客户对译员角色和语言输出是有明确期望的。然而除了应对客户对译员角色的期望外，译员还不得不处理其他问题，例如，自己不理解的内容应该如何翻译，遇到非常专业的术语时怎么办，要经常在正式的语域中工作并且不得不扩大自己的词汇量，要适应学生的个人手语风格，以及长时间不休息地工作，以上仅举几例。这种现象令人不禁要问，译员获准去大学工作之前她的教育程度和译员培训程度应该达到什么水平。艾辛格（Eighinger, 2000）明确表示，尽管译员经常受雇为大学聋生做口译，帮助聋生获取大学学位，但绝不应该接受超出他们自身教育水平的口译工作。

哈林顿（Harrington, 2000）指出，我们无法保证译员本人上过大学，或者承接一项大学讲座口译任务时，译员已经具备该主题的知识和（或）经验。他提到一个事实，即负责英国手语译员考试和评估的委员会（CACDP①）指出，在提供教育场景手语传译服务的译员中，只有 5% 的译员达到硕士资历。这个数字引发了人们对资历不足译员的疑虑，人们担心这些资历不足的译员是否有能力完全理解和有效翻译大学讲座的内容，进而帮助大学聋生理解讲座。

查芬-西尔（Chafin Seal, 1998: 193）的观点是“作为教育场景译员，学习应该是至关重要的”。罗伊（2000b）也强调了这一点，她的意见是，理想情况下，译员应该达到大学通识人文学科教育水平，它应该包括阅读、写作、听、说四种人文素养能力。她表示，译员应接受教育，尤其是文科教育，应学习如何阅读、如何写作构思、如何分析和解读文本。通过理解文本创作的过程，译员方能更有效地对文本进行口译。所以务实的建议是，通常译员应该达到大学教育水平，尤其在她打算承担大学讲座口译职责之前。帕特里（Patrie, 1993）概述了手语译员的教育和教育场景下的手语传译两者之间的关系。她提到有必要效仿处于领先地位的有声语言口译行业。有声语言的译员培训项目通常“只接受具有大学教育资历的学生，要求他们具备的世界知识与将要服务的客户相适应，而且至少对两种语言十分精通”（Patrie, 1993: 9）。

因此，人们惊讶地看到，研究者并没有进行更多的大学场景手语传译研究，因为与其他场景相比，大学场景手语传译可能是手语译员面临

① CACDP（Council for the Advancement of Communication with Deaf People），该机构的职能是英国手语译员考试和评估，宗旨是促进英国聋人和听人的交际与沟通。

挑战最多的一个领域。奥佐林斯和布里奇（Ozolins and Bridge, 1999）强调了这一点，指出由于大学生可选科目的多样性，译员必须意识到自己将面临很多挑战。

> 大学场景下的译员身处一个复杂的语言环境，该环境要求译员具备科目和学科的特定知识，达到接近于母语者的手语流利度，以便调整和创造性地运用语言，进而有效应对特定术语和概念（Ozolins and Bridge, 1999: 54）。

除了科目知识和语言知识外，理解话语环境及其语言使用也是极为重要的。罗伊（1987）研究了大学讲座的口译成效（用录像带记录了从美国手语译入英语口语的口译过程），以及口译传达的信息对两个不同听众群体的影响。第一组听众是接受口译培训的学生，用“现场直播”的方式听完口译录像带的内容，他们对译员在准确性和处理困难文本方面的口译效果表示赞扬。当罗伊向另一组听众播放口译录音时，反应却非常不同。第二组听众不熟悉手语，而且不知道自己是在听口译过程。尽管第二组听众对信息内容有清楚的理解，但当被问及他们认为这些信息是针对谁时，一个压倒性的回答是“儿童”。

通过进一步分析，罗伊发现译员的词汇选择和语调特点是为儿童讲故事的话语特点，而不是学术讲座的特点。罗伊指出，接受口译培训的学生，即第一组听众可能是根据他们将会做出的语言选择来对口译做出判断，因为在看到原始话语美国手语的手势词后，学生们是“听出”手势词所对应的恰当的英语对等词，而不是去听和判断这段口译听起来如何。然而，第二组听众只是根据这段信息听起来如何，参考自己所熟悉的话语类型来做出判断。因此，罗伊的研究表明，译员需要考虑话语环境，以及话语环境与语域之间的关系，以便在口译中做出恰当的语言选择。这一问题适用于从手语到有声语言口语的传译，反之亦然。关于大学讲座的口译，对译员来说，考虑“全局”信息和演讲者的意图，以及关注所呈现的信息，这些是非常重要的。

雅各布斯（Jacobs, 1976）研究了使用手语传译向聋人学生传达讲座信息的有效性问题。没有手语知识的听人学生和通常依赖手语译员的聋人学生都观看了用英语进行的同一场大学讲座。雅各布斯发现听人学生和聋人学生在知识获取上存在不平衡，依靠手语传译的聋人学生比通过听觉用英语接收信息的听人学生少接收了16%的信息。然而，我们尚不清楚雅各布斯如何定义接收到的信息，以及什么是正确，什么是不正确。就信息有效性而言，如果他关注的是源语中的每个单词在目标语中得以准确再现（即直译），那么就可以理解他为何得出“聋人学生接收到的信息较少”这一结论。然而，如果他关注的是意义的对等（即意译），而这并未实现，那么这项研究就提出了一个正中要害的问题，即聋人学生在大学讲座中能否无障碍地获取信息。

墨菲（Murphy, 1978）对大学场景下译员的“传输”技能（手语产出）进行了研究，他发现不同经验水平的译员传译技能基本相同。然而，在后续研究中，墨菲对译员“阅读”手语（即聋人学生打手语，译员同时做口语配音）的接受性技能进行测试，目的是确定在互动式大学讲座中信息的传达效果。墨菲的研究是基于雅各布斯（1976）的原始研究，但是他得出了不同的结论。墨菲要求译员观看用美国手语传授的讲座，回答关于讲座内容的十个问题。然后他将结果与雅各布斯研究中各原始小组的分数进行比较。译员还被细分为三个水平组，分别是最低（不到300小时）、中等（600到900小时）和最高（超过900小时）水平组。

墨菲（1978）发现，最低经验水平译员获得的接受性理解技能的分数与雅各布斯（1976）研究中的聋人学生相等。中等和最高经验水平译员的理解分数高于聋人学生的分数。有趣的是，墨菲发现，雅各布斯研究中听人组的分数高于他的研究中的最低经验水平译员的分数，但中等和最高经验水平译员的分数与雅各布斯原始听人组的结果大致相同。因此，尽管经验的多少似乎并未影响译员使用手语有效传递信息的能力，但它似乎确实影响了译员的接受理解能力。墨菲利用他的研究结果证明雅各布斯的结论可能是错误的。墨菲认为，手语可以有效传达大学讲座的内容，雅各布斯发现的聋人和听人参与者之间的分数差异不应归咎于手语，即不应认为手语本身有缺陷。

墨菲（1978）解释说，缺陷更可能来自聋人的教育背景或基础语言不佳，而不是手语传递意义的能力有限。对于任何类型的大学手语译员研究，墨菲的研究都具有重要意义，因为它意味着译员有能力将讲座内容传递给聋人学生。墨菲的研究验证了进一步调查大学场景下译员表现的可行性。

由于约翰逊（1991）是一名在大学学习并定期使用手语译员的聋人学生，她因而对大学中的美国手语译员的表现产生了浓厚兴趣。她关注的是译员在课堂互动中促进沟通的能力，以及他们传达讲座内容的能力。为了分析大学课堂中出现误解的情况，约翰逊转录并分析了 32 小时课堂环节的录像，同时监测数据，查看听人所说的内容和聋人通过译员接收到的内容这两者之间的差异。她发现，在依赖手语译员的情况下，大学课堂上聋人和听人之间确实会出现沟通不畅或理解混乱的情况。

对于译员是否正确传译了讲座内容，检查标准包括：是否遗漏句子或段落，（打指拼手势词时）是否拼错手指字母，概念传达是否出错，手势词是否准确。约翰逊指出，当译员对讲座的主题不熟悉时，以及当他们将口头描述的图表传译为美国手语时，在这两种情形下译员特别容易出现最常见问题。

因此，约翰逊认为，在课堂互动中，聋人学生经常被排除在外，或者经常误解讲座内容。尽管约翰逊关注的是错误和失误，而不是译员使用的积极策略，但是她提出的观点非常值得关注。关注错误是可以理解的，因为大学聋生在他们人生关键时期严重依赖译员来获取信息，因此，知道译员犯了哪些错误是十分重要的。然而，约翰逊承认，对译员来说，聋人和听人互动的差异并非都是有问题的，这为本研究开辟了方向。

哈林顿（2000）与约翰逊（1991）的研究类似，他有了初步发现。他分析大学讲座的讲授者、聋人和听人学生，以及英国手语译员之间的动态关系。他研究的明确目标是弄清大学场景下聋人学生能否无障碍地获得译员的支持，以及译员能否满足聋人学生的需求。他坚持认为这项研究旨在评估大学课堂的动态关系，是评估讲授者、译员和学生在学习过程中扮演各自角色时所采用的策略，而不是对译员错误的批判性分析。

哈林顿录制了 15 个不同学科领域的讲座，总共包括 32 小时的手语传译数据。在录像场景中，涉及 11 名聋人学生和 9 名背景不同的译员。教室中颇有策略性地摆放了两台摄像机用来摄像和收集证据，不仅拍摄译员，还拍摄聋人和听人学生，以及讲授者。在可能的情况下，研究者还对参与者进行了采访，以了解他们对特定讲座的感受，询问他们是否觉得每个人都平等地获取了被提供的信息，以及他们是否对当时的情景留有遗憾，希望做出一些改变。

哈林顿认识到大学课堂的双模态性和独特的动态性。这种出现在任一特定课堂的动态性是各种各样影响因素共同作用的结果。他列举的影响因素包括：全部参与者的数量；听人学生与聋人学生的比例；聋人学生与译员的比例；讲授者是聋人还是听人；讲座的持续时间；以及物理环境、视听设备的使用、音响效果不佳等非语言因素。

然而，他最终的关注点是他所讲的“被传译了的事件”，以及口头信息被传译到目标语言的方式。哈林顿观察到各种问题，这些问题影响了译员成功传达信息的能力，因此也间接影响了课堂内的整体互动。例如，讲授者对聋人学生讲话时听人学生突然插入打断了译员的翻译；再如，译员陷入困境，即她同时接收到多个源信息，必须决定应该优先翻译哪个；还有，当聋人学生要求译员澄清她使用的一个手势词时，在译员解释并重复她的词汇选择时，学生却又提出一个概念问题，而此时讲座已经向前推进很多了，因此学生对概念的疑问分散了注意力，变成不必要的干扰。哈林顿指出，传译不畅可能是因为译员不熟悉讲座主题，他注意到研究中发现的一个常见问题是教育场景译员缺乏准备材料。

由于在他的论文进行到讨论部分时，这项研究本身尚未完成，因而哈林顿并没有给出任何具体的结论。但总的来说，他提出了一个重要观点，即译员在复杂的语言环境（如大学讲座）中遭遇的困难，通常只有当情况变糟时才会被注意到，因此这引发了人们对“因后果相对不严重，错误或误解可能被忽视”的担忧。

洛克（Locker, 1990）研究了大学场景下译员音译时的词汇对等。她以弗莱舍（Fleischer, 1975）的研究为基础，后者对 40 名聋人学生展开研究，让聋人学生分别接受具有或不具有特定学科背景知识的译员的手语传译，分别接受译入美国手语或译为手势英语的传译，这项研究确定了参加讲座的聋人学生从以上情形中分别获得的信息量。弗莱舍得出的结论是，聋生的双语水平影响了他们对信息的理解能力，但是最终看来，从目标语是美国手语的传译中，聋生对信息理解得更好。

洛克（1990）具体研究了音译（偏向逐词直译）对准确传达大学讲座内容的有效性，她明确了三种常见的错误类型，分别是对源信息的错误感知、未识别出源形式，以及无法找到目标语对等项。这些类型与本书所汇报的一些省略分类几乎一致。“有察觉的有意省略”包括了未识别出源形式和无法找到目标语对等项。对源信息的错误感知相当于“有察觉的接收性省略”或“有察觉的无意省略”，究竟是前者还是后者，具体取决于错误感知是因为译员无法正常听到源信息，还是因为她听错了。洛克专注于分析译员所犯的错误，因此她并没有提出像“有意识的策略性省略”这样的省略类型和相关定义。

洛克借鉴了科克利 1985 年提出的七阶段传译过程模式和失误分析技术，来分析她的研究对象所提供的实证数据。她录制了 6 名译员为 3 名背景不同的聋人学生传译的片段，其中两名学生正在学习研究生课程，一名正在学习本科生课程，每名译员传译半小时。然后，她分析录制的视频，探寻一些“未能实现意义对等的单元，即由于错误的词汇选择而造成的目标语单元的意义与源语不对等”（Locker, 1990: 174）。洛克发现，只有 3 名译员产生了词汇错误，她进而重点研究这三个对象。她指出一个有趣的发现，即三名没有出现任何词汇错误的译员都具有大学资历（即学士学位），而那些产生错误的译员都没有接受过大学水平的教育。

她研究的下一个阶段是对出现词汇错误的 3 名译员进行重新测试，然后再做后续访谈，她让研究对象观看他们原始的和第二次的传译，要求他们说一说自己当初做出这一选择的原因。这个过程使洛克能够确定他们的错误类型，将这些错误归入其所属的范畴。她发现，原始测试中，17%的失误是感知错误，83%是手势选择错误。重新测试的结果是，第二次传译中，49%的错误得到了纠正。对于第二次没有纠正的错误，洛克从研究对象那里诱导相关信息以查明问题所在。她发现，44%没有纠正的错误是由于未能理解源语信息，66%是由于未能确定目标语的对等项。洛克注意到，令译员遭遇困难的词汇项并不一定是特定的学科术语，相反，更多的是学术英语的典型用法。要特别注意这一点，以及一个相关事实，即这三名译员没有接受过普通大学教育，因此不熟悉学术话语环境。洛克强调，研究中所记录的词汇错误率问题，可能与译员的正规教育水平，以及他们是否接受过该主题的教育，或者是否接受过大学教育有关。她强调，译员需要熟悉他们将要传译的讲座的主题，或者至少稍微熟悉一下术语和典型的语言使用，形成一定概念。洛克还指出，译员“除了双语流利之外，至少还应该具有大学学士水平的教育背景，这是一个前提……以便译员能够为一切可能的工作环境做好准备”（Locker, 1990: 180）。

四、本章总结

本章聚焦会议口译、教育场景手语传译，以及大学讲座手语传译相关研究，这是本书感兴趣的相关和特定话语环境。结合与大学讲座场景相似的会议口译的相关研究，本章讨论了手语译员在处理复杂、正式语言时需要考虑的语言问题。通过对一般教育场景下手语传译研究的讨论，本章确定了译员在教育话语环境中要特别注意的因素。

我们讨论了几项关于会议口译的研究，这些研究突出了在会议和大学等相似环境中译员面临的问题，这是由于这些环境中口译或手语传译的性质相似（例如，语言的正式性、词汇问题、语域）。特别是，译员认知能力水平要与会议演讲者的认知能力水平相当，这一要求凸显了一点，即理想上讲，承担大学讲座传译任务的译员也应该完成大学教育。

关于会议口译，另一个问题是客户的期望和客户期望如何发生变化。由于客户使用译员服务的经验有差异，时间长短不同、经验类型不同，他们的客户期望因此也会发生变化。尽管期望有一定差异，但是似乎参会者都指望高质量的传译，即传译能够准确反映原始信息的意义和意图。对于在大学讲座中依赖手语传译的聋人客户来说，情况也是如此，聋人客户也期望同样的传译效果。

本章对教育场景手语传译这一主题进行了深入的探讨，概述了教育场景下手语译员工作的各个方面和相关问题，包括译员的角色、语言技能和传译技能。本章还讨论了为数不多的大学手语传译的相关研究，这些研究比较了有准备和无准备的手语传译的差异，研究了手语译员对课堂互动的影响，以及在传达以英语口语呈现的大学讲座内容时手语意译和音译的有效性。

目前本书已经概述了译员语言应对策略的理论基础，也完成了对大学讲座话语环境的深入探讨，那么下一步就可以展开本书研究结果的讨论。接下来的章节将讨论大学讲座中手语译员的省略和翻译风格，以及译员如何将省略和翻译风格用作语言应对策略。

译者注释：

❶ 第 66 页，即“同声传译室”。

❷ 第 79 页，卡萨格兰德（Casagrande, 1954）的分类是探讨人们希望达成的翻译目标。另外，口译研究中“transliteration”通常译为“音译”“转写”或“注音”等。对于原著者此处的“transliteration”，译者选择源文本原词的最常见译法，即“音译”，关于“音译”以及其他译法等的其他信息，读者可参见沙特尔沃思和考伊（Shuttleworth and Moira Cowie, 1997）著，谭载喜等译，外语教学与研究社出版发行的《翻译研究词典》（2005: 257-258）；以及温斯顿（Winton, 1989）；利文斯顿、辛格和阿伯拉罕森（Livingston，Singer and Abramson, 1994）等文献。需要注意的是在手语中，术语“transliteration”（音译）比较特殊，可理解为将源语的字形（或图画）单位替换为目标语的字形（或图画）单位，但它并不是字形翻译，而是按照源语（如英语）的语序逐一以手势词或手势形式替换相应的英语单词或词语。

❸ 第 79 页，谭载喜等的译法是“美学诗体翻译”（Aesthetic-Poetic Translation），参见沙特尔沃思和考伊（Shuttleworth and Moira Cowie, 1997）著，谭载喜等译的《翻译研究词典》（2005: 9）。

❹ 第 83 页，英国慈善机构 CACDP，成立于 20 世纪 80 年代，已有 40 多年历史，目前它已经更名为“Signature”，网址请见 https://www.signature.org.uk/。

第四章　手语译员语言应对策略的专项研究

我的博士论文（Napier, 2001）是一项实证研究，对一组澳大利亚手语持证译员的数据进行了分析。我分析的重点是用手语传译词汇密度高的大学讲座时，手语译员的翻译风格和省略类型。我还研究译员在省略方面的元语言意识和省略的原因。我的另一个研究重点是手语译员的教育背景对他们有效传译大学讲座能力的影响，以及拥有大学水平的教育或者对讲座主题的熟悉程度这两个因素是否会影响译员用作语言应对策略的翻译风格和省略类型。

一、研究问题与假设

主要研究问题和假设如下：

（1）传译大学讲座时，手语译员如何将翻译风格用作语言应对策略？

（2）传译大学讲座时，手语译员做出省略（仅限于本研究定义的省略类型）的次数是多少？

（3）手语译员的翻译风格是否会影响省略的次数和类型？

（4）传译大学讲座时，手语译员是否会使用有意识的策略性省略，并且将它用作语言应对策略？

（5）传译词汇密度高的大学讲座时，手语译员在多大程度上意识到自己的省略类型，即译员的元语言意识是什么水平？

（6）源文本的语言特征（即词汇密度、学科专门术语、学术英语）对手语译员的翻译风格、省略次数和省略类型的影响程度如何？

（7）手语译员是否认为教育背景会影响自己传译大学讲座的能力？

（8）大学聋生对大学场景下手语译员的翻译风格、省略的使用、教育背景有什么期望？

最初，我的假设是，参与研究的译员会在意译和直译方法之间切换，并且他们的教育背景会影响切换规律。从理论角度看，我假设在大学学习过的译员会更擅长使用更为意译的风格，来有效传译大学讲座，因为他们对大学话语环境和学术英语的固有用法都更为熟悉。

关于省略次数和省略类型，我的假设是，所有手语译员都会出现省略，会有各种类型的省略。我假设使用意译法的研究对象会比使用直译法的更多地使用有意识的策略性省略，因为直译的研究对象会更注重信息的形式而非意义的对等。我还预测，本研究中具有大学学历并对讲座主题更为熟悉的译员会出现更多有意识的策略性省略，因为基于他们对学术英语和专业知识的熟悉度，他们使用策略性省略会更为轻松自在。对于有察觉的有意省略，我估计那些没有大学学历或不熟悉讲座主题的人会出现更多这一类型的省略，因为他们对学术语域和专业术语都缺乏了解。我还假设，因超出认知负荷，所有译员都会不可避免地做出有察觉的无意省略。然而，与不了解讲座主题的译员相比，我预测一些了解讲座主题的译员会较少出现有察觉的接收性省略。我猜测这些译员提前对讲座内容有一定的了解，能够预测他们将要听到的术语，因此在传译过程中会较少出现词汇项理解问题。此外，我推测那些缺乏主题知识，但熟悉学术话语环境的译员能更好地从他们听到的内容中推断出意义，因此，他们会较少使用有察觉的接收性省略。最后，我预估所有澳大利亚手语译员都会出现少量无意识的省略。

我的设想是译员的主导翻译风格会影响省略发生的次数和类型，并且所有译员都会使用有意识的策略性省略，将其用作一种语言应对策略。因为元认知策略是内嵌在有意识的省略中的，所以我预测手语译员对自己传译大学讲座时的省略类型是有高度的元语言意识的。我还预判源文本的语言特征会影响译员的翻译风格以及省略的次数和类型，对译员影响最大的因素是他们对学术英语和专业术语的熟悉程度。我的另一个预测是在文本最复杂（即词汇密度高）的部分，译员会产生更多的省略。我预测译员会认为教育背景影响他们传译大学讲座的能力，因为接受过大学教育后，译员对语言使用的适应程度会有所提升。最后，我预测大学聋生会更喜欢译员提供意义清晰的大学讲座传译，同时在恰当时候让他们无障碍地获取英语术语。另外，对于如何看待译员运用有意识的策略性省略，我估计大学聋生对此并不感到舒适自在。我还预料大学场景译员有良好的教育水平很重要，但语言能力和传译技能更重要。

二、译员

我决定只选择已经过资格认证的译员加入我的研究。译员首先必须具备一定水平的语言能力和语言经验，在此基础上他们才能有效分析自己的语言应对策略，才能应用这些策略。所有被选中的译员都曾参与早前的调查，该调查已经收集了译员教育背景和工作领域的相关信息（Napier, 2001），并且他们都表示有兴趣参与进一步研究。招募过程是，我联系18名译员，查明他们能否参加和是否愿意参加，我发送了信件告知他们数据收集的内容。有12名译员表示同意参加，但由于不可预见的原因，我只从10名译员那里收集了数据。代表性译员的理想标准是：他们当中既有手语母语者译员，也有手语非母语者译员；既有已经获得大学资历或者正在攻读大学课程的译员，也有不具备大学资历的译员；译员具有高等教育传译经验。最终，本研究中的译员情况是，有7名手语母语者和3名手语非母语者；其中8名拥有大学资历，2名没有大学资历；8名在大学手语传译方面经验丰富，2名经验非常有限。

三、源文本

我将一次真实的讲座选作此次传译任务的源文本，因为它比典型的口语会话文本词汇密度更高。讲座题目是《幼儿手语习得中的问题》。它以英文讲授，是硕士学位课程的一部分。听众是将要成为聋校教师的硕士生。我对讲座进行了现场录像。选择这次讲座是因为讲授者[①]很有声望，我曾经为他的大学讲座做过手语传译，熟悉他的讲座深度，我相信分析结果会表明这次讲座源文本的词汇密度符合研究要求，达到高词汇密度。

讲座进行时，一名经过认证的译员正在为一名聋人学生提供翻译，她将讲座同步传译成澳大利亚手语，这证明了讲座的"可翻译性"。然而，在记录数据时，录像机只对准讲授者进行录像，没有拍摄当时译员的传译。❶ 整个讲座持续了 1 小时 20 分钟，但是从研究目的考量，我只关注了前 30 分钟。选择这一部分的原因是许多研究对象对这个主题不太熟悉，讲座的起始部分包含一些介绍内容，有助于研究对象理解讲座内容。

对所选的讲座内容，我使用规范的正字法进行了转写。我采用尤尔（Ure, 1971）提出的方法，对译员实际翻译的 20 分钟讲座部分的文本进行了词汇密度分析。这一分析要计算文本中的单词数量，然后用实词的数量除以单词总数，以此计算文本中实词而非功能词的百分比。根据克里斯特尔（Crystal, 1995），实词是具有"实际"含义的词，与没有"实际"含义的语法词或功能词相对。结果显示，所选定

---

① 感谢格雷格·雷博士（Dr. Greg Leigh）同意我录制他的讲座，并用于研究目的。

文本中的实词略多于语法词，词汇密度是51%。考虑到典型口语文本的词汇密度为33%，而依据尤尔，一般讲座的平均词汇密度为39.6%（Ure, 1971），因此，本研究所选的讲座文本非常适合作为本研究的源材料。

四、传译任务

本研究重点关注译员在哪些方面做得好，而不是出现的错误。为了评估澳大利亚手语译员的技能，我决定结合三种不同程序进行研究，分别是“棘手情景分析”（Moser-Mercer, 1997），即一个棘手的传译情景；“过程追踪”任务，即研究对象将第二次完成任务（Moser-Mercer, 1997）；以及“回顾性访谈”（Hoffman, 1997）。在进行多次小范围试验，确保方法可靠后，我开始搜集数据，数据搜集进行了两周。

每个研究对象都需要对同一个20分钟讲座选段进行传译，因为手语传译最佳时长就是20分钟，在该时长内手语传译质量不会受到影响（英国聋听沟通促进委员会，1997）。安排所有人参与研究时，我已经告诉全体译员数据收集的目的。另外，我强调了本研究中省略是一种积极的语言应对策略，不是负面事物。

研究有声语言的学者通常会用录音机保存数据，以供将来参考，但本研究中，因为手语的视觉特性，我必须对每个研究对象进行录像。这样我可以同时录制好以英语口语为载体的源语信息和以手语为载体的目标语信息，研究者和研究对象都可以参考此录像，进而“引出对……的解释或自发评论”（Stokoe and Kuschel, 1979: 19）。

在一个带有电视和摄像机的房间里，每个研究对象即译员进入后再单独录制其手语传译表现。房间里只有研究者和一名充当传译对象的聋人。[1]录制传译视频时，译员被安置在可以舒适地看到电视屏幕，并且摄像机可以摄录到她（他）的位置。聋人坐在摄像机旁边，面对参与研究的译员，而我则坐在房间的角落，这个地方稍微超出译员的视野范围。

在任务开始之前，我按照脚本向每个研究对象说明任务指令，以确保研究的一致性。除了讲座的主题和来源之外，他们对讲座内容没有任何其他准备。研究对象被允许观看讲座的前 10 分钟，以熟悉主题和演讲的节奏，接下来的 20 分钟我对研究对象的传译进行录像。参与者知道他们只可以在练习阶段尝试传译一次，录像将持续进行，尝试传译和正式传译之间录像也不会暂停。但是在真实的传译情景中，译员常常会打断讲授者，要求澄清信息或要求重复，来确保传译的准确性。为了实现本研究的目的，我认为确保准确性这一点在本研究中并不是必要的，因为我重点探讨作为有意识语言过程的省略以及译员的翻译风格。我建议研究对象如果的确错过了一条信息，他们应该停下来，继续听，线索清晰后再立刻开始传译。

为了防止干扰或避免给参与研究的译员带来不必要的困惑，每个译员在开始执行传译任务之前都会收到一份讲座中提到的人名的清单。这个步骤确保他们知道如何指拼这些人名，使研究对象不会因为担心指拼出错误而分散注意力。

在整个任务过程中，我参考了讲座的转写文本，并且标出了传译过

① 译员通常依赖客户反馈（如客户的面部表情）来判断传译是否被理解，是否需要做调整（Brennan and Brown, 1997）。本研究中，研究对象，即译员，可以与一个“真实”的聋人观众保持目光接触，传译过程将尽可能地再现真实场景，即聋人扮演讲座的对象，“接收”被传译的讲座。有学者已经提出传译时没有聋人目标观众的负面影响（Maroney and Singer, 1996; Napier, 1998b），因此本研究安排聋人观众的研究设计是数据收集过程的必要组成部分。为所有译员选用相同聋人接收者非常重要，如果接收者即目标观众是不同聋人，那么这种不一致可能会影响译员对目标观众的感知。因此，数据采集阶段本研究聘请了一名聋人。他在每次传译视频录制时都在现场，角色是坐在译员对面，观看译员的传译，不做任何显性评论。

程中出现省略的地方。作为一名获得认证的手语译员，我能够听到源语信息，而且能够通过传译过程中的目标语输出来确定哪些地方出现了省略。根据之前做文献综述时给出的省略定义，我对省略情况做了记录。我的省略定义是当源语所传递的信息中有一个或多个词汇项在目标语中没有出现时，省略就会发生，意义因而可能有所改变。

完成传译任务后，研究对象译员与研究者坐下来进行任务回顾，而传译对象聋人观众已不在现场。任务回顾的程序是研究者和译员观看录像回放，当观察到英语讲座的澳大利亚手语再现版本出现省略时，双方就会把录像暂停。针对注意到的省略，研究者要求译员解释省略为什么会出现，当时是否意识到自己做出了省略，也就是说，省略是有意识的还是无意识的。回顾的目的是确定省略是在有意识还是在无意识的状态下进行的。如果译员确认自己有意识做出省略，而且是用作语言策略，那么研究者就会要求他们详细说明为什么会省略特定类型的信息，这一有意决策的原因是什么。研究者再次强调，已确认的省略并不一定是错误，而是可能的策略性决定。从回顾中得到的反馈可以体现出译员对自身语言使用、对某些信息的文化相关性，以及对加工处理技能的元语言意识水平。研究者记录下译员反馈，并把反馈添加到研究者所用的源文本转写中，与此同时，研究者对整个任务回顾过程也进行了录像。

完成任务回顾后，研究者进行了回顾性访谈。霍夫曼（Hoffman, 1997）清晰介绍了以“知识引出”或“知识诱发”为目的的回顾性访谈，他用这种方法访谈了一名译员，该译员评论道“这个过程引出了很多我传译时的想法，遇到的困难，以及管理传译过程时采用的方法”（Hoffman, 1997: 205）。本研究中，回顾性访谈的最终目标是从受访者那里获取他们对传译任务的认识与看法。

我使用预设的焦点问题进行回顾性访谈，并且对访谈加以录像，以便为稍后我检验评分者间信度提供证据。焦点问题包括如下内容：译员对整个传译过程的感受；是否有什么特别满意或不满意的地方；在传译任务中他们感觉最容易或最困难的地方；他们是否具备有助于讲座传译的特定技能或知识；他们是否认为自己还欠缺一些其他技能或知识而这些可能会帮助他们更有效地传译讲座。最后，要求译员评论自己的教育背景，以及教育背景对他们传译技能产生的影响。回顾性访谈的目标是查明译员是否认为他们所获取的教育成就水平与大学讲座传译能力之间存在任何关系，以及译员是否具有客观反思自己的工作并且识别自身优势和劣势的能力。

在此我需要指出和说明一个与传译任务相关的事实。在大多数情况下，译员通常会与同一个客户定期合作，为该客户提供大学讲座的传译服务。很多时候一个译员会被预订整个学期，因此有机会了解该客户。这种情况意味着译员还有一个优势，就是能够熟悉讲座的内容、讲授者的节奏和演讲风格，进而可以制定特定的工作方法来满足客户的需求。

因此，或许会有人质疑这项研究的场景不真实。然而，整个学期的大学课程的翻译任务可能并不会由同一名译员从头至尾地完成。译员会有很多临时情况，例如，这名译员生病了。因此可以想象，此时会有其他译员在没有任何准备和不了解客户的情况下进行“救场”，提供一次性的临时传译服务。在查芬-西尔（1998）教育场景下的口译案例研究中，她就经常提到这种在最后一刻的临时替补传译。除了译员生病的情况，其他情况还有很多。例如，译员感觉自己无法充分理解内容以达到有效传译，因而退出了传译任务；或者聋生要求更换译员，因为他们无法理解这名译员提供的传译，其翻译满足不了他们的需求。一名聋生曾向我透露，她大学时一个学期里，正是因为以上这些原因，她的一门课程先后出现了 8 名不同的译员（D. Thornton, personal communication, November 27, 2000）。因此，我认为在一个新的和可能没有准备的情景下测试译员的语言应对策略，这是最佳的测试情景，因为在这种情景下，译员的技能似乎面临最大的挑战。

五、分析

一旦搜集到所有数据，研究者就需要开发一个适用于数据的分析工具，以获取所需的信息。在分析结束时，研究者需要检查过程和结果的可靠性。这是为了确保所收集的数据数量充分，足以回答研究问题，确保已经对研究对象进行了恰当的测试。

数据分析过程包括两个阶段。首先，将每个研究对象即译员的省略次数和省略类型输入数据库。其次，确定每个译员的翻译“风格”。最后，将这些信息交叉对比，互相参照，以比较每个译员的传译输出质量。数据库的建立是为了查明译员使用特定类型省略时所呈现的规律。省略分如下类型：

类型一，有意识的策略性省略；　类型二，有察觉的有意省略；

类型三，有察觉的无意省略；　类型四，有察觉的接收性省略；

类型五，无意识的省略。

将省略类型输入电子表格中，并注明省略发生的文本行号。源文本共有 176 行。使用这个系统，研究者可以看到和记录下在文本中特定部分省略类型出现的规律，例如，在第 22 行频繁出现了有意识的策略性省略，在第 140 行偶然出现了一个无意识的省略。如果一个省略在文本中以占据多行的形式出现，那么研究者只注明它所在多行位置的第一行行号。

除了弄清文本中特定部分省略的规律外，我的分析目的还包括要确定每个研究对象所做出的有意识和无意识省略的比例，查明省略类型是否受到翻译风格的影响。最终我还比较了每个研究对象的教育资历，以便判断他们的教育背景与他们的省略类型之间是否有关系。

为了查明每个研究对象的省略次数是否受到翻译风格的影响，研究者需要形成一个体系来识别每个译员所使用的传译方法。使用该体系的目的是区分出传译中的意译和直译风格。风格的识别是依据定义，而定义是经过搜索和综述大量文献而得来的。意译和直译的相关定义如下文所示。源语讲座中的英语例句，以及手语传译的文字转写，这些将用来解释意译和直译这两种传译方法是如何应用的，具体请见例4.1和例4.2。[1]

1. **意译**

意译的定义：“忽略源语的语言结构，根据要传达的意义找到目标语中一个在意义上对等的表达”（Crystal, 1987: 344）。❷例4.1转写的手语例句是对传译任务即讲座源文本中一个英语句子的手语意译，句子的语境是讨论为聋童开设手语和英语的双语课程。

例 4.1 英语例句： We should try and encourage families to support the first language acquisition of their Deaf children.

译入澳大利亚手语： [ALL FAMILY HAVE DEAF CHILDREN..WE SHOULD WHAT
(point-arc) *(q)*
ENCOURAGE PARENTS LEARN SIGN LANGUAGE..MEANS PARENTS AND CHILD
(point-left-middle-right) *(point-left point-right)*
HAVE SAME LANGUAGE..MEANS CHILD CAN ACQUIRE SIGN FIRST LANGUAGE]
(point-left) *(their-left)* *(hd)*

中文转写：【所有 家庭 有 聋 儿童，我们 应该 什么 鼓励 父母
（指-弧形） *（疑问）（指 左-中-右）*
学习 手语，意思是 父母 和 儿童 有 相同 语言，意思是 儿童 能
（指-左 指-右） *（指-左）*
习得 手势 第一 语言。】
（他们-左）（点头）

中文译文： 我们应该尽力鼓励那些有聋童的家庭支持聋童的第一语言习得。

---

① 手语转写规范参见附录一。

2. **直译**

直译的定义：“遵循源文本的语言结构，但会根据目标语的规则适当调整，使表达符合目标语的规范”（Crystal, 1987: 344）。[3]例 4.2 和例 4.1 源文本英语句子是同一句，但例 4.2 是对该英语句子的手语直译的转写。

例 4.2 英语例句：We should try and encourage families to support the first language acquisition of their Deaf children.

译入澳大利亚手语：[WE SHOULD TRY WHAT ENCOURAGE FAMILY SUPPORT
(q) *(point-right)*
DEAF CHILDREN FIRST LANGUAGE ACQUISITION]
(point-left) *(their-left)* *(hd)*

中文转写：【我们 应该 努力 什么 鼓励 家庭 支持 聋 儿童
（疑问） *（指-右）* *（指-左）*
第一 语言 习得】
（他们的-左）（点头）

中文译文：我们应该尽力鼓励那些有聋童的家庭支持聋童的第一语言习得。

为了比较每个研究对象的翻译风格，研究者从源文本中选择了三个句子，一个来自文本开头，一个来自文本中间，一个来自文本结尾。每个句子都包含了一个术语，就语域和内容而言，该术语与讲座主题相关，与主题有文化上的关联。

研究者对每个研究对象传译这些句子的方式进行了转写和标记，并与本节前面给出的定义和手语传译例子进行了比较。然后根据转写记录和主要使用的风格来判断每个手语译员的一般翻译风格。通常很难将每个译员归为只使用一种方法或另一种方法。大多数译员往往会根据对主题的熟悉程度和话语的传递速度而不断调整自己的翻译方法，采用令自己舒适自在的风格进行翻译。有时候可以看到译员在一个句子中、一个段落中或整篇文章中都混用了不同方法。然而，需要注意的是，译员往往倾向于主要使用一种方法，因此，他们虽然可能在文本的某些部分混用和切换方法，但是就他们的一般方法和在不同翻译风格之间切换的频率而言，他们往往呈现出一定的风格。为了达成本研究的目的，研究者将每个研究对象都划分为两种类型，即或者使用意译方法，或者使用直译方法。如果一个研究对象在选定的三个句子中有两句或以上都使用了某种风格，那么他将被判断为是该风格占主导的译员。例如，研究对象传译第一句时使用了意译，第二和第三句时则使用了直译，那么，研究者认为他主要使用直译的翻译风格。然而，如果一个研究对象在传译三个句子时都使用了相同的风格，那么可以认为该翻译风格是他传译时的绝对主导风格。

这种分类方法是本研究的一个独特之处，因为它明确指出，尽管译员会以某一种翻译风格为主，但一些译员较另一些译员更倾向于转换翻译风格，这证明了转换翻译风格是译员的一种语言应对策略，用以满足特定话语环境下客户群体的不同需求。大多数文献中，研究者倾向于谈及译员采用一种特定的风格，他们很少意识到译员可以在不同的翻译风格之间切换，因此，本研究明确了这一事实，即译员可以在一个场景中使用多种风格。

完成研究对象翻译风格分析后，就要步入确保研究发现的信度和效度的工作。这是通过评分者间信度检验来完成的。伯恩斯（Burns, 1997: 259）指出，“从数据收集工具或技术中获取数据时，我们需要知道数据究竟有多可信，数据在多大程度上能如实反映一个人的表现或行为”。他认为评估工具必须是可靠的和有效的，并且要尽可能控制那些可能影响研究对象能力表现的外部因素。确定一个测试是否可靠，关键在于测试的评估结果是否稳定可靠，以及其他研究者能否真的持续效仿这个测试。关于对手语译员翻译风格的评估，斯特朗和鲁瑟（Strong and Rudser, 1992）指出，许多技术是主观的，只依赖于一个人的意见。因此，他们赞成对任何测试工具都进行信度检验，以消除评估者潜在的主观性决策。

因此，我决定使用“测试—复测”法（Burns, 1997）进行信度检验，通过这种方法，我的打分结果与另一个人的数据分析打分结果进行比较。与最初的任务执行流程一样，我的信度检验也包括三个阶段的任务分析。第一个阶段集中在传译任务本身，第二个阶段是任务回顾，第三个阶段是回顾性访谈。信度检验是对三个观察对象的数据进行评估，每个观察对象的数据都来自不同数据收集阶段，即开始阶段、中间阶段和结束阶段。

一名经认证的译员被选中来执行信度检验，因为他符合互评者的标准。该标准要求评分者具备英语和澳大利亚手语的双语能力，能收放自如地使用两种语言（即能够做到听英语同时看澳大利亚手语）。另外很重要的一点是，评分者还应该是一名有资历的译员，具有分析和评判其他译员传译表现的经验。

信度检验含四个阶段：第一，评分者观看传译任务的录像带，并对每个译员的省略情况做出标记；第二，评分者观看任务回顾的录像带，并根据省略分类法记录每个译员的具体省略类型；第三，评分者观看回顾性访谈的录像带，记录译员对传译任务的认识和看法中的关键观点；第四，最后将评分者的评估结果即打分结果与我的评估结果进行比较。对结果的分析表明，就我和评分者观察到的省略数量而言，信度为90.8%。就任务回顾数据的信度而言，我观察到的省略类型与评分者观察到的省略类型的信度为86%。回顾性访谈信度检验的结果为83%。因此，我的研究方法的信度是可靠的。

为了验证本研究所开发的翻译风格分类法是否有效、是否客观可靠，一名手语研究员，同时也是获得资格认证的手语译员，受邀作为另一名评分者来重复本研究做过的翻译风格分类过程。评分者对最初的风格定义及其例句都有了充分的了解，通过查看录像带上的传译表现，他检查和评估每个研究对象传译输出的三个手语句子的转写文本。然后，他被问及是否同意每个句子的翻译风格以及他认为每个研究对象的主导翻译风格是什么。这个检验过程的结果是翻译风格分类法的信度达到100%。

译者注释：

❶ 第 95 页，请注意没有被录像的译员并不是原著者的研究对象，原著者此时是在准备她研究中的源文本，即把口头讲座进行文字转写后的源材料，以便计算源文本的词汇密度，所以没有录制该译员对她的研究没有任何影响。

❷ 第 101 页，中国社会科学出版社出版发行的《剑桥语言百科全书》[克里斯特尔（Crystal, 1987）著，任明等译] 对“意译”定义的翻译也非常简洁，具体是“忽略原语的语言结构而根据所传达意义来译出目的语的对等表达”（1995: 533）。外语教学与研究社出版发行的《翻译研究词典》（2005: 84），沙特尔沃思和考伊（Shuttleworth and Moira Cowie，1997）著，谭载喜等译，将术语“Free Translation”译为“自由译”，它“指更侧重重译出读起来自然的目标文本，而不是完整保留源文本措辞的一种翻译类型，又称为意对意翻译（Sense-for-Sense Translation），与字面翻译（Literal Translation）和词对词翻译（Word-for-Word Translation）相对”，这一段译文也非常有说明力。直译和意译是翻译研究中常见的术语，但似乎并不容易达成唯一的翻译和解释。除了此处不同译者译文外，附录二中本书译者也提供了“意译”定义的其他译文，供读者多角度阅读。

❸ 第 102 页，可参见《剑桥语言百科全书》[克里斯特尔（Crystal, 1987）著，任明等译]对“直译”定义的极为简洁的翻译，即“遵循原文

的语言结构，但按照目的语的规则使之合于标准”（1995: 533）。也可参见沙特尔沃思和考伊（Shuttleworth and Moira Cowie, 1997）著，谭载喜等译的《翻译研究词典》对术语“Literal Translation”（译为“直译”或“字面翻译”）从语言学术语层面、更为哲学的层面，以及其他多个方面的详细解读（2005: 129-131）。附录二中本书译者也提供了“直译”定义的其他译文，供读者多角度阅读。

第五章　手语译员语言应对策略的深度分析

本章将详细解析译员的语言应对策略，即翻译风格和省略的分析结果。本章还将介绍研究最后阶段的相关信息，即研究者与一组大学聋生的讨论，他们经常在大学讲座中聘请手语译员，讨论旨在弄清聋生在大学话语环境下对译员的期望，以及他们的期望是否与本研究的结果相符。

一、翻译风格

意译和直译是关键的翻译方法，译员通过驾驭意译和直译也可以形成特殊的翻译风格。如本书第四章所述，本研究中的译员是根据其主导的翻译风格来分类的。六名译员采用了以意译为主的翻译方法，其中两名是意译占绝对主导，即他们完全依赖意译，没有在意译和直译之间不断切换。其他四名译员使用了以直译为主导的方法，其中三个人是直译占绝对主导。本研究对翻译风格进行划分，只是为了确定每个研究对象的传译方法，并不评估传译的准确性。例 5.1 和例 5.2 分别给出了绝对主导风格和主导风格的手语传译实例。

例 5.1 展示了译员如何在三个句子的传译中都运用了意译法，凸显出附录二中所认定的意译的特征，译员因此呈现的是意译占绝对主导的翻译风格。

1. **以意译为绝对主导的翻译风格**

例 5.1 译员 9 以意译为绝对主导的翻译风格例示

a. 第一句（意译）

英语讲座源文本例句 1：And what they did was contrast the acquisition of these features with the acquisition of the same types of grammatical features in English, and came up with, as a result of this study, with what seemed to be some quite consistent patterns of grammatical acquisition across the two languages.

译入澳大利亚手语：[WELL THREE WRITE NOTE-DOWN WHAT THEY D-O WHAT

(point-right) *(q)*

WELL COMPARE CHILDREN ACQUIRE SIGN LANGUAGE GROW-UP ACQUIRE

(left) *(right)*

ENGLISH (STRUCTURE) G-R-A-M-M-A-R COMPARE+ FIND THEIR RESEARCH SHOW

(hd) *(their-right)*

HAVE+ SAME COMPARE+ CHILDREN ACQUIRE MANY SAME HOW.]

中文转写：【嗯 三 写 记下 什么 他们 做-指拼 什么 嗯 比较 儿童

（指-右） *（疑问）*

习得 手语 长大 习得 英语（结构） 语法 比较+ 发现 他们的 研究

（左） *（右）* *（点头）（他们-右）*

显示 有+ 相同 比较+ 儿童 习得 许多 相同 如何。】

中文译文：他们所做的是将这些特征的习得与英语中相同类型的语法特征的习得进行对比，并得出，在我看来两种语言中语法习得相当一致的一些规律，将此作为这项研究的结果。

b. 第二句[1]（意译）

英语讲座源文本例句 2：Er, any of you who're, er, particularly those of you that are interested in early childhood education will be aware of the work in this area, the work of people like Jean Piaget, who made a very very strong case for...the, erm, for a binding relationship between early sensory-motor development and early language acquisition.

译入澳大利亚手语：[YOU AWARE KNOW WHAT J-O-H-N P-I-A-G-E-T WORK..

(point-middle) *(q)*

PERSON WRITE A-LOT-OF-TEXT STRONG* TALK OVER WELL..RELATIONSHIP WITH

(his-middle) (point-middle)

WHAT WHEN BABY CHILDREN GROW-UP THEIR HANDS EYES ARMS-MOVE EARLY MOVE

(q) *(their-right)*

RELATE-TO EARLY ACQUIRE LANGUAGE.]

(point-right)

中文转写：【你 意识到 知道 什么 让·皮亚杰-指拼 工作，人 写 大量-

（指-中） *（疑问）* *（他的-中）（指-中）*

文本 有力量* 说话 介词-超过 嗯，关系 介词-和 什么 何时 婴儿 儿童

（疑问）

长大 他们的 手 眼 手臂-移动 早 移动 有关-介词-到 早 习得 语言。】

（他们-右） *（指-右）*

中文译文：呃，你们中的任何一个，呃，特别是那些对早期儿童教育感兴趣的人会知道这个领域的研究，像让·皮亚杰这样的人的研究，对于儿童早期感觉肌动发展和早期语言习得之间的关系，他提出了一个非常非常有说服力的案例。

c. **第三句（意译）**

英语讲座源文本例句 3：If you look at the work of someone like Steve Krashen, even in second language research, his notion of, that we have to be at or just above the language receptive capacities of the language learner, that if we are too far above it then the capacity for the learner to actually make use of language input is certainly diminished.

译入澳大利亚手语：[DOESN'T-MATTER SECOND LANGUAGE RESEARCH S-T-E-

V-E K-R-A-S-H-E-N SECOND LANGUAGE RESEARCH AREA WELL THEIR LANGUAGE
(point-right) (his-right) (point-right) (their-right) (point-right)
MUST ALMOST AHEAD ME ACQUIRE+ THEIR SPEAK+ T-O ME ME-UNDERSTAND LITTLE-
(their-right)
BIT AHEAD WHAT MY UNDERSTAND ME CAN AHEAD IMPROVE WELL I-F FAR-AHEAD
(neg/hd) (point-right)
ME CAN'T ACQUIRE DAMAGE MY ACQUIRE T-O LEARN SECOND LANGUAGE.]
(neg)

中文转写：【助动词-否定-要紧 第二 语言 研究 史蒂夫·克拉申 第二
（指-右）
语言 研究 领域，嗯 他们的 语言 必须 几乎 领先 我（宾格） 习得+
（他的-右）（指-右）（他们的-右）（指-右）
他们的 讲话+ 介词-到 我（宾格） 我（宾格）-理解 一点儿 领先
（他们的-右）
什么 我的 理解 我（宾格） 能 领先 提高，嗯 如果 远-领先
（否定/点头） *（指-右）*
我（宾格）不能 习得 损害 我的 习得 介词-到 学习 第二 语言。】
（否定）

中文译文：如果你看一下像史蒂夫·克拉申这样的人的研究，他的观点是，即使是在第二语言研究中，我们的语言输入难度也要刚好或略高于语言学习者的接受能力，如果我们的语言输入难度高出学习者接受能力太多，那么学习者真正利用这一语言输入的能力就一定会减弱。

例 5.2 则是另一个研究对象对以上三句相同的话的手语传译，该译员在意译和直译方法之间进行了切换，因此她的翻译风格是以意译为主导，但不是意译占绝对主导。

2. **以意译为主导但会切换翻译风格**

例 5.2 译员 6 以意译为主导但会切换翻译风格的例示

a. **第一句（意译）**

英语讲座源文本例句 1： And what they did was contrast the acquisition of these features with the acquisition of the same types of grammatical features in English, and came up with, as a result of this study, with what seemed to be some quite consistent patterns of grammatical acquisition across the two languages.

译入澳大利亚手语： [WELL ACTUALLY COMPARE HOW PEOPLE LEARN

(point-left)

F-E-A-T-U-R-E-S WITH HOW PEOPLE LEARN SAME G-R-A-M-M-A-R

F-E-A-T-U-R-E-S ENGLISH..FROM..FOUND SAME SAME HOW PEOPLE LEARN OR

(point-left-right) *(left)* *(right)* *(point-left)*

LEARN DOESN'T MATTER WHICH LANGUAGE.]

(point-right) *(point-both)*

中文转写：【嗯 实际上 比较 如何 人们 学习 特点-指拼 介词-和 如何

（指-左）

人们 学习 相同 语法-指拼 特点-指拼 英语，介词-从，发现 相同 相同

（指-左-右） *（左）（右）*

如何 人们 学习 或者 学习 助动词-否定-要紧 哪一个 语言。】

（指-左） *（指-右）* *（指-两者）*

中文译文： 他们所做的是将这些特征的习得与英语中相同类型的语法特征的习得进行对比，并得出，在我看来两种语言中语法习得相当一致的一些规律，将此作为这项研究的结果。

b. **第二句（直译）**

英语讲座源文本例句 2： Any of you who are aware of the work in this area, the work of people like Jean Piaget, who made a very very strong case for a binding relationship between early sensory-motor development and early language acquisition.

译入澳大利亚手语：[MAYBE YOU EXPERIENCE WITH WORK O-F J-E-A-N

(point-arc)

P-I-A-G-E-T HIMSELF REALLY BELIEVE..VERY S-E-N-S-O-R-Y M-O-T-O-R

DEVELOP AND REALLY LANGUAGE ACQUISITION.]

中文转写：【或许 你们 经历 介词-和 工作 介词-的 让·皮亚杰-指拼

（指-弧形）

他自己 真的 相信， 非常 有力量 关系 捆绑-指拼 关系 介词-之间 早

感觉的-指拼 肌动的-指拼 发展 和 早 语言 习得。】

中文译文：呃，你们中的任何一个，呃，特别是那些对早期儿童教育感兴趣的人会知道这个领域的研究，像让·皮亚杰这样的人的研究，对于儿童早期感觉肌动发展和早期语言习得之间的关系，他提出了一个非常非常有说服力的案例。

c. **第三句（意译）**

英语讲座源文本例句 3：If you look at the work of someone like Steve Krashen, even in second language research, his notion of, that we have to be at or just above the language receptive capacities of the language learner, that if we are too far above it then the capacity for the learner to actually make use of language input is certainly diminished.

译入澳大利亚手语：[I-F LOOK-AT WORK O-F S-T-E-V-E SOMEONE RESEARCH..

(their-right)

ANOTHER PERSON HAVE-TO EQUAL-TO SIMILAR T-O LANGUAGE I-F HIGH-ABOVE*

(hd)

SOPHISTICATED VERY DIFFICULT CAN'T-UNDERSTAND WHAT PERSON SAY .]

(point-left) *(neg)* *(point-right)*

中文转写：【如果 看着 工作 介词-的 史蒂夫 某人 研究， 另一 人

（他们的-右）（点头）

不得不 平等-介词-到 相似 介词-到 语言 学习 如果-指拼 高于* 复杂 很

（指-左）

困难 不能-理解 什么 人 说。】

（否定） （指-右）

中文译文：如果你看一下像史蒂夫·克拉申这样的人的研究，他的观点是，即使是在第二语言研究中，我们的语言输入难度也要刚好或略高于语言学习者的接受能力，如果我们的语言输入难度高出学习者接受能力太多，那么学习者真正利用这一语言输入的能力就一定会减弱。

表 5.1 总结了每个译员的主导翻译风格和教育水平情况。每个研究对象的翻译风格与其教育水平之间似乎没有重要的关联。在主要采用意译法的译员中，有 4 人持有研究生学历，2 人持有本科学历。在主要采用直译法的研究对象中，有 2 人也持有大学本科学历。10 名研究对象中只有 2 人没有任何高等教育资历，而且这 2 人都采用了直译占绝对主导的方法。尽管我最初假设那些受教育更少些的人如果感到使用学术话语不舒服，或许他们会更依赖直译，但是这个假设被推翻了。事实是与两个没有接受过高等教育的研究对象一样，另外有一个持研究生学历的研究对象也采用了直译占绝对主导的翻译风格。

表 5.1 研究对象的主导翻译风格和教育背景

研究对象	翻译风格	高等教育学历水平
1	意译为主	研究生
2	直译占绝对主导	无
3	直译占绝对主导	无
4	意译为主	研究生
5	直译占绝对主导	研究生
6	意译为主	研究生
7	意译为主	本科生
8	意译为主	研究生
9	意译占绝对主导	研究生
10	意译占绝对主导	本科生

我们可以推测这些译员为什么选择直译，以及影响他们做此决策的原因。比如，那些拥有大学学历的译员决定直译，可能是因为他们觉得在大学环境中直译是更恰当的方法，而不是因为他们对学术话语缺乏理解。那两个没有大学学历的译员可能是因为对话语环境不熟悉而决定直译。然而，他们也可能是根据自己对大学讲座的理解，以及他们感觉哪种翻译风格是恰当的，因此就很快做出直译的决定。

虽然翻译风格和教育背景之间似乎没有明显的关联，但在翻译风格和戴维斯（1989, 1990a, 1990b）所说的语言迁移（这里是指指拼）之间存在稳定的规律性特征。

3. 翻译风格与语言迁移

除了对名称进行指拼（这是规范做法）（Johnston, 1998），以及指拼已经词汇化的手势词（即指拼特定英语单词，它们已经词汇化且融入澳大利亚手语词汇中）（Schembri, 1996）外，大多数研究对象还指拼其他特定的词汇项，用法具有一致性。研究对象使用指拼的次数符合澳大利亚手语的典型使用情况，因为澳大利亚聋人经常以指拼的形式将英语单词借用到澳大利亚手语中。约翰斯顿（1998）指出，“当没有直接对等的手势词而需要指拼出英语单词时，或者特别需要使用某个英语单词时”，这时澳大利亚手语中的手指字母就要派上用场（1998: 591）。从有声语言借用词语的类似现象在英国手语（Brennan, 2001）和美国手语（Lucas and Valli, 1992）中也存在。

可见在大学环境中，对聋人学生来说，接收关键的英语单词是十分重要的，因为术语对他们理解主题至关重要。这一观点得到了布雷姆纳和豪斯登（Bremner and Housden, 1996）的支持，他们在报告中指出，接受高等教育的聋生更喜欢译员指拼出那些没有现成手势词的专业术语或主题相关的词汇，而不是编造手势词。

尽管在手语中使用指拼是恰当的，但研究者发现译员使用指拼也有不同特点，这取决于他们的翻译风格。最初研究者以为以直译为主的传译会更多地使用某种类型的指拼。例如，一个意译法占绝对主导（即完全不进行翻译风格切换）的译员与另一个直译法占绝对主导的译员相比较，前者使用指拼的次数要远远少于后者。例 5.3 显示了一个意译为主的译员只使用了一次指拼（字体加黑处），而例 5.4 则显示一个以直译为主的译员在同一个句子将七个不同的英语单词都用指拼手势词打出来了。

例 5.3 以意译为主导的译员 10 的指拼情况例示

英语讲座源文本例句：And what they did was contrast the acquisition of these features with the acquisition of the same types of grammatical features in English, and came up with, as a result of this study, with what seemed to be some quite consistent patterns of grammatical acquisition across the two languages.

译入澳大利亚手语： [WHAT WHAT RESEARCH WHAT COMPARE WITH

(point-arc) *(q)*

G-R-A-M-M-A-R LIST IN ENGLISH COMPARE WITH SIGN LANGUAGE HOW LIST

HOW LIST COMPARE..RESEARCH FOUND LIST ALMOST SAME LANGUAGE

(left)

ACQUISITION BOTH LANGUAGE ALMOST SAME]

(their right) (their left) *(hd)*

中文转写：【什么 什么 研究 什么 比较 介词-和 **语法** 列表 介词-里

（指-弧形） *（疑问）* ***（指拼）***

英语 比较 介词-和 手语 如何 列表 比较，研究 发现 列表 几乎 相同

（左）

语言 习得 两者都 语言 几乎 相同。】

（他们的-右）（他们的-左） *（点头）*

中文译文：他们所做的是将这些特征的习得与英语中相同类型的语法特征的习得进行对比，并得出，在我看来两种语言中语法习得相当一

致的一些规律，将此作为这项研究的结果。

例 5.4 以直译为主导的译员 2 的指拼情况例示

英语讲座源文本例句： And what they did was contrast the acquisition of these features with the acquisition of the same types of grammatical features in English, and came up with, as a result of this study, with what seemed to be some quite consistent patterns of grammatical acquisition across the two languages.

译入澳大利亚手语： [WHAT THEY.. RECEIVE F-E-A-T-U-R-E WITH SAME

(point-right)

TYPE O-F G-R-A-M-M-A-T-I-C-A-L F-E-A-T-U-R-E-S IN ENGLISH AND COME UP WITH..

BECAUSE O-F STUDY WHAT S-E-E-M-E-D T-O B-E WHAT CONSISTENT P-A-T-T-E-R-N

(q)

O-F G-R-A-M-M-A-T-I-C-A-L ACQUISITION ACROSS AREA]

(hd)

中文转写：【什么 他们的，收到 **特点** 介词-和 相同 类型 **介词-的**

（指-右） ***（指拼）*** ***（指拼）***

语法的 **特点** 介词-里 英语 和 来 副词-向上 介词-和，因为 **介词-的** 研习

（指拼） ***（指拼）*** ***（指拼）***

什么 **看上去** **介词-到** **系词-是** 什么 一致 **规律** **介词-的**

（指拼） ***（指拼）*** ***（指拼）*** *（疑问）* ***（指拼）*** ***（指拼）***

语法的 习得 跨 领域。】

（指拼） *（点头）*

中文译文：他们所做的是将这些特征的习得与英语中相同类型的语法特征的习得进行对比，并得出，在我看来两种语言中语法习得相当一致的一些规律，将此作为这项研究的结果。

我统计了每个研究对象在 20 分钟传译全过程中对词汇项进行指拼的次数，发现其实翻译风格与语言迁移的次数之间并没有直接关联。表

5.2 列举了每个译员，即我的研究对象，使用指拼的详情。

表 5.2　研究对象的指拼情况

研究对象	翻译风格	对词汇项进行指拼的次数	尝试指拼但失败的次数
1	意译为主	100	2
2	直译占绝对主导	271	5
3	直译占绝对主导	93	5
4	意译为主	114	2
5	直译占绝对主导	141	3
6	意译为主	172	1
7	意译为主	83	2
8	意译为主	115	1
9	意译占绝对主导	85	1
10	意译占绝对主导	78	2

注：当译员打算开始指拼一个单词但随后却停止，她或者重新开始指拼一个词汇项，或者选择使用一个手势词来代替指拼，这种情况记为一次失败的尝试指拼。

然而，经过更仔细的分析，我们可以看到译员在选择指拼词汇项方面存在明显的规律性特点，这与他们的翻译风格有关。为什么一些研究对象会比其他研究对象在他们的传译中加入更多的指拼，这令人疑惑。首先，作为一种语言策略，译员可能会有意识地决定使用指拼来传译他们认为对学生来说重要的关键词。另外，他们可能不知道这些单词在手语中现有的对等手势词，或者他们可能不理解这些词在讲座语境中的含义，因此不知道最恰当的对等手势词。然而，需要注意的是，意译为主的译员和直译为主的译员，两者的主要区别与他们对实义词（实词）或功能词（虚词）的指拼有关。

我预期无论译员呈现何种翻译风格，他们都会采用指拼方式打出一系列的实义词集（人名或地名词汇），因为这是名称打法的既定规范，译员至少要在人名首次出现时以指拼打出这个人名。之后他们的语言策略可能是为人名或地名建立起一个空间定位，之后每次提到该人名或地名时，都会指向这个空间位置（即用空间位置指称人名或地名）。或者，译员可以选择每次提到该名称时都指拼出这个名词。对于功能词，一位手语语言学家和一名手语教师证实，聋人经常以指拼方式打出各种常见功能词。例如，指拼英语单词“如果”（if）和动词“做”（do）是恰当的，因为通常人们认为这两个指拼形式经过词汇化已成为澳大利亚手语的手势词了。同样，当英语功能词“to”没有并入到方向动词（如手语方向动词【给予】）的手势中时，特定语境下的功能词“to”就应以指拼形式打出来。例如，在以“a mother will adjust her language to meet the needs of（译成中文：母亲将调整她的语言以满足……的需要）”为开头的句子中，功能词“to”用指拼打出是可以接受的。就英语单词“so”（因此）的手语传译而言，这个功能词在澳大利亚手语中经常用作话语标记，标记一个新话题的开始或者表示强调，但是由于澳大利亚手语中没有对应“so”的固定的手势词，所以译员需要将“so”指拼出来。

因此，结合本书上文的例证和讨论，我的预期是无论译员是何种翻译风格，他们都会采用指拼打出上述实义词和功能词。译员之间最大的差异在于，以意译法主导的译员似乎将语言迁移作为一种语言应对策略，特别是当他们处理实义词传译时。正如本书前文提到的，所有的译员都倾向于指拼那些技术性术语、主题相关的词汇，如“认知”“模态”“双人共建活动”“母式语”等。然而，以意译法主导的译员会考虑到大学生获取学术英语的需求，似乎会策略性地从英语中借词，切换到直译，以传达信息和提升信息含量。我注意到，为了介绍某一英语术语，意译为主的这组译员倾向于将概念翻译成有意义的澳大利亚手语的视觉表达，同时指拼出这个实义词。然而，那些以直译为主的译员只是指拼出这些专用术语的字母拼写形式，并不翻译其含义。此外，他们还使用更多的语言迁移，除了指拼前文提到的功能词外，他们还指拼了其他在澳大利亚手语中并不常指拼的英语功能词，如“if，so，or，then，that，than，but”等连词，“at，of，by”等介词，“be”和“did”等助动词。

基于上述发现，我们可以得出两点结论：一是以意译为主的译员似乎将语言迁移用作一种语言应对策略，他们在需要时切换到直译，借助指拼出的词汇项来补充对信息意义的解释，增强信息的语境效力。这个发现支持和验证了戴维斯（1990a）的译员研究结果；二是如果译员能够在意译和直译之间恰当切换，在恰当时候让客户无障碍地获取英语信息，那么我们认为意译是适用于大学讲座情景的传译方法。

翻译风格值得我们进一步讨论。接下来我们将结合本研究的另一个重点，即传译大学讲座时译员的省略类型和用作语言应对策略的省略，来继续探讨手语传译。分析手语传译中的省略现象可以从多个层面展开，考虑多种因素。这些层面和因素包括：每个译员做出省略的次数和类型；每个译员的省略次数和类型与其翻译风格、教育背景、对主题的熟悉程度之间的关联；文本的词汇密度及其对译员省略次数和类型的影响；译员对省略和语言决策过程的元语言意识水平。

二、传译中的省略

哈蒂姆和梅森（1990）建议在处理书面文本时，译者应采用选择性删减的过程来决定应该省略源文本中的哪些部分。他们指出，译者“可以也确实有义务省略那些并不十分相关的信息”（1990: 96）。同样的建议也适用于从事手语传译或有声语言口译的译员，但应该承认，由于手语传译或口译工作本质上即兴性更强，受时间限制，译员不可避免地会做出一些省略，而且有些省略并不一定是策略性决策。

为了分析手语传译中的省略，我采用了一种新的省略分类法（见本书第四章）。这种分类法包括五种主要的省略类型，既包括那些选择性删减过程中的省略，也包括那些不经意做出的省略，分别是有意识的策略性省略、有察觉的有意省略、有察觉的无意省略、有察觉的接收性省略、无意识的省略。

十个研究对象一共做出了 341 次省略，覆盖全部五种类型，平均每个研究对象出现 34.1 次省略。其中一个研究对象省略次数最多，为 50 次，一个最少，为 18 次。表 5.3 详细列出了十个研究对象每种类型省略的总数。从这些数据可以看出，最常发生的省略是无意识的省略，紧随其后的是有意识的策略性省略、有察觉的有意省略和有察觉的接收性省略，而最少发生的省略是有察觉的无意省略。因此，就省略的策略性使用而言，研究对象做出的省略中有超过一半分布在省略策略的两个极端。[2]

表 5.3　全体研究对象的省略类型和省略次数的汇总

省略类型	省略次数（%）
无意识	92（27%）
有意识策略性	87（26%）
有察觉有意	61（18%）
有察觉接收性	52（15%）
有察觉无意	49（14%）
总数	341（100%）

对每个译员的省略次数和类型进行分析，我们发现有一个共同的倾向：除少数例外情况，无意识的省略和有意识的策略性省略是最常见的省略类型。表 5.4 提供了每个研究对象的不同类型省略的次数。这些数据表明，译员将有意识地使用省略作为一种语言应对策略，因此并非所有省略都要算成错误。然而，这些数据也表明，译员的大部分省略并非有意。

表 5.4　每个研究对象的省略类型和省略次数

省略类型	研究对象									
	1	2	3	4	5	6	7	8	9	10
有意识策略性	11	7	8	13	3	8	10	9	7	11
有察觉有意	9	15	7	7	3	2	8	2	5	3
有察觉无意	5	5	4	8	5	5	4	5	4	4

（续表）

省略类型	研究对象									
	1	2	3	4	5	6	7	8	9	10
有察觉接收性	1	11	9	5	4	6	4	3	4	5
无意识	8	12	16	8	3	9	7	10	9	10
总数	34	50	44	41	18	30	33	29	29	33

我们还需要考虑一个重要问题，即每个译员所做的省略总数并不是核心问题，相反，重点在于省略类型。如果仅仅评估省略总数，可能会产生误导。重要的是我们应该关注策略性省略的占比、有意省略的占比、无意省略的占比，以及无意识的省略的比例，要注意省略是由于理解接收困难还是无意识。尽管如此，回顾每个译员的整体省略情况也是有意义的，因为这种评估可以为进一步分析单个类型的省略规律提供初步线索。表 5.5 列出了每个研究对象的省略总数。

从表 5.5 研究对象的省略总数可以看出，最明显的一个规律是：省略次数与研究对象对讲座主题的熟悉程度这两者之间存在一定关系。那些对主题不太熟悉的译员的省略总数要高于其他更熟悉主题的译员，后者的省略次数低于省略的平均数（均值=34.1）。另外，省略次数最多的两个研究对象都没有大学学历（研究对象 2 和 3），可以推测他们对学术话语环境的熟悉程度较低。没有大学学历并不一定与省略总数有关，因为一个具有研究生学历的研究对象做出了大量省略（研究对象 4）。除了一个异常情况外，大多数具有研究生学历的研究对象，他们的省略次数都低于平均省略次数，所有具有本科学历的研究对象，他们的省略次数也低于平均省略次数。

表 5.5　研究对象的省略总数和教育背景

研究对象	研究对象的教育背景			
	主题熟悉度	大学学历	翻译风格	省略总数
1	否	本科生	L	34
2	否	无	EL	50
3	否	无	EL	44

（续表）

研究对象	研究对象的教育背景			
	主题熟悉度	大学学历	翻译风格	省略总数
4	否	研究生	F	41
5	是	研究生	EL	18
6	是	研究生	F	30
7	是	本科生	F	33
8	是	研究生	F	29
9	是	研究生	EF	29
10	否	本科生	EF	33

注：EL=直译绝对主导；L=直译为主；EF=意译绝对主导；F=意译为主。

因此，根据上文对表 5.5 的数据分析，我们可以得出教育背景与每个研究对象的省略总数存在关联。然而，就译员的翻译风格而言，这些数字并没有显示出明显的规律性特征。因此，省略总数与译员直译为主还是意译为主并没有关联。

当更细致地研究每种省略的次数时，我发现省略的特点开始有变化了，不同因素影响着每个研究对象所使用的某种省略。在提出有意识的策略性省略概念时，我主张所有译员都可以将这一省略类型作为一种语言应对策略，无论译员的翻译风格、教育背景或对主题的熟悉程度如何。但我最初设想的是在传译大学讲座时，有意识的策略性省略的使用比率会受到上述译员风格等因素的影响。我进一步假设，以意译方法为主的研究对象比主要使用直译的研究对象更有可能使用更多有意识的策略性省略。意译的过程需要寻找语言和文化上的对等，译员要判断对目标受众来说什么是相关的和有意义的。因此，使用意译方法的译员会有意识地决定做策略性省略，以便清晰传达信息。另外，我还提出，采用更为直译方法的研究对象会较少使用有意识的策略性省略，因为他们会更加注重信息的形式和形式的准确传译，而不是意义对等。此外，我预测具有大学学历并对讲座主题更熟悉的译员，在为词汇密度高的大学讲座进行传译时，会比没有大学学历或对讲座主题了解较少的译员更多地使用有意识的策略性省略。我认为，那些更熟悉一般学术话语语境的译员在做与省略相关的策略性的语言和文化决策时会更加自如，特别是当他们具有专业知识，能够判断术语的重要性时。然而，表 5.6 表明我的这些假设并不正确。译员有意识的策略性省略的使用频率与他们的翻译风格、教育背景或对讲座主题的熟悉程度都没有明显的规律性特征。

如表 5.6 所示，研究对象有意识的策略性省略的出现次数在 3 到 13 之间，平均值为 8.7。策略性省略使用次数超过平均值的人员多是以意译为主的研究对象。但是从表 5.6 中也可以看到，同样使用意译方法的研究对象中，也有人员省略次数低于平均值。两个没有大学学历的研究对象（研究对象 2 和 3）使用有意识的策略性省略的次数低于平均值，而其他有研究生学历的研究对象（研究对象 5、6 和 9）情况也是如此。令人惊讶的是，使用有意识的策略性省略最多的三个研究对象（研究对象 1、4 和 10）对讲座主题都不太熟悉。因此，似乎所有译员都使用了有意识的策略性省略，都将它作为一种语言应对策略。在大学讲座这一特定话语环境中，译员的翻译风格、教育背景和主题熟悉度并不影响有意识的策略性省略的使用频率。

表 5.6　有意识的策略性省略出现次数的降序排列

研究对象	研究对象的教育背景 主题熟悉度	大学学历	翻译风格	省略次数
4	否	研究生	F	13
1	否	本科生	L	11
10	否	本科生	EF	11
7	是	本科生	F	10
8	是	研究生	F	9
3	否	无	EL	8
6	是	研究生	F	8
2	否	无	EL	7
9	是	研究生	EF	7
5	是	研究生	EL	3

注：EL=直译绝对主导；L=直译为主；EF=意译绝对主导；F=意译为主。

即使译员对使用省略有察觉，其他四种类型的省略也不能算作是策略性的省略。因此，这些有意的、无意的、接收性的，或无意识的省略数量越少，有意义和准确的信息传译就会做得越好。有些省略是译员出错了，我们要找出这类错误型省略的典型特点，将相关信息纳入手语译员的教育和培训课程中。我们应允许译员评估自己的优势和劣势，进而提高手语传译输出的质量。

除了有意识的策略性省略外，有察觉的有意省略似乎也没有特定的规律。如表 5.7 所示，平均而言，每个研究对象出现这种省略的次数是 6.1 次，最高次数是 15 次，最低次数是 2 次。我曾假设那些没有接受过大学教育或不熟悉讲座主题的译员会更多地使用这种省略，因为他们不熟悉学术语域和专业词汇，但实际情况并非如此。虽然省略最多的一个译员没有接受过大学教育，也不熟悉讲座主题（研究对象 2），省略最少的两个译员具有研究生学历，熟悉讲座主题（研究对象 6 和 8），但是数据并没有呈现出充分一致的规律，因此无法表明是大学教育或对主题的熟悉程度等因素影响了策略的采用。翻译风格似乎也没有施加任何影响。有大学学历和熟悉主题领域的译员也做出了这种有察觉的有意省略，因为他们或者不理解一些词汇项或概念，或者不知道目标语中这些意义的对等表达。

表 5.7　有察觉的有意省略出现次数的降序排列

研究	研究对象的教育背景			
对象	话题熟悉度	大学学历	翻译风格	省略次数
2	否	无	EL	15
1	否	本科生	L	9
7	是	本科生	F	8
4	否	研究生	F	7
3	否	无	EL	7
9	是	研究生	EF	5
5	是	研究生	EL	3
10	否	本科生	EF	3

（续表）

研究对象	研究对象的教育背景			
	话题熟悉度	大学学历	翻译风格	省略次数
8	是	研究生	F	2
6	是	研究生	F	2

注：EL=直译绝对主导；L=直译为主；EF=意译绝对主导；F=意译为主。

如表 5.8 所示，无论译员的翻译风格、教育背景，以及对讲座主题的熟悉程度如何，所有译员都做出了有察觉的无意省略。几乎所有译员都出现 4 次或 5 次有察觉的无意省略，只有译员 4 呈现了 8 次这种省略（见表 5.8）。平均而言，每个译员发生有察觉的无意省略的次数为 4.9 次。

这种无意省略的症结在于认知信息处理出现问题，这种问题的改善可能无法依靠更好的教育背景或者通过加强传译主题的相关知识，也不依赖于翻译风格。所有研究对象都表示他们非常希望将特定信息传译出去，并且一直在等待接下来的语境信息，以便做出策略性决定，然而不知为什么，这些信息在他们的脑海中消失了。

表 5.8　有察觉的无意省略出现次数的降序排列

研究对象	研究对象的教育背景			
	话题熟悉度	大学学历	翻译风格	省略次数
4	否	研究生	F	8
2	否	无	EL	5
1	否	本科生	L	5
5	是	研究生	EL	5
8	是	研究生	F	5
6	是	研究生	F	5
7	是	本科生	F	4
3	否	无	EL	4
9	是	研究生	EF	4
10	否	本科生	EF	4

注：EL=直译绝对主导；L=直译为主；EF=意译绝对主导；F=意译为主。

关于有察觉的有意省略（见表 5.7）和有察觉的无意省略（见表 5.8），彼得森（Peterson, 2000: 136）提出，译员可以使用元认知策略这一工具，来"'修复'不完整信息，或弥补不完全理解的信息"。彼得森认为，通过了解自己的认知运作过程，译员可以监控自己的信息加工，根据自己的语言和文化知识更好地推断意义。

如表 5.9 所示，每个译员平均做出了 5.2 次有察觉的接收性省略，最高次数为 11 次，最低次数为 1 次（见表 5.9）。有察觉的接收性省略是由于听不清源文本而发生的省略，一些研究对象将其归因于使用的录像带音质不佳。然而值得思考的是，有两名译员（研究对象 2 和 3）做出有察觉接收性省略的次数远高于平均数，他们没有大学学历，也不熟悉讲座的主题。

从表 5.9 可见，有三名译员的有察觉的接收性省略次数达到了平均数，他们都不熟悉讲座主题，但其中两名受过大学教育（研究对象 4 和 10）。所有有察觉的接收性省略次数低于平均数的译员都接受过大学教育，除一名不熟悉讲座主题（研究对象 1）的译员外，其他人都熟悉讲座的内容（研究对象 5、7、8 和 9）。接收性省略的次数与译员的翻译风格之间似乎关系不大。

表 5.9　有察觉的接收性省略出现次数的降序排列

研究	研究对象的教育背景			
对象	话题熟悉度	大学学历	翻译风格	省略次数
2	否	无	EL	11
3	否	无	EL	9
6	是	研究生	F	6
10	否	本科生	EF	5
4	否	研究生	F	5
5	是	研究生	EL	4
7	是	本科生	F	4
9	是	研究生	EF	4

（续表）

研究对象	研究对象的教育背景			
	话题熟悉度	大学学历	翻译风格	省略次数
8	是	研究生	F	3
1	否	本科生	L	1

注：EL=直译绝对主导；L=直译为主；EF=意译绝对主导；F=意译为主。

将框架理论的观念应用于分析过程，我假设对话语环境和讲座主题更为熟悉的译员预测信息的能力将更强，对听得不是特别清楚的词汇项的“二次猜测”能力也可能更好。即使译员不熟悉讲座主题，但具备对学术话语的固有理解，那么他们也可能推测出意义并“填补”无法准确听辨的部分。之前对主题有所了解或对语域颇为熟悉是传译时的优势。然而，不具备这些优势的译员只能依靠自己可以听到的内容。这就是为什么如果译员无法准确听到词汇项，那么传译时就有可能出现省略。

表 5.10 是最后一种省略策略的情况，平均而言，每个译员进行了 9.2 次无意识的省略，实际发生次数是 3 次到 16 次之间，数字结果比预期的要高得多。尽管我曾假设译员会做出一些无意识的省略，但令人惊讶的是这种省略出现的频率竟然与有意识的策略性省略一样普遍。如表 5.10 所示，没有大学学历且不了解讲座相关知识的两个译员做出的无意识省略最多（研究对象 2 和 3）。然而，除了这两个译员外，无意识省略的分布与译员持有的大学资历水平或对主题的熟悉程度并没有固定的关联规律。译员的主导翻译风格似乎并不影响他们无意识省略的次数。

译员和从事译员教育的工作者普遍认为，译员没有必要对接收到的每一个词都加以传译，而是应该将源语信息切分为多个有意义的部分，即切分为一个又一个“语块”，同时在目标语中找到意义相同、意图一样的对等表达（Winston and Monikowski, 2000）。然而，无论译员的资历水平或主题知识是何种情况，传译大学讲座时，如果无法听到源语信息，那么译员都会做出省略。明白这一点对译员培训和提升译员推因溯源的意识都有重要意义。

表 5.10 无意识的省略出现次数的降序排列

研究对象	研究对象的教育背景			
	话题熟悉度	大学学历	翻译风格	省略次数
3	否	无	EL	16
2	否	无	EL	12
10	否	本科生	EF	10
8	是	研究生	F	10
9	是	研究生	EF	9
6	是	研究生	F	9
4	否	研究生	F	8
1	否	本科生	L	8
7	是	本科生	F	7
5	是	研究生	EL	3

注：EL=直译绝对主导；L=直译为主；EF=意译绝对主导；F=意译为主。

到目前为止，我评估了省略发生的全部情况，由此证明了译员的翻译风格对任一类型省略的出现频率都没有显著影响。译员的教育背景就其本身而言并不是影响省略频率和省略类型的主要因素，译员之前对讲座主题的熟悉程度似乎对省略频率和省略类型只有轻微影响。然而，当翻译风格和教育背景这两个因素结合在一起时影响就会很明显，如果两个因素都是负面的，那么错误的省略增加的可能性就更大，尤其是当有察觉的接收性省略和无意识的省略也出现时。因此，译员对一般学术话语环境以及讲座的特定主题和特定术语等全都熟悉（或者都不太熟悉）似乎是影响省略发生频率的最稳定的因素。

（一）省略的使用特点和译员对主题的熟悉程度

更细致地审视译员的省略特点和主题熟悉程度之间的关系可以让

我们发现一些具体的例子，这些例子证明了语言使用特征和省略类型的运用有一定关联。语言使用特征受讲座主题和话语环境约束。毫不奇怪的是，具体的语言使用特征呈现出一种模式即规律性，而这一规律性诱发了特定类型省略的出现，这意味着译员利用语言使用知识来识别大学讲座语境中的重要信息，进而影响自己的省略类型。图 5.1 说明了译员使用省略的特点与译员对讲座主题的熟悉程度以及译员教育背景之间的关联。

为了确定传译中具体的语言特征，我决定暂时先不考虑省略类型，而是特别关注文本中省略次数较多的关键部分，努力寻找省略次数与文本本身的关系。源文本的印刷版共有 176 行文字，其中只有 32%的文本行没有出现任何省略。我统计了源文本中在每一行上各个研究对象的省略次数，从而找到省略现象最多的行。例如，研究对象 4 和研究对象 6 都在文本的第 4 行出现了 1 次省略，那么第 4 行总共有 2 次省略。在文本的第 79 行，研究对象 2、研究对象 4、研究对象 8、研究对象 9 和研究对象 10 各有 1 次省略，这意味着这一行有 5 次省略。全体研究对象总共出现 341 次省略，平均每行有 1.95 次省略。分析显示，文本中省略出现得最多的行一共有 7 行，其中每行至少出现 7 次甚至更多次省略。在下文例 5.5 中，我列出了这些省略占比最高的文本行，并且用下划线标出了这 7 行（即第 59 行、第 90 行、第 104 行、第 116 行、第 117 行、第 139 行和第 169 行等 7 个文本关键行）。例 5.5 还给出了这 7 行语句的上下文段落语境。

例 5.5 省略占比最高的文本行

（1）第 59 行（10 次省略）

第 57 行：The second issue I’d like to look at is, partly by way of

（我想讨论的第二个问题是，）

第 58 行：exploding a myth, is the notion of early acquisition. What some people, or we can refer

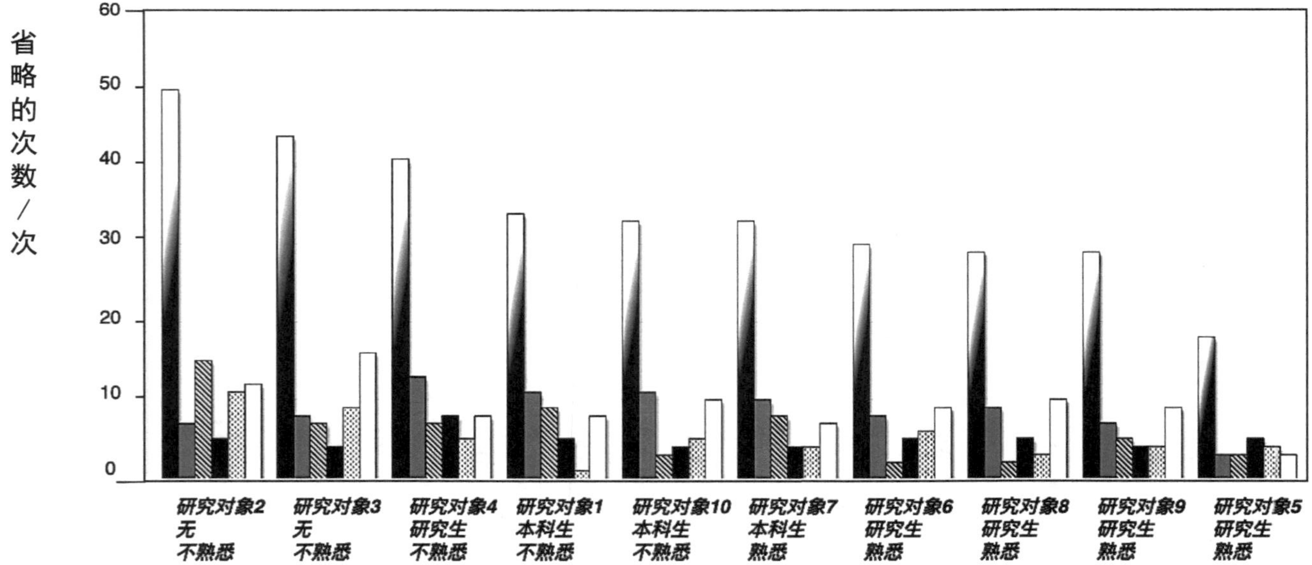

	研究对象2	研究对象3	研究对象4	研究对象1	研究对象10	研究对象7	研究对象6	研究对象8	研究对象9	研究对象5
策略总数	50	44	41	34	33	33	30	29	29	18
有意识策略性	7	8	13	11	11	10	8	9	7	3
有察觉有意	15	7	7	9	3	8	2	2	5	3
有察觉无意	5	4	8	5	4	4	5	5	4	5
有察觉接收性	11	9	5	1	5	4	6	3	4	4
无意识	12	16	8	8	10	7	9	10	9	3

图 5.1 研究对象的教育背景、对主题的熟悉程度、省略的类型和次数

（某种程度上是通过打破一种神话，早期习得的观念，有些人所称的）

第 59 行：as precocity or precociousness in, erm, sign language acquisition. There's very much a

（手语习得中的早熟或早熟现象。嗯，人们脑海中颇有这样一种想法，）

第 60 行：sort of an idea there in people's minds that children learning a sign language, acquire sign

（那就是学习手语，与习得口语的儿童相比，）

第 61 行：language earlier than children acquiring a spoken language...

（他们能够更早地习得手语…… ）

（2）第 90 行（7 次省略）

第 87 行：Erm, as I said, we don't have time to go into it tonight, but some of the work on early sign

（嗯，就像我说的，我们今晚没有时间深入讨论这个问题，）

第 88 行：language acquisition has, erm, made some interesting points in that regard and led a lot of

（但是一些早期手语习得的相关研究，已就此提出了一些有趣的观点，）

第 89 行：researchers to challenge the notion that that's the necessary relationship in quite the, the

（而且推动很多研究人员去质疑必须是那种关系的这一观念，就像

第 90 行：lock-step way that Piaget and others were suggesting. And the last issue that, again, we

（皮亚杰和其他人提出的那样，以整齐划一的方式。最后一个问题，）

第 91 行：won't have time to go into tonight is the... issue of nativization and denativization.

（同样，我们今晚也没有时间去讨论，是……本族语化和去本族语化问题。）

（3）第 104 行（10 次省略）

第 103 行：Where there's been a long tradition of oral education and

（那里有悠久的口语教育传统，）

<u>第 104 行：very little El Salvador! El Salvador! And very little, er, use of sign language, and there's</u>

（萨尔瓦多却很少用手语！萨尔瓦多！很少使用手语。有证据表明，）

第 105 行：evidence on kids acquiring, sort of, linguistic or universal characteristics of sign language

（在缺乏良好手语输入的情况下，孩子们习得了手语的特征或语言）

第 106 行：in the absence of good input, and then gradually as more and more exposure to a formal

（的普遍特征，然后随着越来越多地接触一种正式的手语，孩子们）

第 107 行：sign language occurs, denativizing and moving towards that particular, erm, set of sign

（逐渐地去本族语化，语言发展向不断习得，嗯，这个特定手语的）

第 108 行：language rules and features.

（语言规则和语言特征的方向前进。）

（4）和（5）第 116 行和第 117 行（各 7 次省略）

第 114 行：Erm, and a number of authors over a long period of

（嗯，在很长一段时间里，很多研究者都，）

第 115 行：time have, and Snow, that we talked about last week, Catherine Snow? Who's been so

（例如，我们上周谈到的斯诺，凯瑟琳·斯诺？）

第 116 行：vocal on the issue of erm, er... critical period hypothesis, thank you! (refers to student),

（她在这个问题上一直直言不讳，呃……关键期假说，）

第 117 行：has done an enormous amount of work on this. So, over to you for a minute. What do we

（谢谢![向学生致谢] 她在这方面做了大量工作。好，给你一分钟。）

第 118 行：know about the characteristics of caregiver input that makes it, that seems to be a critical

（我们对看护人语言输入的特点了解多少，这似乎是）

第 119 行：component of language acquisition?

（语言习得的关键组成部分吧?）

（6）第 139 行（8 次省略）

第 137 行：But the actual nature of

（但这些特征的实际性质）

第 138 行：the features does seem to differ slightly across certain cultural groups. (student question)

（似乎在特定文化群体中略有不同。[回答学生提出的问题]）

第 139 行：It was definitely a 60s thing, I'm not suggesting you were in the 60s, but there was a 60s/

（这肯定是 60 年代的事情，我不是说你在 60 年代，但 60 年代）

第 140 行：70s thing, a of, sort of, seeing pop psychology time, you know, making the child a genius

（和 70 年代有这样的事情，流行心理学时期，你知道，）

第 141 行：type thing, which advocated a particular level of discourse with a child.

（把孩子变成天才类型这种事情，它提倡与孩子进行某种程度的对话。）

（7）第 169 行（11 次省略）

第 167 行：Well you tell me, what are the features of mother/child,

（那么你告诉我，母亲和孩子之间，特征是什么?）

第 168 行：motherese babytalk? (student comment) Repetition...(student comment) Erm, to a certain

（面向婴儿的母式语？[学生评论] 重复……[学生评论] 嗯，在某种）

第 169 行： extent, imitation figures more highly in mother/child, you know, "say such and such"

（程度上，在母亲和孩子交互中模仿出现得更多，你知道"说这）

第 170 行：(Babytalk intonation) or "say daddy, say mummy" (babytalk intonation)

（说那" [跟婴儿对话的语调]，或"说爸爸，说妈妈" [跟婴儿对话的语调]）

为了确定省略类型与文本语言特征之间的规律性特征，我将这些文本行上所有研究对象的省略类型都记录下来。虽然在某些行上可以看到省略的分布特点，但是这些文本行上并非所有的省略都是相同的类型，其中有意识的策略性省略或无意识的省略是出现比率最高的省略类型。在第 59 行，22%的省略是有意识的策略性省略，78%是有察觉的有意省略。第 90 行含有 28.5%的有察觉的有意省略、28.5%的有察觉接收性省略和 43%的无意识的省略。第 104 行含有 40%的有意识的策略性省略、10%的有察觉的无意省略和 50%的无意识的省略。第 116 行含有 28.5%的有察觉的接收性省略和 71.5%的无意识的省略。第 117 行含有 14%的有察觉的无意省略和 86%的无意识的省略。第 139 行的省略中有 50%是有意识的策略性省略，12.5%是有察觉的接收性省略，37.5%是无意识的省略。而在第 169 行，64%是有意识的策略性省略，9%是有察觉的无意省略，18%是有察觉的接收性省略，9%是无意识的省略。

表 5.11 显示了以上 7 个文本关键行上每种省略出现的总数。每个研究对象省略类型的确切详情可在本书后面的附录三中查看。在这些省略出现次数最多的文本行上，语言使用特征是：

第一，含有陌生词汇（可能是学术英语）或专业术语。例如，第 59 行的“precocity”（早熟）和“precociousness”（早熟现象），第 116 行的“critical period hypothesis”（关键期假说）。

第二，含有英语习惯用语。例如，第 90 行的“lock-step way”（整齐划一）。

第三，含有人名或地名。例如，第 90 行的“Piaget”（皮亚杰）和第 104 行的“El Salvador”（萨尔瓦多）。

第四，含有重复的英语表达。例如，第 139 行的“it was a 60s thing, I’m not saying you were in the 60s, but it was a 60s/70s thing”（这是 60 年代的事情，我不是说你在 60 年代，但 60 年代和 70 年代有这样的事情）。

第五，含有歧义或含糊的英语表达。例如，第 169 行的“say such and such”（说这说那）。

根据语言所呈现的特征，我们可以辨别出这些文本行上省略的使用特点。就陌生词汇或专业术语而言，第 59 行出现了“precocity”（早熟）和“precociousness”（早熟现象）这两个术语，而在这一行上占比最高的省略就是有察觉的有意省略。做出这种省略的所有译员都汇报说他们要么不理解该术语在这个语境中的使用，要么不知道如何在澳大利亚手语中找到对等的手势词。在第 116 行出现的省略大多数是有察觉的接收性省略或无意识的省略，其中最常省略的词汇项是学术术语“hypothesis”（假设）。大多数译员解释说，由于对这个概念不熟悉，他们把注意力集中在前面两个词上，认为那两个词很重要（“critical”关键和“period”阶段），因而没有听到“hypothesis”这个词；或者因为他们对“hypothesis”这个术语不熟悉，又因听不太清而无法理解它，所以就没有对它进行翻译。

表 5.11　文本关键行上各类型省略的总数

省略类型	行数						
	59	90	104	116	117	139	169
有意识策略性	2	0	4	0	0	4	8
有察觉有意	7	2	0	0	0	0	1
有察觉无意	1	0	1	0	1	0	0
有察觉接收性	0	2	0	2	0	1	1
无意识	0	3	5	5	6	3	1
总数	10	7	10	7	7	8	11

在第 117 行出现的省略中，只有一个例外类型的省略，其他所有省略都是无意识的省略，而且都是出现在短语“So, over to you for a minute...”（好，给你一分钟……）中。所有译员都表示可能并没有听到这个短语，因为当时他们仍然在集中精力翻译前一句话（第 116 行的话），感到认知负荷过重，因为前一句话很难翻译。

就英语中的重复特征而言，第 104 行和第 139 行译员省略的突出特点均为运用了无意识的省略或有意识的策略性省略，这意味着译员要么没有听到被重复的单词和（或）概念，要么听到了它们但选择将其删除。做出策略性省略的所有译员都汇报说重复是多余的，省略是有意识的决策，因为这一决策不会减少或损害信息的传递。

就英语中歧义或含糊的语言特征而言，第 169 行出现了意义有些含糊的短语“say such and such”（说这说那），对应的省略类型特点是该行大部分省略是有意识的策略性省略。译员一致表示，将“say such and such”这样的短语译成澳大利亚手语是不可能的，因为它过于抽象，所以他们选择省略这一信息，但是保留了后面的短语“say mummy, say daddy”（说妈妈，说爸爸），因为后者蕴含的信息具体而明确，能够被清晰传译为澳大利亚手语。

最后，尽管第 90 行的省略没有一致的突出特点，但与其他文本行相比，它确实呈现出一个特点，即一些译员省略了“lock-step way”（整齐划一）这个措辞，而其他译员则省略人名“Piaget”。译员使用有察觉的接收性省略是因为对“Piaget”这个名字不熟悉，无法听清楚。而“lock-step way”这个措辞他们要么根本没有听到，要么是有意识地省略了，因为译员对这个习惯用语并不熟悉，不确定如何用澳大利亚手语表示它。

我预测，目前为止我们已讨论过的省略的使用特点，在省略较少的其他文本行上也会呈现出来。因此，我从其他文本行，即省略次数低于 7 次但高于平均省略次数（平均值=1.95）的文本行中，随机选择了数行来验证我的预测。正如我预测的那样，具有专业或陌生术语的文本行（例如，第 6 行的“代词”，第 99 行的“去本族语化”和第 143 行的“母式语”）译员省略次数较多。除了含有人名的文本行（例如，第 15 行和第 16 行的英语人名“Reilly”“McIntire”“Bellugi”，第 66 行的人名“Caselli”和“Volterra”）外，在含有英语习语的文本行中，译员也做出了省略，例如，第 10 行的“photocopy powers that be”（复制模仿能力）和第 12 行的“in a nutshell”（简而言之）。此外，含有重复表达的文本行也出现了传译省略，例如，第 166 行的语段“there’s that principle in, in mother/child, or caregiver/child interaction”（在母亲和孩子，或者看护人和孩子的互动中，有这样的原则）。译员在冗余重复的文本行先后接收到两个表达不同但意思其实相同的单词，例如，“what happens to kids when they have <u>incomplete</u> or <u>inadequate</u> input in their first language”

（当孩子的第一语言输入不完整或不充分时会发生什么）（第 95 行），对此译员同样做出了省略决策。在省略次数高于平均值的一些文本行上，译员认为若干英语单词的语境意义非常含糊，例如，单词“saliency”（显著）（第 151 行）和“consumable”（可消费的）（第 166 行），在传译中译员也省略了这些含糊词。

因此，可以说，传译讲座文本时，译员省略的使用特点与译员对语言使用特征的熟悉程度有关。讲座主题和大学话语语境的学术英语共同制约着讲座的语言使用特征。虽然译员对话语环境的熟悉程度，单独来讲，并不一定影响省略的次数，但是当结合语言使用特征因素后，可以肯定的是，译员对语言特征、大学话语环境、讲座主题等的熟悉程度对文本各处的省略类型产生明显影响。

（二）省略的使用特点和词汇密度

词汇密度是话语环境中的另一个语言特征，研究者认为这一特征对传译文本中省略的普遍使用和省略类型均有影响。词汇密度是指语言的复杂性（Halliday, 1985），可以用来衡量文本难度（Richards, Platt and Platt, 1992）。我的假设是在词汇密度最高的文本部分译员的省略会更多。如果情况确实如此，那么在文本最复杂的部分，省略也会更多。为了验证假设，我需要计算文本中每行的平均词汇密度，再将每行省略次数的平均值与词汇密度高于平均值的文本行的省略次数相互比较。我期待能够发现省略次数与文本行词汇密度之间的关系。

我采用尤尔（1971）提出的方法，计算文本中每页第一行单词的总数，再用该行的实词数除以这一行单词的总数，得出一个百分比。由计算可知，大学讲座文本的总体词汇密度是 51%，每个随机文本行的平均词汇密度是 47.6%。随机选择的 8 行文本中，有 3 行的词汇密度为平均水平，2 行高于平均水平，3 行低于平均水平（见表 5.12）。为了测试省略次数与文本的词汇密度之间的关系，我对之前确定的省略次数最多的 7 行文本进行了词汇密度分析（见表 5.13），结果显示，除了一个异常情况外，省略次数最多的文本行的词汇密度全部高于文本行词汇密度的平均值。为了明确在词汇密度更低的文本行省略也更少，我把表 5.12 和表 5.13 中的全部文本行都列在表 5.14 中，以便比较省略占比高的文本行和随机文本行的词汇密度和省略出现的比率。

表 5.12 随机文本行的词汇密度

行数	实词（实义词）数量	虚词（功能词）数量	词汇密度
1	5	10	33%
4	6	10	37.5%
21	7	8	46%
67	9	10	47%
136	9	10	47%
113	7	7	50%
159	9	7	56%
90	10	6	62.5%
		文本的平均词汇密度	47.6%

表 5.13 省略出现次数最高的文本行的词汇密度

行数	实词（实义词）数量	虚词（功能词）数量	词汇密度
117	4	15	21%
139	10	10	50%
116	8	6	57%
59	10	6	62.5%
90	10	6	62.5%
104	12	5	71%
169	11	3	78.5%

除了表 5.11 中提到的第 117 行和第 139 行有异常情况外，表 5.14 显示，文本的词汇密度似乎影响了省略次数。可以看出，问题并不在于该文本的词汇密度是否高于文本的平均词汇密度，而是在于其高于平均词汇密度的程度。词汇密度低于平均值的文本行（第 1 行、第 4 行和第

21 行）或者与平均值相当的文本行（第 67 行和第 136 行）省略次数为 0～2 次。当文本行的词汇密度达到 57%时，省略次数会随词汇密度增高而增多，当文本行的词汇密度几乎高出平均值 10%时，省略次数会随着词汇密度的增加呈几乎指数级的增长。有趣的是，在词汇密度最高的文本行（第 104 行和第 169 行）上，有意识的策略性省略次数最多，在该行省略总数中占比最高。

表 5.14　省略的次数与文本词汇密度相比照策略性省略

行数	省略次数	词汇密度
117	7	21%
1	0	33%
4	1	37.5%
21	2	46%
67	0	47%
136	1	47%
113	1	50%
139	8	50%
159	0	56%
116	7	57%
59	10	62.5%
90	7	62.5%
104	10	71%
169	11	78.5%

从表面分析来看，文本的词汇密度似乎在某种程度上影响了澳大利亚手语译员做出的省略次数和类型。正如韩礼德（1978）所述，大学讲座通常使用词汇密度高的文本，本研究结果表明，手语译员不可避免地会做出一些省略，其中有一些是策略性的省略。

然而，仅凭词汇密度这一个因素就影响省略的频率和类型，这是有争议的。实词本身也对省略有影响，特别是就学术话语和专业术语的熟悉程度而言，我们已经看到实词的影响。如果译员熟悉文本中词汇密度高的部分的实词，那么就不太可能错误地省略掉这些特定词汇项所表达的意义，但有可能在语言决策过程中选择有策略地省略它们。然而在传译词汇密度高的文本时，译员普遍会遇到困难，这些困难取决于演讲风格以及文本是即兴演讲还是朗读有准备的文本。为了明确文本的词汇密度对省略出现频率的影响程度，我需要分析译员传译时的省略，无论是传译朗读出来的且有准备的高词汇密度文本，还是传译词汇密度各异的不同文本。我的初步发现表明源文本的词汇密度确实对译员的省略有影响。

到目前为止，我已经明确了源文本的词汇密度和译员对源文本的熟悉程度会影响译员的省略次数。我的研究结果显示，话语环境影响了手语译员的省略次数和类型。译员有意识地监控话语过程，将话语环境知识应用到传译中，预测话语参与者的语言和文化情况，然后在此基础上运用不同类型的省略。

三、传译过程中的元语言意识

元语言意识是指监控和改变语言使用的能力。有学者提出传译时译员需要运用他们的元语言知识，以及“元策略”（Hoffman, 1997）或“元认知策略”（Peterson, 2000; Smith, 2000）来监控他们在传译过程中所做的语言选择。

这项研究从本质上已表明：研究对象在执行手语传译任务时具有一定的元语言意识。这一意识在我开发的省略类型分类法中是不言自明的，我用它来定义译员的省略类型，而省略类型恰恰涉及了某种省略是有意识的还是无意识的。这些类型来自我与研究对象一起回顾传译任务，询问他们是否记得做过某种省略，是我们一起讨论而得来的。通过讨论译员的传译任务，我可以弄清译员在做语言选择时的意识水平，从而确定译员的元语言意识程度。

参与本研究的所有研究对象即手语译员（下称译员）都非常清楚自

己的语言选择，对所做的省略和省略的原因也有特别清晰的意识。其实，正因为译员具有较高的元语言意识水平，我才能探究他们为什么省略。如果译员没有这般元语言意识，首先就不可能形成省略的分类。所有译员都提到了伴随传译过程且已内化了的自我批评性的评论，他们不断重新评估和评论自己在传译过程中做出的语言决策。研究结果表明，译员使用元认知策略，并且把它用作语言应对策略，这时他们能够监控和增强自己传译输出的有效性，因为他们可以参与任务回顾，参考自己头脑中关于自己语言选择的评论。此外，可以说，为了达成策略性省略的有意决策，译员一定是已经将元语言意识运用到传译过程中了，因为有意识的策略性省略在他们的全部省略中占比较高。尽管需要做一定推论，但是研究者与译员共同回顾译员对自己元语言意识水平的评论仍然是非常有趣的。一个译员评论说，在任务回顾过程中，她对省略过程变得更有意识，因此，相比在其他地方传译，她可能在本研究中进行传译时意识水平更高。然而，也有学者认为，虽然回顾过程可能提高译员的意识，但整体上所有译员都能反思传译时的思维过程，反思自己是否意识到所做的省略。这种能力意味着译员对反思过程是得心应手的，在传译时可以始终如一地进行反思，但可能意识水平略低。

另一个译员还谈论到，因为能够观看自己传译的视频，她的元语言意识得到了提高。她表示，当获悉自己可以回顾传译过程时，这促使她记下自己在传译任务中的感受与思考。她指出，如果没有将传译过程录制下来，没有这些视觉提示，她对这段传译经历的回顾就会变得更难。

所有参与本研究的译员都对自己的省略类型、省略时的意识水平，以及对传译决策的反思能力很感兴趣。其中一些译员对传译时自己如此依赖头脑中运转的评论深感惊讶。他们说参与这项研究让他们第一次意识到了这一点。

尽管很难衡量元语言意识的程度，但是对今后的传译研究来说，一些研究对象的评论是值得关注与思考的。本研究中译员对其教育背景的评论也是值得关注与思考的。

四、教育背景——影响译员传译的社会语言学和社会文化因素

参与本研究的十个研究对象有不同的教育背景。其中一些人拥有本科或研究生学历，而其他人离开中学或高中后就没有继续学习。在回顾性访谈中，我邀请译员评论各自的教育背景，以及传译大学讲座片段时该背景如何影响其传译能力。我的假设是译员会谈论对语言和讲座主题的熟悉程度如何显著影响他们传译时的舒适感和自信心。这一预测得到证实，评论显示，译员一致认为教育背景确实影响了他们传译讲座的能力。其中一些评论如例 5.6 所示：

例 5.6 研究对象对教育背景的相关评论

评论 1 缺乏高等教育阻碍了我……我从十五岁起就没有再学习了。大学里使用的学术语言令我觉得这个任务很难，我对讲座的主题、英语或术语都没有足够的相关知识。

评论 2 我对大学语言和术语，尤其是专业词汇，不太熟悉……我没有很强的教育背景……我对语言的理解不够充分，无法做到“挥洒自如”地传译；我觉得我原本可以获取到更多的意义。

评论 3 我受过大学教育，这对我很有帮助。但我对学术语言不是很熟悉，因为我做大学传译并不多，所以它有点儿难住我了……我的英语技能需要提高到大学语域的水平。

评论 4 了解主题知识帮助很大……我自己上过大学，这能帮助我理解语域……你对这个话题越熟悉，就会越有帮助……我认为许多译员传译水平不够，不足以胜任传译工作。理想情况下，为传译任务分配译员时，应该考虑他们学过或熟悉该传译情景和

主题……[对于大学中的传译工作]我认为要么自己受过大学教育，要么有丰富的大学环境的传译经验，因为如果你不能理解这些概念，你就无法把这些难懂的概念很好地翻译出来。

评论 5 我受过大学教育……所以我熟悉这里的语言使用和大学的情景，所以我没有被传译任务吓倒，但理想的情况是译员要对内容有所了解。对于语言难度水平，我感到很自在，因为我以前已经翻译过很多次这种讲座……此外，我的教育背景对我应对语言水平挑战是有帮助的，因为我习惯了大学的环境和语言使用。

评论 6 我的教育背景对我的工作帮助很大……没有大学教育背景的话，我就不可能应对好大学传译任务。

评论 7 自从在高等教育层次的机构学习以来，我的传译能力有了很大的提高……我对语言，以及文化和语言之间的关系有了更透彻的理解。我更熟悉大学层面的话语，也更了解一个人如何创造性地使用他的词库。

从例 5.6 的评论中可以看出，研究对象都认为他们的教育背景对他们的大学讲座传译能力产生了影响。因此，可以说，对该学科的了解，以及大学教育的加持，意味着研究对象感觉更有能力应对传译任务的语言需求。很明显，即使没有特定的学科知识，接受过普通大学教育的研究对象也较少遭受传译任务语言压力的干扰，因为他们熟悉大学的话语环境并对此感到舒适与自如。

尽管研究对象认为教育背景影响了他们传译讲座的能力，但本研究的结果并没有表明教育背景本身是一个主要因素。我们还需要对更多的研究对象进行测试，以确定教育背景在多大程度上影响大学讲座的传译质量。尽管如此，本研究中研究对象的评论话语是有效的，它帮助我们洞悉译员对传译技能和译员教育关系的自我认知。

五、传译服务的客户期望

为了验证本研究的发现，讨论它更广泛的影响，调查和倾听大学聋生的观点是重要的。为了评估客户对传译服务的期望，欧洲和北美已经展开了多种研究。莫泽（1996）发现，会议上聘请有声语言译员的客户对传译服务质量有着不同的期望，这取决于他们参加会议和使用译员的经验，以及所参加会议的类型。薇拉和斯托弗（2000）发现，聘请专业领域译员的聋人客户特别看重译员的翻译风格，以便自己能够无障碍地获取英语术语。洛克（1990）发现，美国聋生对他们在大学环境中聘请的译员也有类似的期望，他们尤其看重译员的错误类型和翻译风格。因此可以推测，澳大利亚聋人客户对自己在大学环境中接受的传译服务也有特定的期望。

大学讲座和会议演讲都属于提供潜在复杂信息的情景。如果参与者选择出席会议演讲或大学讲座，我们可以假设他们非常清楚如何获取信息。因此，我组织了一个由大学聋生组成的小组，讨论本研究中将引入的一些问题。

该小组包括 4 名来自不同背景的聋人。其中 2 名是手语母语者，另外 2 名不是手语母语者，以此作为聋人社群的代表性样本。其中 2 人是在主流学校的聋人班级接受大学教育，教育语言是某种形式的手语；另外 2 人是在主流学校普通班接受大学教育，教育语言是口语。研究进行时，小组成员中有 3 人正在攻读本科学位，第 4 人已经完成本科和研究生学业，但仍在继续学习和攻读另一个大学学历。参与者中有 2 人熟悉语言习得这一主题，即传译任务中讲座的主题。

该小组观看了两个传译片段，这些片段是从本研究收集的译员数据中提取的。在第一个片段中，译员采用了意译占绝对主导的传译方法，而在第二个片段中，译员采用了直译占绝对主导的传译方法。小组成员被要求讨论不同的传译方法中，他们更喜欢哪种，更喜欢的原因是什么。

我提出了一系列问题，这些问题是根据莫泽（1996）和洛克（1990）的研究进一步修改而来的，是为了促进小组成员对翻译风格、传译中的省略、译员的教育背景，以及大学环境中的客户期望等相关话题的讨论。

当被问及他们更喜欢哪种传译方法时，小组成员一致表示这两种方法他们都喜欢，但在不同的情景下它们各有其恰当性，分别更加适用于某一情景。他们表示，意译占绝对主导的方法更适用于一般传译情景，而直译的方法更适用于大学讲座情景。他们给出的理由是直译的方法含有更多的指拼表达，学生因此可以无障碍地获取术语和学术英语词汇。小组成员还相信，他们从直译占绝对主导的译员身上获得的信息更多，因为这名译员似乎紧跟讲授者的节奏，较少停顿，这显示出她对传译信息充满自信。

一名成员表示，译员应该采用偏意译的方法传译重要的概念，但应该使用指拼手势词（即在文本的关键点上，译员应该切换到更为直译的方法）传达术语。小组的普遍共识似乎是，他们看到的两个传译片段的传译方法都过于极端。他们更希望以澳大利亚手语来接收信息，因为它能准确传译信息的概念意义。然而为了传达专业术语和学术术语，在适当的时候，译员需要使用指拼和英语单词仿话口型（即以意译法为主，偶尔切换到直译法）。

当要求小组成员更加深入地讨论在传译方法上译员应该采用更为意译的方法还是更为直译的方法，大家出现了诸多矛盾观点。一名之前表示更喜欢直译方法的成员接下来却说，对概念应该采用意译，因为这样更容易帮助聋生吸收和理解更为复杂的信息。另一个成员则指出虽然意译有时更恰当，但这会使做笔记变得困难，因为聋生将不得不把信息重新翻译成书面英语。其他三名小组成员赞同了他的观点，还强调需要采用意译和直译相结合的传译方法。两人继续解释说，意译和直译方法的适当混合使用应符合聋生的需求，译员可以通过与聋生客户建立密切关系来了解其需求，达成恰当的混合译法。随后，小组讨论另一个思考题，即当传译大学辅导课时，意译和直译哪一种方法更可取。一名小组成员说，译员的澳大利亚手语必须非常流利，只有这样才能满足大学辅导课的传译要求，因为大学讲座传译效果好的译员未必是传译大学辅导课的最佳人选。

在观看完一场有手语传译的大学讲座后，当被问及能理解多少内容时，一名小组成员表示自己理解了80%的讲座内容。然而另一名成员表示理解的内容在50%到70%之间，不得不利用其他时间，额外阅读和学习以便补上错过的内容。另一名成员声称理解了80%到90%的讲座内容，感到很满意。第一个说自己理解80%的成员表示，她对传译服务非常满意，错过的20%主要是因为自己没有注意那部分内容。另一个成员评论说，无论如何大脑只能接收有限的信息，对讲座理解的多与少取决于学习者个人，不仅仅取决于译员的传译技能。

尽管小组成员表示借助手语传译能够理解大学讲座的大部分内容，但他们的评论是主观的，仅来自个人的汇报，并非权威观点和明确的认识。手语可以有效传达大学讲座的内容，然而，聋人的真实理解程度可能与他们所报告的理解情况相互矛盾（Murphy, 1978）。斯坦纳（Steiner, 1998）研究了聋人观众对英国电视上的手语节目的理解，发现聋人观众的实际理解情况与其偏爱的手语风格并不一致。与理解大学讲座相比，理解电视上的手语必然会受到不同因素的影响。电视媒介提供的清晰度略低，而这对手语的有效表达（通过使用手势空间、位置等渠道）至关重要。尽管如此，关键问题是，斯坦纳研究中受访者的反馈有自相矛盾之处，他们实际的理解程度和从自己偏爱的手语风格中准确获取信息的效果，两者并不一致，即他们从更喜欢的手语风格中不一定获得更准确的理解。利文斯顿等（1994）研究了北美接受高等教育的聋生对讲座的理解，得出了类似的结论。因此，学界需要做进一步的实证研究来查明澳大利亚聋生在大学讲座中真实的理解程度。

对于聋生所报告的理解程度，所有小组成员都承认他们从未100%完全理解过一场大学讲座，这引发了他们对传译中省略的讨论。当被问及如何看待传译大学讲座时可能发生的各种省略时，小组成员的回答各不相同。一名小组成员表示偶尔的省略无关紧要，但是对于译员可能有选择地省略某些内容，她感到不舒服，因为担心可能错过某些信息。另外两名小组成员认为，如果译员熟悉主题，省略会更少发生。他们表示译员对讲座内容的理解要比传达每条信息更重要。

对于有意识的策略性省略，以及译员有意识地省略信息是否合适，聋人小组意见不一。一名小组成员认为某些省略在语言和文化上是恰当的，然而其他三名成员并不同意他的说法，其中一名成员承认，译员选择省略掉“无关紧要之事”才是恰当的。无论如何，三人都认为在讲座中要传译一切是十分困难的。然而，这一问题并无真正的解方，因为传递哪些信息可能需要译员个人做判断并做出相应省略，对此有三名小组成员似乎感到不太舒服。

对于省略的出现，本研究中的小组成员似乎不愿发表评论，可能是因为他们认为省略总是错误的。这与洛克（1990）的研究结果一致，洛克发现参与研究的聋生对省略持否定态度。有趣的是，在我的研究中，唯一赞同可以策略性地使用省略的小组成员正在攻读语言学学位，因此，他可能对传译中涉及的语言过程有更好的理解。尽管讨论小组就传译中的省略不愿发表评论，但是对于译员教育以及对大学场景译员的期望，他们都有非常明确的观点。

关于译员是否应该对他们传译的主题有一定的了解，这个问题引发了不同的回答。有小组成员认为主题知识在大学讲座情景中肯定有帮助，但在大学辅导课情景中可能不那么必要。另一个小组成员抱怨说，作为一名大学非全日制学生，多年来她已经接触过许多译员，甚至有一门课换了八个译员。然而，她坚决拒绝聘用没有足够背景知识、不能应对她学业主题的译员。一名小组成员解释说，最理想的办法是，聋生能够从不同译员中选择最符合自己需求的译员。然而，人们认识到这不太现实，必须承认目前译员服务的供需并不匹配。其他成员表示，无论现实如何，聘请到一名恰好具备相应主题知识的译员是客户最好的选择，尽管这并非译员聘用的唯一标准。

译员获准从事大学传译工作之前应具有大学资历，聋人小组一致认为这是必要的，尽管有一名成员认为具有与大学资历相当的知识和技能或许也是恰当的。小组中有两个人指出高中毕业证书应该是译员的最低学历要求。另外三名小组成员重申他们的观点，指出译员如果打算在大学环境中工作，确实应该具有大学教育背景。有一个成员举了一个例子，他说，没有受过大学教育的译员可能无法识别以指拼打出的英语单词，甚至连它怎样发音都不会。

译员是否需要大学资历才能从事一般传译，针对这个问题聋人小组讨论过后又开始了新一轮辩论，他们观点各异。一名成员认为所有译员都应该接受过大学教育，特别是在医疗和法律领域进行传译的译员，大学教育尤为重要。另一成员补充说，在语言要求较高的传译环境中工作，译员必须接受过大学教育。另外两名小组成员表示他们对此并不确定，其中一成员认为，作为一名接受过大学教育的专业人士，她更喜欢聘请在各种传译情景中与自己具有相似背景的译员，这样该译员就能凭借其相似的语言技能有效地向她的同事和工作伙伴传达她本人的能力和教育水平。另一成员则认为这个问题的反面是，在为教育程度有限的聋人传译时，一些资历过高的译员会将该聋人有限的手语传译成正式而复杂的英语变体，由此夸大了草根聋人的语言技能，让观众误以为这些聋人接受过比其真实受教育程度更高的教育。

关于译员的教育背景，普遍观点是译员应该接受过大学教育，特别是当她要在大学环境中从事传译工作的话。另外，尽管这一点并非强制，但是译员若对传译主题非常熟悉，那就太好了。这一发现与洛克（1990）观点相似，他认为在理想情况下译员应该对讲座内容非常熟悉；这一发现也与布雷姆纳和豪斯登（1996）的观点相符，他们在研究中谈到，对于教育场景的译员，聋生认为具备专门的学科知识是一个优势，应该鼓励译员专攻已经学习过的科目的传译。

最终，小组成员一致认为，译员在大学环境中工作需要具备基本的首要技能。小组还认识到熟悉情景语境的重要性，指出理想情况下，根据传译的情景是大学讲座还是大学辅导课，译员各项传译技能的优先级将有所不同。

总之，聋人小组描述了传译大学讲座的译员的理想技能。小组成员普遍认为，译员应该接受过良好的大学教育，双语能力强，尤其是指拼技能要好。译员应该能够根据情景、客户和信息内容的要求在意译和直译之间切换，并且在恰当的时候使用清晰的仿话口型和指拼。译员应该富有表达力、自信和果断，能够与聋人学生建立良好的关系，并且对传译主题有一定程度的了解。

在评估此次小组讨论的结果时，我发现澳大利亚的大学聋生似乎有不同的期望，这些差异取决于他们各自的经历和所处的大学环境，这与会议传译的客户非常相似（Moser, 1996）。与洛克（1996）研究中的聋生观点一致，我研究中的聋人小组成员都认为为了方便聋人理解，信息应该以概念传达的方式传译成手语。但他们也赞同布雷姆纳和豪斯登（1996）研究中受访者的观点，即聋生也希望能够无障碍地获取英语术语。因此，为了应对接收信息的复杂性和情景语境的要求，本研究中的大学聋生似乎支持译员采用以意译为主导的传译方法，适时运用语言应对策略切换到直译。大学聋生还主张译员应该具备大学资历，尤其是当她要承担大学环境的传译工作时。

就有意识的策略性省略的使用而言，对于译员可能策略性地省略一些讲座信息，大学聋生接受起来并不情愿。对此一个可能的解释是信任问题。另一个可能的解释是，或许我们需要使用更多的时间来更好地解释策略性省略这个概念，以便学生能够充分了解情况，做出明智决策，最终正确看待作为语言应对策略的省略。大学聋生希望译员能够确保他们接收到大学讲座的全部信息，对此我非常理解，因为在这类话语环境中聋生别无他法，只能完全依赖译员获取相应信息。同样，我也理解聋人可能并不信任由译员决定省略哪些信息，特别是当聋人社群和听人曾经有过那么一段历史关系，即在过去，所谓的听人“帮助者”总是擅自替聋人做决定。

译者注释：

❶ 第 108 页，此处例 5.1 的 b.第二句，即原著者筛选的讲座源文本的英语例句二，与附录二的表格中列出的英语例句二相比，此处的转写更加细微，增加了若干感叹词，如“er”（呃），起描写和限定作用的小句，以及重复表达，其用意应是在正文行文讨论时更细致地呈现源文本的语言特征。这两个英语句子是同一个例句，为避免读者误解，特此说明。

❷ 第 120 页，对这句话的理解是，有意识的策略性省略和无意识的省略是两个彼此相对的策略，两种策略的数量总和占省略总数的一多半。

第六章　结论与思考

本研究探讨传译词汇密度高的大学讲座话语时，手语译员的特定语言应对策略。研究旨在突出高等教育场景下手语译员工作实践的难题，强调手语译员培训和译员教育等普遍问题。本研究的一些发现并不出乎意外，相反，证实了其他手语传译研究的发现。然而，本研究提供了手语译员的翻译风格、不同类型的省略策略和元认知策略等的最新信息，这是研究界的新贡献。本章将进一步总结和讨论第五章的结果数据，进而探讨本研究对聋人客户相关研究以及手语译员教育和译员培训的重要意义。

一、对语言应对策略的讨论与思考

本书第二章介绍了语言应对策略的概念，即译员在处理当前传译任务时积极采用应对措施的语言过程。译员有意识地运用语言应对策略，以此应对社会语言学和社会文化因素对交际事件的影响。其中一个语言应对策略是翻译风格的使用，以及译员如何将语言迁移融入意译和直译之间的切换，以满足大学讲座中聋生的需求。译员应该意识到意译可能是传译含文化敏感性信息的最有效的翻译风格。然而，译员也应该意识到直译方法同样有效，特别是在与意译结合使用（即风格切换）时，由此确保被传译信息实现意义潜势。

省略是译员有意识运用的语言应对策略，这是贯穿全书的一条主线。本研究表明，为了成为互动传译模式下成功的语言和文化协调者，译员有意识地进行策略性省略，决定哪些信息具有可译性，哪些信息具有语言和文化上的相关性。译员对省略的元语言意识水平是贯穿全书的另一条线索，本书特别关注译员对不同类型省略的意识水平以及译员做出省略的原因。本书还发现，译员必须投身于元语言的加工处理，以监控源语的接收和目标语的输出，进而在语言和文化知识基础上做策略性决策，确保有意识的策略性省略是恰当的。

本研究结果表明，手语译员在传译大学讲座话语时，的确使用了语言应对策略。译员使用语言应对策略的程度取决于她对讲座主题和大学讲座这一话语环境的熟悉程度。

（一）翻译风格与翻译接触

分析结果表明，参与本研究的译员采取意译为主或直译为主的传译方法，即使传译时他们会在不同的传译方法之间切换。译员翻译时存在一个传译方法的连续统：译员或直译占绝对主导；或意译占绝对主导；或在直译和意译之间切换，但仍以意译或直译中的某一种风格占主导。参与本研究的 10 名译员中，1 名传译时以直译为主，3 名直译占绝对主导，4 名以意译为主，2 名意译占绝对主导。

近期关于有声语言口译和手语传译的大多数研究都主张使用意译和对等传译的方法，让译员能够基于对服务社群的了解，从而在语言和文化上做出恰当的决策。然而，值得讨论的是，因为大学话语环境中存在诸多的社会语言学和社会文化因素，大学环境下的手语传译可能需要更加灵活的方法。本研究的主张是：在大学环境中译员将意译和直译结合使用可能更加恰当。通过直译和意译相互切换的语言应对策略，在传译大学讲座内容时，译员既可以准确传达概念和意义，又可以让大学聋生无障碍地获取到学术词汇或专业术语。这个建议得到手语和语言接触相关研究的支持。戴维斯等学者（Davis, 1989, 1990a, 1990b; Fontana,

1999; Lucas and Valli, 1989, 1990）提出语码混合或语言迁移[1]经常发生在更正式的手语传译情景中，译员在输出手语时会有更多的仿话口型和指拼表达，远超过在其他非正式传译情景，如手语会话传译中人们所预期的数量。戴维斯（1989, 1990a, 1990b）的研究表明，为了适应传译环境的正式性，译员使用了语言迁移。因此，可以说，本研究中以指拼（即语言迁移）形式传达文本关键实词的译员，他们的这一翻译风格是最适合大学讲座的。鉴于大学讲座经常使用专业术语，而术语是理解主题的关键，因此，至关重要的是，译员要确保大学聋生可以无障碍地获取术语"最原本的面貌"并且理解它。然而，同样非常重要的是，聋生获取信息的渠道必须是语义和句法都正确的手语结构。因此，以指拼形式引入专业术语词汇，同时根据话语环境的正式程度而采用恰当的手语传译方法，这是传译大学讲座信息的有效方式。

波利特（2000b）讨论了译员根据传译的情景语境，切换使用互动传译模式（意译）和传声筒模式（直译）的恰当性。她以大学场景为例，认为译员根据传译内容，例如，是讲座，还是辅导课，将直译和意译结合起来是恰当的传译方法。我并不是排斥在大学环境中使用某种翻译风格，相反，我赞同波利特的观点，建议译员应该把风格切换当作语言应对策略，以满足不同情景语境的要求。本研究发现，以意译为主的译员在信息的关键点上会切换为更加直译的风格，以便从英语中借词，同时还能用澳大利亚手语将该词汇项视觉化。例如，像"in a nutshell"（简而言之）这样的英语习语，译员先用指拼手势词拼出这个短语，然后用澳大利亚手语准确传译该习语的含义。同样的过程也出现在专业术语传译中，例如"critical period hypothesis"（关键期假说）。借助这种语言迁移，译员既能以澳大利亚手语传达信息的意义，还能让客户无障碍地获取特定话语中的术语。因此，在大学讲座环境下，译员使用意译是恰当的，只需适时运用语言应对策略，切换到更加直译的方式。根据布雷姆纳和豪斯登（1996: 13）的观点，大学聋生更喜欢这种翻译风格，因为他们期望的传译版本是“以澳大利亚手语为框架而且内含英语术语”。可见布雷姆纳和豪斯登的观点是传译时使用意译风格，在引入英语术语时则切换到更加直译的风格。

作为这项研究的结果，我的结论是，将翻译风格看作一个孤立的存在，这样去讨论可能并不恰当。相反，应该将这些翻译方法视为一个连续统。我更愿意将意译法看成最有效的翻译方法，但也承认直译同样有效，事实上一些聋人客户可能更偏爱直译的方法。虽然完全意译和完全直译的最极端形式在某些情景语境中可能是恰当的，但我建议在大学讲座中将两种方法结合，这是最恰当的。考虑到手语和有声语言之间的语言接触以及手语使用的连续统特征，我提出了一个翻译风格的连续统（见图 6.1）。我认为译员应该运用翻译风格切换 [2] 策略，尤其是要将它用于正式话语环境呈现出语言接触特征的语境中，例如大学讲座。我建议使用术语“翻译接触”来描述这一风格切换。

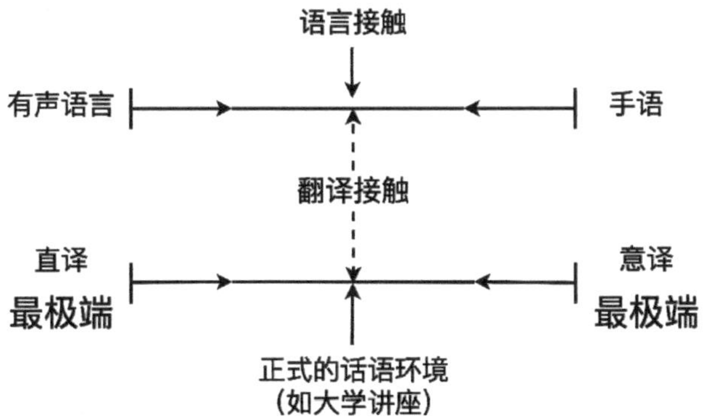

图 6.1　翻译风格的连续统

斯坦纳（Steiner, 1998）在他的五方面动机策略模型中，某种程度上承认了翻译接触的必要性。他提出了满足目标观众需求的信息呈现方式，即通过纯粹主义、赋能、教育、联合理念，或对聋人社群和手语的整体理念等来呈现信息。[3]斯坦纳将纯粹主义策略描述为一种致力于保持语言最纯粹形式的观点，使该语言不受其他语言的任何干扰。以澳大利亚手语、美国手语或英国手语为例，纯粹主义者将英语借词减到最少，最大程度地使用可视的手语。然而，纯粹主义的建议有些理想化，因为“纯粹”的语言形式是否存在还有待商榷。斯坦纳对赋能策略的解释是：那些了解“聋人社群的语言斗争和他们在更广泛社会中的需求”的手语者所使用的策略（1998: 108）。斯坦纳建议，使用赋能策略的人要超越“仅产出表面信息的做法”，相反，要创造真正有益于聋人社群的语言产出，要通过释义、个人轶事或简化等方法向聋人解释概念，尤其是聋人社群无法像听人多数群体那样深度获悉的概念（1998: 108）。另外，在语言产出时，还有些人会选择教育策略，这类人意识到聋人群体不能像听人那样习得英语，但聋人确实身处英语环境，时刻接触英语，因此，持教育策略理念的手语者会让聋人观众借助视觉媒介习得新的英语词汇，他们采用“对源语进行跟述，或从源语词汇项中选择特定借词，将其直接借入目标语”，也就是使用语言迁移的传译方法，以此来实现语言产出的教育动机（1998: 108）。联合策略则合并了对聋人社群赋能与教育这两种需求，表现形式是根据情景语境产出相应的语言表达，例如，呈现节目信息时可能出现澳大利亚手语和英语的语码混合。最后，整体策略意味着一个人意识到了以上列出的四方面的动机，试图实现最能反映以上所有动机的语言产出。

从斯坦纳动机策略模型中汲取精华用于手语传译，我们有可能找到满足不同语境传译需求的方法。可以将赋能策略等同于意译占绝对主导的方法；将教育策略等同于以意译为主的方法，该方法包含了意译到直译的风格切换，以便引入指拼表达。联合理念驱动的策略可以看作一个简洁描述版的语言应对策略，译员根据信息的内容和意图，决定何时从赋能策略切换到教育策略，或者说，从意译切换到直译，反之亦然。因此，我们可以在翻译风格连续统中思考斯坦纳提出的这些动机策略，进而解释翻译接触问题。

手语译员使用不同的传译方法，调整翻译风格，以满足聋人在不同语境中的需求，认识到这一点的话，我们就可以接受如下事实，即译员是根据社会语言学和社会文化因素对传译情景的影响，而不断地做出语言决策。译员可以将翻译风格用作语言应对策略，同时有意识地使用其他语言应对策略，例如，省略。斯坦纳强调了这一点，其表述是：

> “教育策略”和“赋能策略”肯定会影响手语者对演讲的翻译，促使她做出明智的省略或增译。手语者借助有关聋人社群的文化、社会和教育观念，来修改她手语传译或翻译的方法（Steiner, 1998: 109）。

可见，省略可以用作一种语言应对策略。在特定传译语境下使用有意识的策略性省略是一个很重要的论题。

（二）传译中的省略和省略潜势

本研究已经详细讨论了译员所做的省略，既考虑了错误的省略，也考虑了策略性省略（即针对目标受众，为了实现意义对等而在语言过程中做出的策略性决策）。本研究首次明确了省略类型背景下译员做出省略时的意识水平。

众所周知，尽管译员可能将省略用作一种有意识的语言策略，但出于不同原因，译员不可避免地会进行其他省略。我对参与本研究的译员进行了一项即时任务回顾，由此对传译任务中译员的省略加以分类。在研究过程中，显然，译员意识到了自己所做的各种省略，但只有一种省略可看作有意识的语言应对策略。[4]

本研究中，全体译员都做了省略，涵盖了每种省略类型。出现省略总数最多的译员是那些没有接受过大学教育而且对讲座主题不熟悉的译员。最常见的省略类型是无意识的省略（26.9%）和有意识的策略性省略（25.5%）。无论教育背景、对主题的熟悉程度或翻译风格如何，所有译员都将有意识的策略性省略用作语言应对策略。无意识省略的普遍存在令我和研究对象都感到惊讶，因为我们都没有预料到无意识省略的比例会如此之高。无意识省略大量出现强化了这样一个认识，即传译永远无法传达任务内容中的百分之百的信息，总有一定程度的信息丢失，即使是译员也不会意识到这些信息丢失。然而，令人惊讶的是，我们发现，作为有意识的语言过程的一部分，有选择的省略中丢失的信息量与无意识的省略中丢失的信息量一样多。

总体而言，研究结果表明，没有接受过大学教育和对讲座主题一无所知的研究对象所犯的省略错误程度最为严重，但省略的出现与这两个影响因素之间并无明显的规律性特征。因此，最具影响力的因素似乎是两种熟悉程度，即对话语环境的熟悉程度和对主题本身的熟悉程度这两者的结合。

实证研究结果表明，在省略类型的背景下思考省略是至关重要的。可以看出，译员确实积极地运用省略，将其用作语言应对策略和传译过程的固有部分，进而做出有意识的省略决策。译员可使用有意识的省略来有效管理交际事件。因此，在这种语境下，省略是译员得心应手的举措。然而，必须认识到，译员也会做出其他省略，有意识的或无意识的，有意的或无意的。省略可用作策略的事实并不否认错误的省略确实也会发生，其中一些是译员能意识到的，一些则不然。本研究证实了在传译框架下确实会发生错误的省略。然而，需要注意的是，本研究中，在译员所做的省略中，占比较高的是有意识的策略性省略，在最常见的省略类型中，它排序第二。考虑手语传译中的省略时，我们应该认识到，为了提升传译信息对等，相对于一条被错误地排除掉的信息，还有更多条信息是被有意识和有策略地省略掉的。

在省略类型背景下解释省略的出现时，我建议将省略放在一个省略潜势框架（见图 6.2）下考量。这样，译员就可以认识到可能影响他们做出不同省略的社会语言学和社会文化因素。该框架指明一个事实，即为了实现话语的意义潜势，译员可以有策略地使用省略，但错误的省略也可能发生，它们会扭曲信息的语境效力。

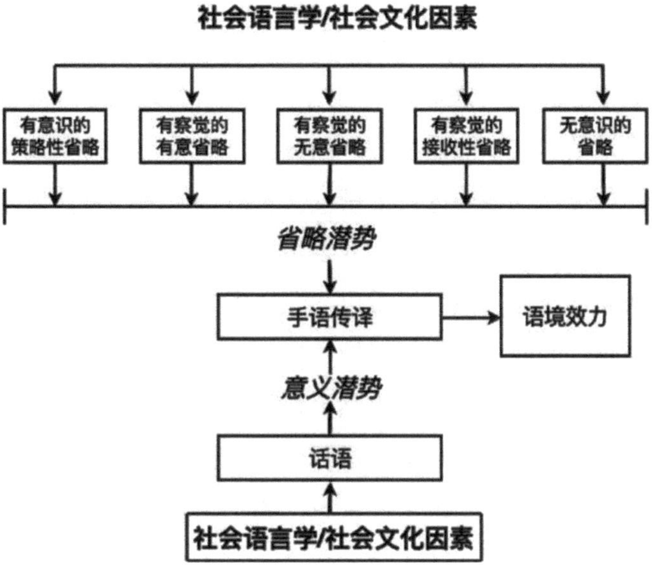

图 6.2　省略潜势的框架图

评估传译中省略的普遍性时，我们还需要考虑情景语境。本研究的情景语境是词汇密度高的大学讲座。研究结果显示，省略次数最多的情况往往发生在词汇密度高于平均值（文本行的平均词汇密度为 47.6%）的那些文本行，以及包含专业术语或学术术语的文本行中。换句话说，更多的省略发生在文本中语法复杂的部分和译员对内容不熟悉的部分。本研究中，译员在传译最能体现源文本特征的那 7 行[5]时，他们在每一行上都做出了 7 次或 7 次以上的省略。这一发现并不特别令人意外，因为任何研究传译的学者都能预见到，当处理那些导致译员“认知超载”（Moser-Mercer et al.,1998）的因素时，译员将面临难题，痛苦挣扎一番。然而，令人惊讶的是，本研究中，一些译员似乎有意识地使用策略性省略来应对特定文本行的复杂性和信息密集性。例如，第 169 行的词汇密度为 78.5%，共出现 11 次省略，其中将近 73%的省略是有意识的策略性省略。

本研究中，尽管译员在词汇密度高的文本行上做出了更多的省略，但在得出关于词汇密度的具体结论之前，我们还需要考虑实际省略的词汇项。最多的省略出现在词汇密度高于平均值的那些文本行中，其特点是含有译员不熟悉的英语术语。因此，因素一“词汇密度高”似乎只有与因素二“译员对文本熟悉程度”结合时，才对省略的次数和类型产生影响。当译员传译其他中低词汇密度文本时，如果此时评估译员使用的省略，那么就可以测出词汇密度对发生省略的影响程度。

尽管如此，我们仍然可以看出，源文本的语言特征确实对省略的使用产生了影响。因此，为了更好地使用省略，将其用作大学讲座传译中有意识的语言应对策略，译员必须要熟悉学术话语，最好先对特定学科有所了解，然后再在大学环境中进行传译。我们可以合理地假设，无论是在教育、法律、医学、政治等领域，还是在其他领域工作，如果译员对情景语境和话语环境的特点更为熟悉，那么他们将做出更多有意识的策略性省略，出现更少的省略错误。

参与本研究的译员对何时和为什么省略具有较高的元语言意识。关于译员在特定时间的翻译风格，尽管译员并未讨论自己对此的元语言意识水平，但是他们讨论了传译省略时自己的意识水平，这意味着译员对翻译风格的选择同样具有很高的意识水平。然而，这一假设需要通过进一步研究来验证。

二、对社会教育影响因素的讨论与思考

（一）大学教育背景[6]

本研究旨在回答一个问题，即如果译员本人没有接受过大学教育，那么他们在大学场景做手语传译工作时如何在语言上做出应对。为了查明译员的教育背景对其处理讲座片段时语言应对能力的影响，我比较了所有研究对象的手语传译表现，并且采访了他们。在本书中，我提到查

芬-西尔等其他研究者的建议，即所有手语译员都应该具备高等教育资历，这是先决条件，特别是当他们就在高等教育领域从事传译工作时（Chafin Seal, 1998; Eighinger, 2000; Patrie, 1993; Roy, 2000b; Sanderson et al., 1999）。这些研究者认为，在大学学习将使译员获得一定的认知能力，达到一定的学术语言水平，而这一能力和水平将使译员具备从事有效传译所必需的一系列的语言娴熟度，即高明、精准、经验丰富的语言表达。

因此，我们可以认为，为了能够在语言上应对传译工作中的各种情况，译员有必要接受大学层次的教育（Locker, 1990）。如果认为译员有必要具备大学资历，以便在语言上更好地胜任其工作，那么可以说，要求译员在进入大学环境工作之前就具备大学资历是至关重要的，甚至我们应该强调“最好具备这一点，假如不是‘必要’条件的话”（Stuckless et al., 1989: 12）。世界聋人联合会关于聋人教育的政策声明中也强调了这一点（Aquiline, 2000）。

> 确保主流教育环境（特别是中学和大学）中的聋生能够获得手语译员的服务，这些手语译员应该符合的条件是：（a）经过充分培训，并且具备手语译员的资格；（b）**本人已达到与其传译工作相符合的教育水平**[特别强调的条件]。

一项对澳大利亚手语译员的调查（Napier, 2001）结果显示，在 125 名接受调查的译员中，只有 48%已经完成大学教育或正在大学就读。在那些确认自己已接受高等教育传译工作的受访者中，只有 59%具有大学资历。哈林顿和特雷诺（Harrington and Traynor, 1999）对 142 名英国手语译员进行了调查，发现 43%的受访者具有高等教育资历。

大约 20 年前，科克利（1981）对美国手语译员注册中心的 160 名执业美国手语译员进行了调查，发现已完成四年或更长时间的大学学业的译员为 60.6%。后来的数据显示情况有所改善，但并不显著。汉弗莱和奥尔康（1996）指出，美国合格的手语译员大多数都是大学毕业生，其中 32%持有学士学位，25%持有硕士学位，2%持有博士学位。斯图尔特等（1998）研究者援引了类似的数据，他们参考了针对 1991 年至 1992 年间的美国手语译员注册中心成员的一项调查研究，指出有 8.4%的美国手语译员在大学学习时间低于两年，16%获得准学士学位，26.1%获得学士学位，24.1%获得硕士学位，2.7%获得博士学位。

海斯（1992）对宾夕法尼亚州西部在小学和中学从事教育传译的 52 名译员进行了调查。所有受访者至少具备高中文凭，超过 65%的受访者修读完某种类型的学院或大学学位，其中 10 个（即 31.2%）是准学士学位。琼斯等（Jones, 1997）对美国各地的在小学和中学从事教育传译的译员进行了调查。他们报告说，17%的受访者具有高中文凭或职业证书，36%曾在大学学习但没有获得学位，21%获得社区大学的准学士学位，21%具有学士学位，5%具有硕士学位。这些数据与本研究中澳大利亚的情况非常接近，然而，琼斯等并没有报告他们一共调查了多少名译员，因此很难对这些数字进行准确判断。

麦金泰尔（McIntire, 1990）对来自加拿大、丹麦、芬兰、德国、希腊、意大利、新西兰、挪威、瑞典、瑞士和英国等 11 个国家的 45 名手语译员进行了一项非正式调查，调查他们的工作情况和教育背景。她询问受访者所完成的最高层次的正式教育，得到的结果是 31%的受访者在达到译员的最低国家要求之后，又额外学习了一到两年，其中 60%是在大学学习，9%是进入职业或技术学校学习，13%完成了非学位课程。尽管这项调查为我们提供了一个有趣的“全景”图，即世界各地的手语译员所具有的教育背景及学历资格，但麦金泰尔本人指出，这些数据并不是基于实证性质的数据收集，而是来自译员同行们给出的调查反馈。因此，数据结果并不一定准确反映手语传译行业的状况。结合科克利（1981）、海斯（1992）和麦金泰尔（1990）等的整体数据，平均而言，60%～65%的手语译员已经持有或者正在攻读相当于大学本科学位或以上的高等教育资格。

对十名澳大利亚手语译员的实证研究中，我发现熟悉主题和教育背景（即对话语环境的熟悉程度）确实影响了译员所使用的语言应对策略（即翻译风格、省略出现的频率和次数）。然而，需要记住的是，这些结果只是表明教育背景可能产生的影响，因为本研究中只有两个研究对象没有大学资历。针对译员的教育背景，我们需要做进一步研究，在这些研究中当具有大学资历和没有大学资历的代表达到人数均衡后，我们才能得出关于译员教育背景的明确结论。

尽管如此，本研究中对语言习得主题颇为熟悉的译员评论道，熟悉讲座主题对处理这场语言习得讲座中的信息非常有帮助。因此，他们认为对主题领域的了解使传译更加有效。本研究强调了熟悉讲座主题在译员成功传译中的重要作用，因为译员不仅能更好地理解信息，还能评估信息是否与情景语境和目标观众有重要关联。塞莱丝柯维奇（1978）指出，译员必须具备通才般的广博知识，即他们必须了解一切，但不一定要达到专家程度。具备广博的知识，他们就会对语言使用和内容有所熟悉，但不一定是该领域的专家。因此，对于在大学环境中的传译，译员必须亲自在大学学习过才能获得学术话语上的通才知识。通过完成课程学习、书面作业或口头演讲，译员将提升对高等教育学术语言使用的理解。在大学学习环境下，译员还将逐步建立起该环境下的话语期望的参考框架，进而能够将这些框架知识应用到未来的传译实践中。此外，理想情况下，译员是为自己曾学过的学科进行讲座传译，这样他们对所处的传译环境将有更多的了解，而不是泛泛了解。

关于译员对自己教育背景的看法，我们可以看出，在本研究的实证阶段，大多数译员认为自己的教育水平影响了传译大学讲座的能力。总体而言，译员的评论显示，因为熟悉大学话语，那些接受过大学教育的译员对大学语域感到更加舒适自如；那些没有接受过大学教育的译员则表示语言的正式性给他们带来很大挑战，尤其是在传译一些有难度的词汇项时。本研究的数据分析尤其支持译员的以上评论，因为两名没有接受过大学教育的译员确实省略次数最多。

这两名译员明确表示，开始大学学习后，他们意识到传译技能开始提升，这说明教育至关重要。他们感觉自己对英语的理解、英语知识和使用能力都在提升。因为使用英语变得更娴熟，所以传译英语时，他们可以更专注于意义和寻找澳大利亚手语中的对等表达。以上认识强调了译员接受大学标准的普遍教育的必要性。大学教育有助于译员扩大词汇量，熟悉语言使用的各种语域，提升语言传译能力。

为了胜任传译工作，手语译员需要接受高等教育，这当然不是新观点。本研究结果表明，译员传译大学讲座和运用语言应对策略，尤其受到译员对英语的熟悉程度以及对特定学科语言表达的熟悉程度的影响。研究结果还显示，译员从教育中获取的相关经验，例如，他们曾经接触过的不同学科领域以及该学科固有的术语等，会影响省略的发生。译员对学术环境中语言使用的熟悉程度似乎也影响翻译风格的运用。以上研究发现都支持一点，即进入大学传译场景工作之前，为了更好地应对不同传译场景中的一系列的语言要求，译员接受过大学教育是必要的。

（二）有所熟悉和有所准备

准备技巧是译员可采用的一种应对策略，用于处理可能影响有效传译的环境及其他非语言因素。本研究结果和讨论强调了译员不仅需要熟悉特定话语环境下传译工作的各种情况，还需要熟悉话语环境下任何语言相关方面的情况，尤其是当译员就是在大学场景工作时。

虽然有人建议，译员熟悉学术话语和专业术语的最佳方式是去上大学，但应该承认，额外的准备工作总是明智之举。文献中的普遍共识是准备工作有助于提高传译的有效性（Frishberg, 1990; Humphrey and Alcorn, 1996; Mackenzie, 1998; Napier, 1996; Neumann Solow, 2000; Stewart et al., 1998）。无论教育背景或对要传译主题的熟悉程度如何，译员都应努力为特定任务做好准备，要熟悉情景语境中具有特异倾向的语言使用。本研究关注未做准备的译员的语言应对策略，这能够反映译员经常遇到的情况。然而，我们绝不能假设具备了一般的大学教育就能保证译员对大学话语环境或其他话语环境的语言情况已足够熟悉。同样，译员也不应假设因为熟悉特定主题，所以就能预测将使用的专业术语。理想情况下，译员在执行任何类型的传译任务之前都应做好准备，确保对所有可能的情况，无论是语言情况还是其他情况，都已经有所准备。

三、研究结论

至此，我们已经讨论了传译大学讲座时手语译员的翻译风格、传译中的省略、教育背景和熟悉程度等问题。结合最初提出的研究问题，本研究对发现的总结如下：

（1）参与研究的译员在传译时会在意译和直译当中选择其一作为主要的传译方法，或者在意译和直译当中选择其一作为绝对主导的方法。在传译大学讲座时，以意译为主的手语译员将翻译风格用作语言应对策略，会在文本的关键点上切换到更加直译的方法，以便从英语中借词，为大学聋生提供无障碍获取专业术语、学术英语或英语习语的机会。

（2）在传译词汇密度高的大学讲座片段时，译员会做出五种不同类型的省略，即有意识的策略性省略、有察觉的有意省略、有察觉的无意省略、有察觉的接收性省略和无意识的省略。译员总共出现了 341 次省略，涵盖所有五种类型的省略。这些已确认的省略中，25.5%是有意识的策略性省略，17.7%是有察觉的有意省略，14.3%是有察觉的无意省略，15.2%是有察觉的接收性省略，26.9%是无意识的省略。

（3）译员的翻译风格并不是影响省略次数和省略类型的唯一因素。

（4）研究结果表明，译员确实将有意识的策略性省略作为一种语言应对策略，以应对大学讲座的语言特征。

（5）译员在传译词汇密度高的大学讲座片段时，对自己所做的省略类型表现出较高的元语言意识。

（6）大学讲座源文本的语言特征确实影响了翻译风格、省略次数和省略类型。翻译风格受译员对学术英语和专业术语的熟悉程度因素的影响。源文本的词汇密度，以及译员对话语环境和专业术语的熟悉程度，这两方面共同影响译员的省略次数和省略类型。

（7）本研究中，手语译员认为自身的教育背景对传译大学讲座的能力颇有影响，即接受过大学教育的译员感觉更能应对大学讲座的语言要求，因为他们熟悉大学层面的话语。曾经学过相关讲座主题的译员感觉熟悉讲座主题也有助于有效传译大学讲座。

（8）大学聋生对手语译员的期望各不相同，但整体上，他们一致认为译员应该澳大利亚手语和英语两种语言都很娴熟，应该提供意译等机动灵活的传译，偶尔切换到更为直译的方法。他们的普遍共识是，在大学场景传译的译员应该接受过与大学教育同标准同层次的教育；另外，传译中由译员做出各种省略，对此大学聋生会心存疑虑。

四、对澳大利亚手语译员教育和译员培训的启示

从译员的语言应对策略视角出发，本研究的发现对手语译员教育和译员培训有重要启示。“大学的学位毕业生们，持有学士学位的，特别是持有硕士学位的，他们做好承接大多数传译任务的准备”（Frishberg and Wilcox, 1994: 18）。与这一陈述相符合，本研究的总体发现是，当译员亲身完成了大学教育，此时会感到自己能更好地应对大学讲座传译。讨论小组的大学聋生也认为，熟悉话语环境的译员对大学讲座传译的效果会更好。本研究中，译员的教育背景影响了他们的语言应对策略，这意味着译员达到的教育水平是重要的。

许多国家不要求手语译员获得大学学位，也没有提供手语传译方面的大学课程。帕特里（Patrie, 1994）指出，手语译员教育和手语译员培训是两种不同的经历，我们应该在这两个不同的水平上为译员提供进入这个职业的机会。澳大利亚和美国的手语译员教育和培训体系允许人们进入高等教育机构课程或非高等院校的培训课程，这两个渠道都能够帮助人们获得被认可的译员身份。这些体系证实了帕特里的建议，即社区大学的译员培训足以让译员在“技术”水平上进入这个职业。然而，帕特里还提出，要想在“专业”水平上进入手语译员这个职业，译员至少要完成大学本科学习。这一“专业”水平的传译教育将为译员带来更加深广的知识基础、分析能力和应对不同应用领域的能力。在英国和美国，人们可以申请本科生阶段手语传译的学习机会。英国、美国和澳大利亚还提供研究生阶段手语传译的深造机会。

在手语传译领域，人们已经认识到，技能高超的译员必须接受过高水平的教育；但人们同时也认识到，如果毕业生在特定领域接受过培训而且将工作限制在该领域，那么以“技术”水平进入这个职业也是恰当的（Stauffer, 1994）。澳大利亚已经建立了两个水平的译员入职体系，对非专职译员评估其在一对一沟通事件中的传译能力，对专业译员评估其在更加复杂、语言成熟度更高的情景下的传译能力（澳大利亚翻译资格认证处，1999）。[7]英国也推出了类似的体系，建议为不同能力水平和专业知识的英国手语译员提供国家职业资格证（英国聋听沟通促进委员会，1997）。然而，只有通过开设更多的大学传译教育课程，更多的从业者才能够以专业水平进入这个领域，才能具备为高要求话语环境（如大学讲座）提供传译服务的技能。

此外，人们还认识到，大学教育不仅对大学环境的传译必不可少，而且还能更好地提升译员应对日常传译中不同情景的语言能力。因此，本研究的另一个考虑是，所有译员在参加传译教育或培训项目之前，应该首先完成一个普通大学本科学位。这样，他们将拥有更丰富的语言储备，可以更好地进入传译教育或培训。理想情况下，译员应该在本科生阶段学习传译的相关学科（如聋人研究或语言学），或者在学习视角更广泛的人文科学（如社会科学）本科课程之后，再接受技术性的译员课程培训，或者在研究生阶段接受译员教育。

本研究对译员教育和译员培训课程的内容也有重要启示。本研究表明，译员运用不同的翻译风格以实现不同的目的。为了处理复杂信息和满足聋人客户需求，一些译员会在意译和直译之间切换翻译风格，以此作为语言应对策略。通过与大学聋生的讨论，我们可知大学聋生更喜欢在意译方法下的传译中获取大学环境中的信息；为了能够借用英语术语和学术词语，大学聋生更喜欢译员在适当的情况下切换到更加直译的方法。学生们认为在正式的大学讲座中，译员可以使用更多的指拼表达和仿话口型。但是在大学辅导课程中，译员则需要采用互动性更强的和具备文化意识的传译。因此，本研究强调这一观念，即传译中不存在“脱离语境的规则”（Moser-Mercer et al., 1997: 3）。

本研究结果表明，手语译员应该接受意译和直译相关理论教育，学会根据情景语境和客户的变化切换方法，有效运用这一语言应对策略。这条传译教育和培训路径得到了戴维斯等多位学者（Davis, 2000; Metzger, 2000; Pollitt, 2000a; Roy, 2000d; Winston and Monikowski, 2000）的支持，他们提出，为了更好地强化译员的理解能力，提升译员应对日常挑战、有策略地处理不同话语环境的能力，译员教育课程应该将传译视为一种话语过程，译员教育应该融入话语分析理论及实践。同时，译员可以采用互动传译模式，选择恰当的传译方法，做出语言和文化上都恰当的明智决策，确保交际事件成功。

本研究还强调译员在传译过程中会做出不同类型的省略，其中之一是有意识的语言应对策略。省略的次数和类型受源文本的复杂性和译员对主题和话语环境等的熟悉程度影响。这一发现点明，译员需要了解自己所做的省略属于何种类型，为何做出这些省略。通过更好地理解各种类型的省略，以及影响省略发生的社会语言学和社会文化因素，译员主动使用特定省略，把它们用作为语言应对策略的能力将得到加强。另外，译员对可能出错的省略也将提高防范意识。

关于提高译者意识，本研究表明，虽然译员在监控自己的传译输出时非常注意语言使用，运用了相应的元语言意识，但是这种运用只有在译员回顾传译任务时才被意识到。因此，手语译员的教育和培训应该将这类“意识提升活动”包括进去，引导译员关注自己传译时的元语言过程。彼得森（2000）和史密斯（2000）认为，通过让学生译员探索和提高元认知策略，他们才会更有能力评估自己的传译输出以及在话语环境下的语言和文化决策。

五、对其他语境传译实践的启示

尽管本研究聚焦传译大学讲座时手语译员的语言应对策略，但其结果可以推广到其他语言的译员和其他语境下的传译实践。不是在大学场景下工作的译员也可以使用翻译风格这一语言应对策略。无论传译情景如何，他们都有可能使用本研究提出的五种省略类型。本研究显示译员在传译过程中元语言意识颇高，不同语境下的其他译员也将是这种情况。

应该认识到，译员将翻译风格用作语言应对策略的能力可能受若干社会语言学因素影响，例如，情景语境，对话语环境的熟悉程度，对讨论主题的相关知识、对聋人和听人互动对象的熟悉程度等。无论传译发生在医疗、法律，还是政治领域，无论译员使用手语，还是有声语言，这些社会语言学因素也可能影响这些场景下译员的省略次数和省略类型。

本研究具有更广泛的意义，研究结果也可以应用于传译的其他领域，认识到这些的同时，我们还应明确本研究的局限性，提出未来研究的建议，它们将拓展本书提出的观点。

六、未来研究建议

本研究的主要局限性在于，实证研究的发现是依据理论而呈现的，即根据研究文献中提出的传译理论，译员对翻译风格和有意识的省略的运用是恰当的，风格和省略是译员的语言应对策略。本研究没有分析研究对象传译的准确性，也没有进行可理解性测试。聋人从译员的传译中获得信息，然而迄今为止，关于聋人对这类接收性信息的理解的研究非常有限，其中一些相关文献我们已经讨论过（Jacobs, 1976; Livingston et al., 1994; Llewellyn Jones, 1981; Steiner, 1998）。理想的研究是在汇报手语译员语言应对策略的有效性之前，先对大学聋生的理解情况进行测试。然而，由于时间限制，本研究并未测试聋生对传译的理解，只做了访谈，以了解他们对大学环境中手语译员的期望，对省略、翻译风格和译员教育背景的看法。尽管访谈得来的观点是有效的，但是就大学讲座中译员语言应对策略的有效性而言，这些观点并未提供直接证据。

因此，本研究结果是基于传译理论的正确性，希望未来研究聚焦于聋人对传译的理解，进一步验证本研究中译员的传译效果。可以用不同的方式做类似研究，可以分析和交叉参考本研究提出的问题，以更好地了解译员在一系列情景下的工作实践。在对研究结果的讨论部分，我已标记出这些需进一步分析的关键问题以及相关附带问题。

未来最重要的研究问题当中，一个是上文提及的可理解性问题。尽管本研究纳入了对聋人期望和偏好的观点调查，然而为了验证译员是否恰当地使用了语言应对策略，对聋人的理解水平进行测试是必要的。通过这种方式，我们可以确定手语译员是否满足了大学聋生的交际需求，以及多大程度上符合有效传译的理论预期。这样的研究还可以帮助我们深入了解聋人偏好的翻译风格是否确实能够为大学讲座中的聋生提供充分的信息获取渠道。

另一个未来研究的建议是，可以将与大学聋生进行的小组讨论扩展到讨论不同场景下聋人客户的期望。我们可以邀请来自不同背景的聋人共同讨论他们希望译员在不同情景中使用何种翻译风格，以及不同偏好的原因。可以对此做进一步的可理解性研究，询问聋人对手语译员传译的理解程度，即由聋人根据其理解情况，对一系列情景下不同译员的传译表现进行打分。从这些数据中获得的信息可以用于译员培训和译员教育课程，帮助学生译员更好地满足不同话语环境中的聋人需求，提升传译时的语境灵活性和有效性。

在这项研究中，聋生似乎对译员使用省略有误解。为了帮助聋人理解为什么省略会发生，我们可以在未来研究中邀请聋生参与到与本研究类似的传译任务和任务回顾中。通过要求聋生将接收到的手语形式的源文本传译到另外一种手语或有声语言的书面形式，或者以相同手语复述该手语源文本，这样我们就可以确定省略是否存在，同时邀请聋人反思本研究传译任务回顾中的相关问题。通过这样做，我们不难假设聋人会发现自己已经在省略信息方面做出语言决策，这些决策基于很多因素，包括对源文本的理解和相关知识、情景语境，语言和文化相关性，以及目标受众所理解的文本的意义潜势。通过亲身体验这一传译任务和任务回顾过程，聋生将更好地理解和评论译员使用策略这件事，明白译员使用省略是作为传译时的一种语言应对策略。

从不同的情景语境看，未来可以进行一项澳大利亚手语译员传译中低词汇密度讲座的研究。例如，可以将大会主旨报告的传译与本研究中的讲座传译进行比较，以探讨作为语言应对策略的翻译风格和省略在不同情景语境下的相似性和差异。或者，可以比较研究在传译备稿逐字朗读型讲座和自发讲座时译员所做的省略，备稿朗读型讲座会令文本的词汇密度比本研究的还高，传译难度更大，因此可就此做进一步比较研究。

另一项比较研究的思路是，让译员传译本研究中的这场大学讲座，但允许译员做更多的准备，用更多的时间澄清术语，这将为我们提供有意义的对比数据，因为就此我们可以查明译员有准备和无准备时，语言应对策略的运用究竟发生了哪些变化，变化程度如何。

就不同语境下的传译研究而言，未来研究中，研究者可以选择其他传译场景，但重复本研究流程，分析有意识的策略性省略、有察觉的有意省略、有察觉的无意省略、有察觉的接收性省略和无意识的省略的发生频率和普遍性。这类重复研究很有价值，将为我们展现一张不同影响因素的全景图，由此我们可以明确在就诊、求职面试、大会论文汇报、董事会会议或大学辅导课程等不同场景下，不同因素如何影响译员有意识的策略性省略的使用，如何影响错误的省略。研究还可以再进一步，例如，对比相同场景但传译准备做得更充分的译员。总之，通过复制研究，我们将有机会分析意译和直译在不同语境下的策略性使用。

本研究明确了手语传译时的英语借词或语言迁移现象，尽管对此只是简单讨论，但未来研究可进一步调查译员使用指拼策略的情况，以及影响译员使用指拼表达的社会语言学因素。已有文献探讨了澳大利亚手语和英国手语典型指拼表达的数量，以及澳大利亚手语和英国手语译员在多大程度上体现了所服务聋人社群的手语使用情况（Napier and Adam, 2002）。然而，据我所知，目前还没有针对澳大利亚聋人和英国聋人指拼数量的实证研究。对各种话语环境中聋人自发的手语产出进行记录与分析，这样的实证研究将描绘出不同语境下指拼使用特点的样貌图。由此，我们可以将手语译员的指拼与语料库中聋人手语者的原始指拼相比较，做进一步深入研究。

虽然这并不是一个详尽无遗的未来研究列表，但这是我对进一步研究的一些建议。希望研究者能够更多地了解手语译员和手语传译，拓宽对手语传译中各种语言过程和相关因素的理解。未来无论做任何研究，我们都应努力提升对译员、客户以及他们所处话语环境三者之间关联的理解。在未来研究中，译员、译员教育者和培训者将进一步探索译员的语言应对策略以及影响交际事件传译结果的社会语言学和社会文化因素。通过研究，我们思考译员在交际事件中采取的策略以及译员对交际结果的贡献，而不是对译员的成功或失败思来想去，止步不前。正如罗伊（Roy, 2000a: 126）所说，“所谓‘好’的传译并没有绝对的标准。不同的话语事件具有不同的目标、需求和不同的参与者，这需要译员在不断变化中采取相应行动。”

译者注释:

❶ 第 154 页，“语码混合或语言迁移”源文本的表述是“code-mixing or linguistic transference”，可见原著者认同戴维斯（Davis, 1989, 1990a, 1990b）的观点，即语言迁移是一种语码混合，不同于翻译接触和语言接触中的“linguistic interference（语言介入或语言干扰）”。关于翻译接触、语言接触、翻译文本特征，以及术语“语言介入”，可参见庞双子和王克非（2020, 2021）的相关研究。

❷ 第 155 页，“翻译风格切换”源文本的表述是“code-switching of translation styles”，原著者对社会语言学常用术语“code-switching（语码转换）”的运用，在本语境中可以理解为以语码转换为特征的翻译风格切换。为行文简洁，本书暂用“翻译风格切换”。

❸ 第 155 页，斯坦纳（Steiner, 1998）的研究是英国广播公司（BBC）委托的一个试点项目，项目聚焦于对手语电视节目的讨论和评价，旨在为手语电视节目制作、手语传译和翻译提出相关建议。该研究提出了影响手语信息呈现的五方面动机策略的模型，筛选了呈现两种语言风格的手语电视节目样本，即手语者分别打“深受英语影响的英国手语”和“以英国手语为主的自然手语”。四类人员（聋人节目主持人、聋人记者、聋人受访者和听人译员）分别观看反映五种动机策略和呈现两种不同语

言风格的三份手语节目样本。研究对象回答关于节目内容的具体问题，也回答哪一份节目样本看起来最舒服、最容易理解和最适合电视观看等一般问题，项目进行了节目内容理解测验，调取了其他补充数据，得出了“纯粹主义策略和联合策略（即赋能和教育兼并）支持下的手语节目是最受欢迎和最容易理解的手语”等相关结论。

❹ 第 157 页，此处原著者意思是只有一种省略是有意识的策略性省略。

❺ 第 159 页，此处的“7 行”是指本书第五章例 5.5 中列出的译员省略占比最高的 7 个文本行。在传译大学讲座的源文本时，研究对象在这 7 行做出的省略最多。这 7 行被认为是特别能够体现源文本特征的代表行，具体 7 行文本参见本书第 129 页至第 134 页。

❻ 第 160 页，为了方便读者理解原著者的思路，第二节“对社会教育影响因素的讨论与思考”下面的小节（一）的标题“大学教育背景”来自译者对该节内容和主旨的总结。

❼ 第 167 页，澳大利亚翻译资格认证处，英语全称和缩写是“National Accreditation Authority of Translators and Interpreters, NAATI”，网址是：https://www.naati.com.au/。该机构官方网站资料对本机构的中文译名是“澳洲翻译资格认可局”，该机构是“澳大利亚制定笔译和口译标准的机构和认证单位，是澳大利亚颁发笔译和口译职业证书（资格证书）的唯一组织”，以上信息可参见：https://www.naati. com.au/wp-content/uploads/2023/12/Flyer-A-guide-to-finding-a-translator-or-interpreter-flyer-Chinese-Simplified.pdf。

附　　录

附录一　手语转写规范

文字和符号的规范形式		用法解释
用英语转写	用汉语转写	
KNOW	【知道】	小型大写字母形式的 KNOW 表示用英语单词“know”（知道）转写和释义澳大利亚手语的手势词【知道】，以便与行文中的英语单词“know”区分开
I-ASK-YOU	【我-问-你】	当澳大利亚手语的一个手势词需要不止一个英语单词来释义它的含义时，用连字符将多个英语单词连接起来
T-R-U-E	【真的】	将一个英语单词的每个字母都以手指字母的形式指拼出来，该单词称为手语中的指拼手势词，表达方式称为指拼，转写指拼手势词时，每个字母之间要用连字符连接起来
WHAT*	【什么*】	星号表示强调，表达该手势词需要加重并伴随其他非手控表情，使其凸显程度最高
KNOCK+	【踢+】	加号表示重复打出该手势词
(VERY)	【（非常）】	手势词置于圆括号里面，表示没有完全表达的手势词，即手语者刚开始打该手势词，但却停下来，改打另外一个手势词了
LIMIT(1) LIMIT (2)	【限制（1）　限制（2）】	圆括号里面的数字表示手势词【限制】是由两个不同的手势构成，数字“1”是该手势词的第一个手势，数字“2”是第二个手势，打完第一个手势后，第二个手势要紧随其后打出

（续表）

文字和符号的规范形式 用英语转写	 用汉语转写	用法解释
point-left/point-right	（指-左/指-右）	手语者指向手势空间中的某个位置，该手势动作是用来指称一个具体的地方、一个实体，或一些实体，如【家庭（指-左）】（一个家庭）表示把一个家庭定位在左边，以后指左边就可以指称该家庭，再如【家庭 家庭 （指-弧形）】（这些家庭）表示把多个家庭定位在弧形线上
-left/-right	（-左/-右）	跟在一个动词后的连字符是将该动词动作的发出者定位在手语者身体的左侧或右侧，如【习得-左 习得-右】，表示手语者左侧和右侧的指称对象都在做“习得”这件事情
their-left/right	（他们的-左/右）	跟在属格代词后面的连字符和方向是手势动作的朝向，表示代词所指称人物的方位
his/her-left/right	（他的/她的-左/右）	跟在属格代词后面的连字符和方向是手势动作的朝向，表示代词所指称人物的方位

非手控语法标记的规范形式 标记符号	 语法功能	用法解释
..	，	“..”表示手语中明显的停顿，等同于汉语和英语的逗号
q	疑问	“q”面部表情和头部动作，用来表示疑问（通常是修辞问句）
hd	点头	“hd”表示肯定，动作是点头
neg	否定	“neg”表示否定，动作是摇头

注：以上规范基于和改编自如下学者： Baker and Cokely (1980)，Harrington (2000)，Roy (1992)，and Sutton-Spence and Woll (1998)。

附录二　不同翻译风格

解释不同翻译风格的英语源文本例句：We should try and encourage families to support the first language acquisition of their Deaf children.（中文译文：我们应该尽力鼓励那些有聋童的家庭支持聋童的第一语言习得。）

一、意译

意译是“将概念和意义从一个语言翻译为另一个语言的过程，完成这个过程必须融入对双方文化规范和价值观的考量，对这些观念或价值观的假定知识，以及对双方语言和文化上的对等表达的探寻”（Napier, 1998b: 36），在此过程中要“忽略源语在形式结构上的特点，找到在意义传递上的对等表达”（Crystal, 1987: 344）。

意译的语言标记：

1.使用属格代词，进行句法空间布局和采用相应的空间指称，利用视觉语法，使用修辞问句，借助手语表达中的非手控特征；

2.对意义加以阐释，即提供意义上的对等，而不一定是逐个找到每个词在目标语中的对等词；

3.使用的指拼表达通常仅限于已经成词的澳大利亚手语中的典型指拼手势词；运用符合聋人手语语法的唇形，即手语伴有聋人常用自然口动和仿话口型。

意译举例：

英语例句： We should try and encourage families to support the first language acquisition of their Deaf children.

译入澳大利亚手语：[ALL FAMILY HAVE DEAF CHILDREN..WE SHOULD WHAT
(point-arc) *(q)*
ENCOURAGE PARENTS LEARN SIGN LANGUAGE.. MEANS PARENTS AND CHILD
(point-left-middle-right) *(point-left point-right)*
HAVE SAME LANGUAGE.. MEANS CHILD CAN ACQUIRE SIGN FIRST LANGUAGE]
(point-left) *(their-left)* *(hd)*

中文转写：【所有 家庭 有 聋 儿童，我们 应该 什么 鼓励 父母
（指-弧形） *（疑问）（指-左-中-右）*
学习 手语，意思是 父母 和 儿童 有 相同 语言，意思是 儿童 能
（指-左 指-右） *（指-左）*
习得 手势 第一 语言。】
（他们-左） *（点头）*

中文译文：我们应该尽力鼓励那些有聋童的家庭支持聋童的第一语言习得。

二、直译

直译意味着翻译时要“保留源文本在形式结构上的特点，但是要根据目标语的语法规则，对这些带有源文本语言结构特点的表达进行一定的标准化，使其看上去‘像’目标语”（Crystal, 1987: 344）。

直译的语言标记：

1. 使用修辞问句、属格代词、空间指称，借助手语表达时的非手控特征；
2. 较少使用视觉语法，也很少对意义进行阐释；
3. 落实词和词的对等，使用更高比率的英语借词，以指拼形式表达这些借词；
4. 运用英语单词发音时的仿话口型，这类唇形的使用在指拼时尤为

明显。

直译举例：

英语例句： We should try and encourage families to support the first language acquisition of their Deaf children.

译入澳大利亚手语： [WE SHOULD TRY WHAT ENCOURAGE FAMILY
(q)
HAVE DEAF CHILDREN SUPPORT CHILD FIRST LANGUAGE ACQUISITION]
(point-left-middle-right) *(point-left)* *(their-left)*

中文转写： 【我们 应该 努力 什么 鼓励 家庭 有 聋 儿童-复数
（疑问） *（指-左-中-右）*
支持 儿童 第一 语言 习得。】
（指-左）（他们的-左）

中文译文： 我们应该尽力鼓励那些有聋童的家庭支持聋童的第一语言习得。

三、从传译视频原始数据中转写的三个英语原句及其中文译文

英语原句（源语）	译成中文
Sentence 1: And what they did was contrast the acquisition of these features with the acquisition of the same types of grammatical features in English, and came up with, as a result of this study, with what seemed to be some quite consistent patterns of grammatical acquisition across the two languages.	第一句：他们所做的是将这些特征的习得与英语中相同类型的语法特征的习得进行对比，并得出，在我看来两种语言中语法习得相当一致的一些规律，将此作为这项研究的结果。
Sentence 2: Any of you who are aware of the work in this area, the work of people like Jean Piaget, who made a very very strong case for a binding relationship between early sensory-motor development and early language acquisition.	第二句：（呃，）你们中的任何一个，（呃，）特别是那些（对早期儿童教育感兴趣的）人会知道这个领域的研究，像让·皮亚杰这样的人的研究，对于儿童早期感觉肌动发展和早期语言习得之间的关系，他提出了一个非常非常有说服力的案例。

（续表）

英语原句（源语）	译成中文
Sentence 3: If you look at the work of someone like Steve Krashen, even in second language research, his notion of, that we have to be at or just above the language receptive capacities of the language learner, that if we are too far above it then the capacity for the learner to actually make use of language input is certainly diminished.	第三句：如果你看一下像史蒂夫·克拉申这样的人的研究，他的观点是，即使是在第二语言研究中，我们的语言输入难度也要刚好或略高于语言学习者的接受能力，如果我们的语言输入难度高出学习者接受能力太多，那么学习者真正利用这一语言输入的能力就一定会减弱。

四、研究对象对三个英语句子的澳大利亚手语传译输出

译员 1

第一句:

澳大利亚手语：[WHAT D-I-D LOOK-AT COMPARE ACQUISITION ACQUISITION SAME

(point-left) *(left)* *(right)*

O-F G-R-A-M-M-A-R THING IN ENGLISH.. SHOW COMPARE FROM RESULT RESEARCH

(point-right) *(left)*

RESEARCH WHAT LOOK LIKE REALLY SAME* PARALLEL HOW G-R-A-M-M-A-R

(right)

ACQUIRE SAME SAME]

(left) *(right)*

中文转写：【什么 做-过去 看着 比较 习得 习得 相同 类型 介词-的

（指-左） *（左）* *（右）*

语法-指拼 东西 介词-里 英语，展示 比较 介词-从 结果 研究 研究

（指-右） *（左）* *（右）*

什么 看上去像 真的 相同* 相似 如何 语法-指拼 习得 相同 相同。】

（左） *（右）*

第二句:

澳大利亚手语：[AWARE THAT AREA PEOPLE LIKE J-O-H-N G-O-U-G-E-R MAKE

(point-left) (point-left)

VERY GOOD PROOF PRESENT FOR FOR.. (BECAUSE) BETWEEN EARLY CHILD

(point-left)

S-E-N-S-O-R-Y M-O-T-O-R AND EARLY LANGUAGE ACQUISITION]

中文转写：【意识 那 领域 人们 像 让·高杰-指拼 制造 非常 好 证据

（指-左）（指-左） （指-左）

为了 为了，(因为) 介词-之间 早 儿童 感觉的-指拼 肌动的-指拼 和 早 语言 习得。】

第三句:

澳大利亚手语：[LOOK-AT S-T-E-V-E K-R-A-S-H-E-N IN SECOND * LANGUAGE ACQUISITION RESEARCH YOU HAVE-TO A-T O-R JUST SLIGHTLY-ABOVE LANGUAGE ABILITY ABOVE CAN'T TOO-FAR-ABOVE ABILITY LEARN OR USE LANGUAGE..

(point-left) (neg)

(receptive difficulty)]

中文转写：【看着 史蒂夫·克拉申-指拼 介词-里 第二* 语言 习得 研究 不得不 介词-点-指拼 或者-指拼 正好 稍微-超过 语言 能力 习得 不能 超过太多-指拼 能力 学习 或者 使用 语言(译者出现信息接收困难)。】

（指-左） （否定）

译员 2

第一句:

澳大利亚手语：[WHAT THEY.. RECEIVE F-E-A-T-U-R-E WITH SAME TYPE O-F

(point-right)

G-R-A-M-M-A-T-I-C-A-L F-E-A-T-U-R-E-S IN ENGLISH AND COME UP WITH..

BECAUSE O-F STUDY WHAT S-E-E-M-E-D T-O B-E WHAT CONSISTENT

(q)

PATTERN O-F

G-R-A-M-M-A-T-I-C-A-L ACQUISITION ACQUISITION ACROSS AREA]

(hd)

中文转写：【什么 他们，收到 特点-指拼 介词-和 相同 类型 介词-的

（指-右）

语法的-指拼 特点-指拼 介词-里 和 来 向上 英语，介词-和，因为

介词-的 学习 什么 看上去-指拼 介词-到 系词 什么 一致

（疑问）

模式-指拼 介词-的 语法的-指拼 习得 习得 横跨 领域。】

（点头）

第二句:

澳大利亚手语：[AWARE O-F WORK AREA.. PEOPLE LIKE P-I-A-G-E-THE MAKE

(point-right) *(point-right)*

VERY GOOD CASE FOR.. TALK-ABOUT.. WORD SOMETHING RELATIONSHIP BETWEEN

EARLY S-E-N-S-O-R-Y M-O-T-O-R DEVELOP AND EARLY LANGUAGE ACQUISITION]

(hd)

中文转写：【意识 介词-的 工作 领域，人们 像 皮亚杰-指拼-冠词

（指-右） *（指-右）*

制造 非常 有力量 案例-指拼，谈论，单词 东西 关系 介词-之间 早

感觉的-指拼 肌动的-指拼 发展 和 早 语言 习得。】

（点头）

第三句:

澳大利亚手语: [S-T-E-V-E K-R-A-S-H-E-N IN RESEARCH WE HAVE-TO T-O J-U-S-T

(his-left)

LANGUAGE MUST SLIGHTLY-ABOVE RECEPTIVE LANGUAGE TOO-FAR-ABOVE

LANGUAGE LEVEL MUST LEARN MAKE U-S-E LANGUAGE ACQUISITION LITTLE-BIT

(neg) *(point-right)*

DIFFICULT]

中文转写：【史蒂夫·克拉申-指拼 介词-里 研究 我们 不得不 介词-到

（他的-右）

正好-指拼 语言 必须 稍微-超越 接收 语言 远超过-指拼 语言

水平 必须 学习 制造 使用-指拼 语言 习得 有点儿-指拼 困难。】

（否定） *（指-右）*

译员 3

第一句:

澳大利亚手语：[WHAT THEY D-I-D LOOK DIFFERENT HOW THEY ACQUISITION

(point-right)

FACIAL-EXPRESSION-F-ENGLISH OCCUR FROM STUDY LOOK LIKE CONSISTENT VARY

(point-left) *(point-right)* *(point-right)*

P-A-T-T-E-R-N G-R-A-M-M-A-R ACQUIRE+ IN (ENGLISH) ALL LANGUAGES]

中文转写： 【什么 他们 做-过去时-指拼 看 不同 如何 他们 习得

（指-右）

面部表情-F-英语 发生 介词-从 学习 看上去像 一致 变化 模式-指拼

（指-左） *（指-右）* *（指-右）*

语法-指拼 习得+ 介词-里 （英语） 所有 语言-复数。】

第二句:

澳大利亚手语：[THEY KNOW WORK IN THIS AREA (VERY) MAKE VERY STRONG

(point-right) *(point-right)* *(point-right)*

EXPLAIN C-A-S-E FOR LIKE CONNECT RELATIONSHIP EARLY GROW CONNECT

PLUS LANGUAGE ACQUIRE]

中文转写： 【他们 知道 工作 介词-里 这 领域 （非常）制作 非常 有力量

（指-右） （指-右） （指-右）

解释 案例-指拼 为了 像 连接 关系 早 成长 连接 加上 语言 习得。】

第三句:

澳大利亚手语：[IDEA HAVE-TO B-E THERE O-R LITTLE -BIT SLIGHTLY-ABOVE

(point-right) (point-middle) (their-middle)

ABILITY T-O ACQUIRE I-F TOO-MUCH HIGH-ABOVE* (CAN'T) ABILITY FOR THEM

(point-middle-right) (point-middle)

UNDERSTAND ACQUIRE.. HAVE LIMIT(1) LIMIT (2)]

中文转写： 【主意 不得不 系词-指拼 那里 或者-指拼 一点儿-指拼 稍微-超过

（指-右） （指-中） （他们的-中）

能力 介词-到 习得 如果-指拼 太多 高-超越* （不能）能力 为了 他们-宾格

（指-右-中） （指-中）

理解 习得，有 限制（1） 限制（2）。】

译员 4

第一句:

澳大利亚手语：[THEIR WORK WHAT COMPARE HOW ACQUIRE THOSE DIFFERENT

(their-left) (q) (point-right)

G-R-A-M-M-A-T-I-C-A-L STRUCTURE INCLUDE+ COMPARE WITH SAME IN ENGLISH

OR NOT..S-O WHEN COMPARE UNTIL HAVE SAME+ SIGN AND ENGLISH A-S-L]

(q) (hd) (their-right)

中文转写： 【他们的 工作 什么 比较 如何 习得 那些 不同的

（他们的-左） （疑问） （指-右）

语法的-指拼 结构 包括+ 比较 介词-和 相同 介词-里 英语 或者 不，

（疑问）

所以-指拼 何时 比较 直到 有 相同+ 手势 和 英语 美国手语-指拼。】

（点头）（他们的-右）

第二句:

澳大利亚手语：[IF YOU INTEREST CHILDREN EDUCATION MAYBE YOU INTEREST

(q)

PEOPLE LIKE P-I-A-G-E-T MAKE STRONG-FIGHT* TALK OVER RELATIONSHIP

BETWEEN (QUOTATION MARKS) S-E-N-S-O-R-Y MOTOR M-O-T-O-R

(point-right) *(right)*

IMPROVE AND EARLY LANGUAGE ACQUISITION.]

(left)

中文转写：【如果 你 兴趣 儿童 教育 或许 你 兴趣 人们 像

（疑问）

让·皮亚杰-指拼 做 有力量-打斗* 说话 介词-之上 关系 介词-之间（引号）

（指-右）

感觉的-指拼 肌动 肌动的-指拼 提高 和 早 语言 习得。】

（右） *（左）*

第三句:

澳大利亚手语：[LOOK A-T S-T-E-V-E K-R-A-S-H-E-N OVER SECOND LANGUAGE

RESEARCH FOUND.. HAVE WE CAN MUST MATCH LANGUAGE LEVEL WHEN

(point-right) *(their-right)*

DISCUSS I-F TOO-MUCH HIGH-ABOVE CAN'T (ACQUIRE) NOT FULL UNDERSTAND

(point-right) *(neg)* *(neg)*

LIMIT THEIR.. FULL COMMUNICATION]

(their-right)

中文转写：【看 介词-点 史蒂夫·克拉申-指拼 介词-之上 第二 语言

研究 发现， 有 我们 能 必须 匹配 语言 水平 何时 讨论 如果-指拼

（指-右） *（他们的-右）*

太多 高-超越 不能（习得） 不 充满的 理解 限制 他们的，充满的 交际。】
　　（指-右）（否定）　　　　　　*（否定）*　*（他们的-右）*

译员 5

第一句:

澳大利亚手语：[PEOPLE WHAT COMPARE ACQUISITION LIST WITH COMPARE
　　(point-arc)　*(q)*

SAME* TYPE G-R-A-M-M-A-T-I-C-A-L LIST IN ENGLISH FOUND WHAT FOR STUDY
　　(q)

HAPPEN WHAT LOOK LIKE VERY CONSISTENT P-A-T-T-E-R-N G-R-A-M-M-A-T-I-C-A-L
　(q)

ACQUISITION OVER TWO LANGUAGE LANGUAGE]
　　(left)　*(right)*　*(their-left-right)*

中文转写：【人们 什么 比较 习得 列表 介词-和 比较　相同* 类型
　（指-弧形）（疑问）

语法的-指拼列表 介词-里 英语 发现 什么 为了 学习　发生 什么 看上去像
　　（疑问）　　*（疑问）*

非常 一致的 模式-指拼 语法的-指拼 习得 介词-之上 二 语言 语言。】
　　（左）（右）（他们的-左-右）

第二句:

澳大利亚手语：[YOU KNOW WORK WRITE LIKE J-E-A-N P-I-A-G-E-T　VERY+
　(point-right)　*(hd)*　　*(point-left)*

STRONG * FAVOR OVER B-I-N-D-I-N-G RELATIONSHIP WITH EARLY S-E-N-S-O-R-Y

MO-T-E-R M-O-T-O-R DEVELOP AND EARLY LANGUAGE ACQUISITION.]

中文转写：【你 知道 工作 写 像 让·皮亚杰-指拼 非常+ 有力量* 喜爱
　（指-右）（点头）　　*（指-左）*

介词-之上　捆绑-指拼 关系 介词-和 早 感觉的-指拼 肌动的-指拼 发

展 和 早 语言 习得。】

第三句:

澳大利亚手语： [LIKE LOOK-AT S-T-E-V-E C-R-A-S-H-E-N IN HIS SECOND LANGUAGE

(his-right)

RESEARCH HIS IDEA WE HAVE-TO LITTLE-BIT F SLIGHTLY-ABOVE LANGUAGE

(his-right)

ACQUIRE ABILITY O-F LANGUAGE LEARNER I-F TWO- MUCH HIGH-ABOVE *

CAN-T-FOR LEARNER T-O MAKE USE O-F LANGUAGE INPUT WILL

REDUCE-DRASTICALLY]

中文转写：【像 看着 史蒂夫·克拉申-指拼 介词-里 他的 第二 语言

（他的-右）

研究 他的 主意 我们 不得不 有点儿 稍微-超越 语言 习得 能力 介词-的

（他的-右）

语言 学习者 如果-指拼 太多 高-超越* 能-T-为了 学习者 介词-到 制作 使用 介词-的 语言 输入 将 减少-剧烈地。】

译员 6

第一句:

澳大利亚手语： [WELL ACTUALLY COMPARE HOW PEOPLE LEARN

(point-left)

F-E-A-T-U-R-E-S WITH HOW PEOPLE LEARN SAME G-R-A-M-M-A-R

F-E-A-T-U-R-E-S ENGLISH..FROM..FOUND SAME SAME HOW PEOPLE LEARN OR

(point-left-right) (left) (right) (point-left)

LEARN DOESN'T MATTER WHICH LANGUAGE.]

(point-right) (point-both)

中文转写：【嗯 实际上 比较 如何 人们 学习 特点-指拼 介词-和 如何

（指-左）

人们 学习 相同 语法 特点 英语，介词-从，发现 相同 相同 如何

（指-左-右）（左）（右）

人们 学习 或者 学习 助动词-否定-要紧 哪一个 语言。】

（指-左）（指-右）（指-两者）

第二句：

澳大利亚手语： [MAYBE YOU.. EXPERIENCE WITH WORK O-F J-E-A-N

(point-arc)

P-I-A-G-E-T HIMSELF REALLY BELIEVE..VERY S-E-N-S-O-R-Y M-O-T-O-R DEVELOP

AND EARLY LANGUAGE ACQUISITION.]

中文转写： 【或许 你们 经历 介词-和 工作 介词-的

（指-弧形）

让·皮亚杰-指拼 他自己 真的 相信，非常 有力量 关系 捆绑-指拼 关系

介词-之间 早 感觉的-指拼 肌动的-指拼 发展 和 早 语言 习得。】

第三句：

澳大利亚手语： [I-F LOOK-AT WORK O-F S-T-E-V-E SOMEONE RESEARCH..

(their-right)

ANOTHER PERSON HAVE-TO EQUAL-TO SIMILAR T-O LANGUAGE LEARN I-F

(hd)

HIGH-ABOVE* SOPHISTICATED VERY DIFFICULT CAN'T-UNDERSTAND WHAT

(point-left) (neg)

PERSON SAY]

(point-right)

中文转写： 【如果-指拼 看着 工作 介词-的 史蒂夫 某人 研究，另一 人

（他们的-右）（点头）

不得不 平等-介词-到 相似 介词-到 语言 学习 如果-指拼 高于*

复杂 很 困难 不能-理解 什么 人 说。】

（指-左）（否定）（指-右）

译员 7

第一句:

澳大利亚手语：[REALLY COMPARE HAVE ACQUIRE+ LIST F-E-A-T-U-R-E-S

(their-left)

AND OTHER HAVE G-R-A-M-M-A-R ENGLISH PUT+ COMPARE.. LOOK-AT..

HAPPEN FOUND HAVE ALMOST SAME+ PARALLEL P-A-T-T-E-R-N

F-O-R ACQUIRE ACQUIRE LANGUAGE BOTH+]

(left) (right)

中文转写：【真的 比较 有 习得+ 列表 特点-指拼 和 其他的 有 语法-指拼

（他们的-左）

英语 放置+ 比较，看，发生 发现 有 几乎 相同+ 平行 模式-指拼

为了-指拼 习得 习得 语言 两者+。】

（左）（右）

第二句:

澳大利亚手语： [WHO J-O-H-N P-I-A-R-G-E..STRONG SUPPORT+

(q) (point-arc) (hd)

(receptive difficulty) EARLY THINK+ MOTOR PROCESS COMPARE WITH

EARLY LANGUAGE ACQUISITION]

中文转写：【谁 让·皮亚杰-指拼，有力量 支持+ （译员信息

（疑问） （指-弧形）（点头）

接收困难）早 思考+ 肌动-指拼 过程 比较 介词-和 早 语言 习得。】

第三句:

澳大利亚手语： [SOMEONE RESEARCH S-T-E-V-E K-R-A-S-H-I-N-G SECOND

(their-right) (their-right)

LANGUAGE RESEARCH MUST.. WHAT ABILITY ACQUIRE-FROM-ME LITTLE-BIT

(their-left)

SLIGHTLY-ABOVE THAN WHAT THINK CAN TOO-MUCH HIGH-ABOVE CAN'T ACQUIRE]

(neg)

中文转写：【某人 研究 史蒂夫·克拉申-指拼 第二 语言 研究 必须，

（他们的-右） *（他们的-右）*

什么 能力 习得-介词-从-我-宾格 有点儿 稍微-超越 比 什么 思考 能 太多

（他们的-左）

高-超越 不能 习得。】

（否定）

译员 8

第一句:

澳大利亚手语： [so HOW THEY COMPARE ACQUISITION F-E-A-T-U-R-E-S

(point-left) *(point-left)*

ACQUISITION SAME KIND F-E-A-T-U-R-E-S IN ENGLISH WELL.. FINISH STUDY

RESEARCH FOUND SAME P-A-T-T-E-R-N-S G-R-A-M-M-A-T-I-C-A-L ACQUISITION

BOTH LANGUAGE SAME]

中文转写：【所以 如何 他们 比较 习得 特点-指拼 习得 相同 种类-指拼

（指-左） *（指-左）*

特点-指拼 介词-里 英语 嗯，完成 学习 研究 发现 相同 模型-指拼

语法的-指拼 习得 两者都 语言 相同。】

第二句:

澳大利亚手语： [YOU SHOULD KNOW OVER P-I-A-G-E.. P-I-A-G-E-T MAKE

(hd) *(point-middle)*

STRONG SUPPORT THEORY BELIEVE STRONG RELATIONSHIP S-E-N-S-O-R-Y M-O-T-O-R

(his-middle) *(hd)*

MOVEMENT-OF-ARMS-AND-BODY WALK EVERYTHING AND LANGUAGE

ACQUISITION]

中文转写：【你 应该 知道 介词-之上 让·皮亚杰-指拼 做 有力量*

（点头）（指-中）

支持 理论 相信 有力量 关系 感觉的-指拼 肌动的-指拼

（他的-中）　　（点头）

运动-介词-的-胳膊-和-身体 走 一切 和 语言 习得。】

第三句：

澳大利亚手语：[SOMEONE LIKE S-T-E-V-E K-R-A-S-H-E-N HE SAY (IDEA) SECOND*

(point-middle) (point-middle)

LANGUAGE RESEARCH BUT MUST TALK SLIGHTLY-ABOVE MY TALK HIGH LEARNER

(their-middle)

LOWER TOO-FAR-ABOVE ACQUIRE-FROM-ME CAN'T SLIGHTLY-ABOVE SAME LEVEL

(point-middle) (neg) (neg)

LEARN NOTHING SLIGHTLY-ABOVE NEED THAT PHILOSOPHY]

(hd)

中文转写：【某人 像 史蒂夫·克拉申-指拼 他 说（主意）第二*

（指-中）　（指-中）

语言 研究 但是 必须 说话 稍微-超越 我的 说话 高 学习者 低-比较级

（他们的-中）（指-中）

太多-超越 习得-介词-从-我-宾语 不能 稍微-超越 相同-水平 学习

（否定）　（否定）

没有什么 稍微-超越 需要 那 哲学。】

（点头）

译员 9

第一句：

澳大利亚手语：[WELL THREE WRITE NOTE-DOWN WHAT THEY D-O WHAT

(point-right)　(q)

WELL COMPARE CHILDREN ACQUIRE SIGN LANGUAGE GROW-UP ACQUIRE

(left) *(right)*

ENGLISH (STRUCTURE) G-R-A-M-M-A-R COMPARE+ FIND THEIR RESEARCH SHOW

(hd) *(their-right)*

HAVE+ SAME COMPARE+ CHILDREN ACQUIRE MANY SAME HOW.]

中文转写：【嗯 三 写 记下 什么 他们 做-指拼 什么 嗯 比较 儿童

（指-右） *（疑问）*

习得 手语 长大 习得 英语（结构）语法-指拼 比较+ 发现 他们的 研究

（左） *（右）* *（点头）* *（他们-右）*

显示 有+ 相同 比较+ 儿童 习得 许多 相同 如何。】

第二句：

澳大利亚手语：[YOU AWARE KNOW WHAT J-O-H-N P-I-A-G-E-T WORK..

(point-middle) *(q)* *(his-middle)*

PERSON WRITE A-LOT-OF-TEXT STRONG* TALK OVER WELL..RELATIONSHIP WITH

(point-middle)

WHAT WHEN BABY CHILDREN GROW-UP THEIR HANDS EYES ARMS-MOVE

(q) *(their-right)*

EARLY MOVE RELATE-TO EARLY ACQUIRE LANGUAGE.]

中文转写：【你 意识到 知道 什么 让·皮亚杰-指拼 工作，人 写 大量-文本

（指-中） *（疑问）* *（他的-中）（指-中）*

Jean Piaget, who made a very very strong case for a binding relationship between

有力量* 说话 介词-之上 嗯， 关系 介词-和 什么 何时 婴儿 儿童

（疑问）

early sensory-motor development and early language acquisition.

长大 他们的 手 眼 手臂-移动 早 移动 有关-介词-到 早 习得 语言。】

（他们-右）

第三句:

澳大利亚手语：[DOESN'T-MATTER SECOND LANGUAGE RESEARCH S-T-E-V-E K-R-A-S-H-E-N SECOND LANGUAGE RESEARCH AREA WELL THEIR LANGUAGE

(point-right) (his-right) (point-right) (their-right)

MUST ALMOST AHEAD ME ACQUIRE+ THEIR SPEAK+ T-O ME ME-UNDERSTAND

(point-right) (their-right)

LITTLE-BIT AHEAD WHAT MY UNDERSTAND ME CAN AHEAD IMPROVE WELL

(neg/hd)

I-F FAR-AHEAD ME CAN'T ACQUIRE DAMAGE MY ACQUIRE T-O LEARN

(point-right) (neg)

SECOND LANGUAGE.]

中文转写：【助动词-否定-要紧 第二 语言 研究 史蒂夫·克拉申-指拼 第二

（指-右）（他的-右）

语言 研究 领域，嗯 他们的 语言 必须 几乎 领先 我-宾格 习得+

（指-右）（他们的-右）（指-右）

他们的 讲话+ 介词-到 我-宾格 我-宾格-理解 一点儿 领先 什么 我的

（他们的-右）

理解 我-宾格 能 领先 提高，嗯 如果-指拼 远-领先 我-宾格 不能 习得

（否定/点头） （指-右） （否定）

损害 我的 习得 介词-到 学习 第二 语言。】

译员 10

第一句:

澳大利亚手语：[WHAT WHAT RESEARCH WHAT COMPARE WITH

(point-arc) (q)

G-R-A-M-M-A-R LIST IN ENGLISH COMPARE WITH SIGN LANGUAGE HOW LIST

COMPARE..RESEARCH FOUND LIST ALMOST SAME LANGUAGE ACQUISITION

(left)

BOTH LANGUAGE ALMOST SAME]

(their right) *(their left)* *(hd)*

中文转写：【什么 什么 研究 什么 比较 介词-和 语法-指拼 列表 介词-里

（指-弧形） *（疑问）*

英语 比较 介词-和 手语 如何 列表 比较+，研究 发现 列表

（左）

几乎 相同 语言 习得 两者都 语言 几乎 相同。】

（他们的-右）（他们的-左）（点头）

第二句：

澳大利亚手语：[SHOULD WORK AREA SOME PEOPLE STRONG EXPLAIN*

(point-left) *(point-left)*

TRUE STRONG RELATIONSHIP EARLY DEVELOP FOR EYES EARS ACQUIRE+

PLUS LANGUAGE ACQUISITION.. HOW CONNECT]

(point-left-right-left)

中文转写：【应该 工作 领域 一些 人们 有力量 解释* 真实的

（指-左） *（指-左）*

有力量 关系 早 发展 眼睛 耳朵 习得+ 加上 语言 习得，如何 连接。】

（指-左-右-左）

第三句：

澳大利亚手语：[ANOTHER S-T-E-V-E K-R-A-S-H-E-N-E-W.. SAY (who) WHAT

(point-left)

PERSON CAN ACQUIRE I-F SPEAK*+ HIGH-ABOVE WILL GO-OVER-HEAD

MAKE LITTLE-BIT SLIGHTLY-ABOVE WATCH WILL LEARN MORE]

(point-left)

中文转写：【另一 史蒂夫·克拉申-指拼，说（谁）什么 人

（指-左）

能 习得 如果-指拼 讲话*+ 高-超越 将 过了头 制造 一点儿

稍微-超越 观看 将 学习 更。】

（指-左）

附录三　文本关键行上的省略类型

研究对象	文本关键行						
	59	90	104	116	117	139	169
1	CS	CI	CS	U	/	U	CS
2	CI	CR	U	U	U	CS	CI
3	CI	CI	CU	CR	U	U	CS
4	CU	U	CS	U	U	CS	CS
5	CI	/	CS	U	U	/	CS
6	CS	/	U	/	/	/	CS
7	CI	U	CS	U	U	CS	CS
8	CI	/	U	/	CU	U	CR&CS
9	CI	U	U	CR	/	CR	U
10	CI	CR	U	/	U	CS	CS
总数	10	7	10	7	7	8	11

注：CS=有意识的策略性省略

CI=有察觉的有意省略

CU=有察觉的无意省略

CR=有察觉的接收性省略

U=无意识的省略

参考文献

Altman, H. J. (1989). Error analysis in the teaching of simultaneous interpretation: A pilot study. *Fremdsprachen*, 33(3), 177-183.

Anderson, B. (1978). Interpreter roles and interpretation situations: Cross-cutting typologies. In D. Gerver， & H. W. Sinaiko (Eds.), *Language interpretation and communication* (pp. 217-230). New York, NY: Plenum Press.

Aquiline, C. (2000, July). *World Federation of the Deaf: Towards a policy on Deaf education.* Paper presented at the International Congress of Educators of the Deaf, Sydney, Australia.

Astington, J., Harris, P. L., & Olsen, D. R. (Eds.). (1988). *Developing theories of mind.* Cambridge, United Kingdom: Cambridge University Press.

Atwood, A. (1985). Environmental distractions in interpreting. *Journal of Interpretation*, 2, 94-98.

Atwood, A., & Gray, D. (1986). Interpreting: The culture of artful mediation. In M. McIntire (Ed.), *Interpreting: The art of cross-cultural mediation*(pp. 80-85). Silver Spring, MD: RID Publications.

Baetens Beardsmore, H. (1986). *Bilingualism: Basic principles* (2nd ed.). Clevedon, United Kingdom: Multilingual Matters Ltd.

Baker, C., & Cokely, D. (1980). *American Sign Language: A teacher's resource text on grammar and culture.* Silver Spring, MD: T. J.

Publishers.

Baker, M. (1992). *In other words: A coursebook on translation*. London, United Kingdom: Routledge.

Baker-Shenk, C. (1986). Characteristics of oppressed and oppressor peoples. In M. McIntire (Ed.), *Interpreting: The art of cross-cultural mediation* (pp. 43-53). Silver Spring, MD: RID.

Barik, H. A. (1975). Simultaneous interpretation: Qualitative and linguistic data. *Language and Speech*, 18, 272-297.

Beaman, K. (1984). Co-ordination and subordination revisited: Syntactic complexity in spoken and written narrative discourse. In D. Tannen (Ed.), *Coherence in spoken and written discourse* (pp. 45-80). Norwood, NJ:Ablex.

Beylard-Ozeroff, A., Králová, J., & Moser-Mercer, B. (Eds.). (1998). *Translators' strategies and creativity: Selected papers from the 9th International Conference on Translating and Interpreting, Prague, September 1995*. Philadelphia, PA: John Benjamins.

Bialystok, E., & Ryan, E. B. (1985a). Toward a definition of metalinguistic skill. *Merrill-Palmer Quarterly*, 31, 229-251.

Bialystok, E., & Ryan, E. B. (1985b). The metacognitive framework for the development of first and second language skills. In D. L. Forrest-Pressley, G. E. Mackinnon, & T. G. Waller (Eds.), *Metacognition, cognition and human performance* (pp. 207-252). New York, NY: Academic Press.

Bialystok, E. (1991a). Metalinguistic dimensions of bilingual proficiency. In E. Bialystok (Ed.), *Language processing in bilingual children* (pp. 113-140). Cambridge, United Kingdom: Cambridge University Press.

Bialystok, E. (Ed.). (1991b). *Language processing in bilingual children.*

Cambridge, United Kingdom: Cambridge University Press.

Bialystok, E. (1993). Metalinguistic awareness: The development of children's representations of language. In C. Pratt, & A. F. Garton (Eds.), *Systems of representation in children: Development and use* (pp. 211-233). Chichester, United Kingdom: Wiley.

Bienvenu, M. J. (1987). Third culture: Working together. *Journal of Interpretation*, 4, 1-12.

Blewett, J. (1985). *Problem solving in interpreting*. Milperra, Australia: Macarthur Institute of Higher Education.

Bowen, M. (1980). Bilingualism as a factor in the training of interpreters. In J. E. Alatis (Ed.), *Georgetown University round table on languages and linguistics, 1980: Current issues in bilingual education* (pp. 201-207). Washington, DC: Georgetown University Press.

Bowman,J., & Hyde, M. (1993). Manual communication as support for deaf students in the regular classroom. *Australian Teacher of the Deaf*, 33, 32-46.

Brasel, B. (1975). The effects of fatigue on the competence of interpreters for the deaf. In H. J. Murphy (Ed.), *Selected readings in the integration of deaf students at CSUN* (pp. 19-22). Northridge, CA: California State University.

Bremner, A., & Housden, T. (1996). *Issues in educational settings for deaf students and interpreters*. Retrieved from http://www.signs-of-development.org/SG/ETSG/Issues.pdf

Brennan, M. (1992). The visual world of BSL: An introduction. In D. Brien (Ed.), *Dictionary of British Sign Language/English* (pp.1-133). London, United Kingdom: Faber & Faber.

Brennan, M. (2001). Making borrowings work in British Sign Language. In

D. Brentari (Ed.), *Foreign vocabulary in sign languages* (pp. 49-86). Mahwah, NJ: Lawrence Erlbaum.

Brennan, M., & Brown, R. (1997). *Equality before the law: Deaf people's access to justice*. Durham, United Kingdom: Deaf Studies Research Unit, University of Durham.

Brien, D. (Ed.). (1992). *Dictionary of British Sign Language/English*. London, United Kingdom: Faber & Faber.

Brislin, R. (Ed.). (1976). *Translation: Applications and research*. New York, NY: Gardner Press.

Brown, P., & Fraser, C. (1979). Speech as a marker of situation. In K. Scherer, & H. Giles (Eds.), *Social markers in speech* (pp. 33-62). Cambridge, United Kingdom: Cambridge University Press.

Brown, L. (1993). *The new shorter Oxford English dictionary*. Oxford, United Kingdom: Clarendon Press.

Burns, R. B. (1997). *Introduction to research methods*. Melbourne, Australia: Addison Wesley Longman.

Burns, S., Matthews, P., & Nolan-Conroy, E. (2001). Language attitudes. In C. Lucas (Ed.), *The sociolinguistics of sign languages* (pp. 181-216). Cambridge, United Kingdom: Cambridge University Press.

CACDP. (1997). *Directory 1997/98*. Durham, United Kingdom: Council for the Advancement of Communication with Deaf People.

Carter, S. M., & Lauritsen, R. R. (1974). Interpreter recruitment, selection and training. *Journal of Rehabilitation of the Deaf*, 7(3), 52-62.

Cavell, J. L., & Wells, M. (1986). The interpreter as cross-cultural mediator: How does a student learn to do it? In M. McIntire (Ed.), *Interpreting: The art of cross-cultural mediation* (pp. 95-110). Silver Spring, MD: RID Publications.

Cerney, B. (2000). The ten c's of effective target texts. *Journal of Interpretation*, 131-150.

Chafe, W. (1980). *The pear stories: Cognitive, cultural and linguistic aspects of narrative production.* Norwood, NJ: Ablex.

Chafin Seal, B. (1998). *Best practices in educational interpreting*. Needham Heights, MA: Allyn & Bacon.

Christie, K., Wilkins, D. M., Hicks McDonald, B., & Neuroth-Gimbrone, C. (1999). GET-TO-THE-POINT: Academic bilingualism and discourse in American Sign Language and written English. In E. Winston (Ed.), *Storytelling and conversation: Discourse in Deaf communities* (pp. 162-189). Washington, DC: Gallaudet University Press.

CIT at 21: Celebrating excellence, celebrating partnership. Proceedings of the 13th National Convention of the Conference of Interpreter Trainers (2000). Silver Spring, MD: RID Publications.

Clark, E. V. (1978). Awareness of language: Some evidence from what children say and do. In A. Sinclair, R. J. Jarvella, & W. J. M. Levelt (Eds.), *The child's conception of language* (pp. 17-43). Berlin, Germany: Springer-Verlag.

Cokely, D. (1981). Sign language interpreters: A demographic survey. *Sign Language Studies*, 32, 261-286.

Cokely, D. (1983a). Metanotative qualities: How accurately are they conveyed by interpreters? *The Reflector*, 5, 16-22.

Cokely, D. (1983b). When is pidgin not a pidgin? An alternate analysis on the ASL-English contact situation. *Sign Language Studies*, 38, 1-24.

Cokely, D. (1985). *Towards a sociolinguistic model of the interpreting process: Focus on ASL and English* (Unpublished doctoral dissertation). Georgetown University, Washington, DC.

Cokely, D. (1992a). *Interpretation: A sociolinguistic model*. Burtonsville, MD: Linstok Press.

Cokely, D. (1992b). Effects of lag time on interpreter errors. In D. Cokely (Ed.), *Sign language interpreters and interpreting* (pp. 39-69). Burtonsville, MD: Linstok Press.

Cokely, D. (Ed.). (1992c). *Sign language interpreters and interpreting*. Burtonsville, MD: Linstok Press.

Cokely, D. (1995, September). *When worlds collide: Reflections on interpreting differing cultural realities*. Keynote paper presented at the Issues in Interpreting 2 conference, University of Durham, United Kingdom.

Cokely, D. (2001). Interpreting culturally rich realities: Research implications for successful interpretation. *Journal of Interpretation*, 1-46.

Compton, M., & Shroyer, E. (1997). Educational interpreter preparation and liberal education. *Journal of Interpretation*, 7(1), 49-61.

Cooper, C. L., Davies, R., & Tung, R. L. (1982). Interpreting stress: Sources of job stress amongst conference interpreters. *Multilingua*, 1(2), 97-107.

Corfmat, P. (1990). *Please sign here: Insights into the world of the deaf.* Worthing, United Kingdom: Churchman.

Corker, M. (1997). Deaf people and interpreting: The struggle in language. *Deaf Worlds*, 13(3), 13-20.

Crystal, D., & Davey, D. (1969). *Investigating English style*. Bloomington, IN: Indiana University Press.

Crystal, D. (1984). *Who cares about usage?* New York, NY: Penguin.

Crystal, D. (1987). *The Cambridge encyclopedia of language*. Cambridge, United Kingdom: Cambridge University Press.

Crystal, D. (1995). *The Cambridge encyclopedia of the English language*.

Cambridge, United Kingdom: Cambridge University Press.

Cummins,J. (1980). The cross-lingual dimensions of language proficiency: Implications for bilingual education and the optimal age issue. *TESOL Quarterly*, 14, 175-188.

Dahl, C., & Wilcox, S. (1990). Preparing the educational interpreter: A survey of sign language interpreter training programs. *American Annals for the Deaf*, 135(4), 275-279.

Darò,V. (1994). Non-linguistic factors influencing simultaneous interpretation. In S. Lambert, & B. Moser-Mercer (Eds.), *Bridging the gap: Empirical research in simultaneous interpretation* (pp. 249-271). Philadelphia, PA: John Benjamins.

Darò,V., Lambert, S., & Fabbro, F. (1996). Conscious monitoring of attention during simultaneous interpretation. *Interpreting*, 1(1), 101-124.

Davis, J. (1989). Distinguishing language contact phenomena in ASL. In C. Lucas (Ed.), *The sociolinguistics of the Deaf community* (pp. 85-102). San Diego, CA: Academic Press.

Davis, J. (1990a). *Interpreting in a language contact situation: The case of English-to-ASL interpretation* (Unpublished doctoral dissertation). University of New Mexico, Albuquerque.

Davis, J. (1990b). Linguistic transference and interference: Interpreting between English and ASL. In C. Lucas (Ed.), *Sign language research: Theoretical issues (*pp. 308-321*)*. Washington, DC: Gallaudet University Press.

Davis, J. (2000). Translation techniques in interpreter education. In C. Roy (Ed.), *Innovative practices for teaching sign language interpreters* (pp. 109-131). Washington, DC: Gallaudet University Press.

Dean, R., & Pollard, R. Q. (2001). The application of demand-control theory to sign language interpreting: Implications for stress and interpreter training. *Journal of Deaf Studies and Deaf Education*, 6(1), 1-14.

Demanez, S. (1987). Secondary education for hearing and adolescent deaf people. Two years experience of interpreting in French Sign Language. In J. Alegria et al. (Eds.), *Deaf life. Today ... and tomorrow? Pedagogy and deafness* (Vol. 4, pp. 113-122). Brussels, Belgium: Mecaprint.

Deuchar, M. (1979). *Diglossia in British Sign Language* (Unpublished doctoral dissertation). Stanford University, Stanford, CA.

Deuchar, M. (1984). *British Sign Language*. London, United Kingdom: Routledge & Kegan Paul.

Dicker, L. (1976). Intensive interpreter training. *American Annals of the Deaf*, 121(3), 312-319.

Domingue, R., & Ingram, B. (1978). Sign language interpretation: The state of the art. In D. Gerver, & H. W. Sinaiko (Eds.), *Language interpretation and communication* (pp. 81-86). New York, NY: Plenum Press.

Donath, P. (1987). Interpreting for deaf people: A first stocktake. *Das Zeichen*, 1(1), 62-63.

Eighinger, L. (2000, February 26). Re: Literate interpreters [IEPFAC email discussion list message—now defunct].

Emmorey, K., & Lane, H. (Eds.). (2000). *The signs of language revisited: An anthology to Ursula Bellugi and Edward Klima*. Mahwah, NJ: Erlbaum.

Enkvist, N. E. (1973). Should we count errors or measure success? In J. Svartvik (Ed.), *Errata* (pp. 16-23). Lund, Sweden: CWK Gleerup.

Erting, C., Johnson, R., Smith, D., & Snider, B. (Eds.). (1994). *The Deaf way: Perspectives from the international conference on Deaf culture*. Washington, DC: Gallaudet University Press.

Erting,C. (1994). Introduction. In C. Erting,R. Johnson, D. Smith & B. Snider

(Eds.), *The Deaf way* (pp. xxiii-xxxi). Washington, DC: Gallaudet University Press.

Fenton, S. (1993). Interpreting in New Zealand: An emerging profession. *Journal of Interpretation*, 6(1), 155-166.

Finegan, E., Besnier, N., Blair, D., & Collins, P. (1992). *Language: Its structure and use*. Sydney, Australia: Harcourt Brace Jovanich.

Fischer, T. (1993). Team interpreting: The team approach. *Journal of Interpretation*, 6(1), 167-174.

Fleischer, L. (1975). *Sign language interpretation under four conditions* (Unpublished doctoral dissertation). Brigham Young University, Provo, UT.

Flores d'Arcais, G. B. (1978). The contribution of cognitive psychology to the study of interpretation. In D. Gerver, & H. W. Sinaiko (Eds.), *Language interpretation and communication* (pp. 385-402). New York, NY: Plenum Press.

Fontana, S. (1999). Italian Sign Language and spoken Italian in contact: An analysis of interactions between Deaf parents and hearing children. In E. Winston (Ed.), *Storytelling and conversation: Discourse in Deaf communities* (pp. 149-161). Washington, DC: Gallaudet University Press.

Ford, L. (1981). *The interpreter as a communication specialist*. Paper presented at the Third International Symposium on Interpretation of Sign Languages, Bristol, United Kingdom.

Forrest-Pressley, D. L., Mackinnon, G. E., & Waller, T. G. (Eds.). (1985). *Metacognition, cognition and human performance.* New York, NY: Academic Press.

Foster, S. B., & Walter, G. G. (Eds.). (1992). *Deaf students in postsecondary education*. London, United Kingdom: Routledge.

Fox, G. (Ed.). (1988). *Collins COBUILD essential English dictionary*. Glasgow, United Kingdom: William Collins Sons & Co.

Freedle, R. (Ed.). (1979). *Advances in Discourse Processing: Vol. 2. New Directions in Discourse Processing*. Norwood, NJ: Ablex.

Frishberg, N. (1990). *Interpreting: An introduction* (2nd ed.). Silver Spring, MD: RID Publications.

Frishberg, N. (2000). An interpreter creates the space. In K. Emmorey, & H. Lane (Eds.), *The signs of language revisited: An anthology to Ursula Bellugi and Edward Klima* (pp. 169-192). Mahwah, NJ: Erlbaum.

Frishberg, N., & Wilcox, S. (1994). Issue paper: Differentiating training from education, technical and professional. In E. Winston (Ed.), *Mapping our course: A collaborative venture. Proceedings of the 10th National Convention of the Conference of Interpreter Trainers, March 1994* (pp.15-20). Washington, DC: CIT.

Fromkin, V., Rodman, R., Collins, P., & Blair, D. (1990). *An introduction to language* (2nd Australian ed.). Sydney, Australia: Holt, Rinehart & Winston.

Garton, A., & Pratt, C. (1998). *Learning to be literate: The development of spoken and written language*. Oxford, United Kingdom: Blackwell.

Gentile, A., Ozolins, U., & Vasilakakos, M. (1996). *Liaison interpreting: A handbook*. Melbourne, Australia: Melbourne University Press.

Gerot, L., & Wignell, P. (1995). *Making sense of functional grammar*. Cammeray, Australia: Antipodean Educational Enterprises.

Gerver, D. (1969). The effects of source language presentation rate on the performance of simultaneous conference interpreters. In E. Foulke (Ed.), *Proceedings of the 2nd Louisville Conference on Rate and/or Frequency Controlled Speech* (pp. 162-184). Louisville, KY: University of Louisville.

Gerver, D. (1974). The effects of noise on the performance of simultaneous interpreters: Accuracy of performance. *Acta Psychologica*, 38, 159-167.

Gerver, D., & Sinaiko, H. W. (Eds.). (1978). *Language interpretation and communication*. New York, NY: Plenum Press.

Gile, D. (1995). *Basic concepts and models for interpreter and translator training*. Philadelphia, PA: John Benjamins.

Goffman, E. (1974). *Frame analysis*. New York, NY: Harper & Row.

Goffman, E. (1981). *Forms of talk*. Oxford, United Kingdom: Basil Blackwell.

Goldman-Gisler, F. (1978). Segmentation of input in simultaneous translation. *Journal of Psycholinguistic Research*, 1(2), 127-140.

Goldman-Gisler, F., & Cohen, M. (1974). An experimental study of interference between receptive and productive processes relating to simultaneous translation. *Language and Speech*, 17(1), 1-10.

Gran, L. (1998). Developing translation/interpretation strategies and creativity. In-training development of interpreting strategies and creativity. In A. Beylard-Ozeroff, J. Králová, & B. Moser-Mercer (Eds.), *Translator's strategies and creativity: Selected papers from the 9th International Conference on Translating and Interpreting, Prague, September 1995* (pp. 145-162). Philadelphia, PA: John Benjamins.

Greenhaw, D. (1985). Postsecondary education survey of interpreter services: A statistical study. *Journal of Interpretation*, 2, 40-57.

Gregory, S., & Hartley, G. (Eds.). (1992). *Constructing deafness*. Milton Keynes, United Kingdom: Open University Press.

Grosjean, F. (1982). *Life with two languages: An introduction to bilingualism*. Cambridge, MA: Harvard University Press.

Grosjean, F. (1997). The bilingual individual. *Interpreting*, 2(2), 163-188.

Gumperz, J. (Ed.). (1982). *Discourse strategies*. Cambridge, United Kingdom: Cambridge University Press.

Gumperz, J., & Hymes, D. (Eds.). (1972). *Directions in sociolinguistics: The ethnography of communication*. New York, NY: Holt, Rinehart & Winston.

Halliday, M. A. K. (1978). Language as a social semiotic: The social interpretation of language and meaning. London, United Kingdom: Edward Arnold.

Halliday, M. A. K. (1979). Differences between spoken and written language: Some implications for literacy teaching. In G. Page, J. Elkins, & B. O'Connor (Eds.), *Communication through reading: Proceedings of the 4th Australian Reading Conference* (pp. 37-52). Adelaide, Australia: Australian Reading Association.

Halliday, M. A. K. (1985). *Spoken and written language*. Burwood, Australia: Deakin University Press.

Halliday, M. A. K. (1993). *Language in a changing world.* Deakin, Australia: Applied Linguistics Association of Australia.

Halliday, M. A. K. & Hasan, R. (1985). *Language, context and text: Aspects of language in a social semiotic perspective*. Burwood, Australia: Deakin University Press.

Hansen, B. (1991). Sign language interpreting in Scandinavia. In World Federation of the Deaf (Ed.), *Equality and self-reliance. Proceedings of the XI World Congress of the World Federation of the Deaf. Tokyo, Japan, 2-11 July 1991* (pp. 887-894). Tokyo, Japan: Japanese Association of the Deaf.

Harrington, F. (2000). Sign language interpreters and access for Deaf students to university curricula: The ideal and the reality. In R. P. Roberts, S. E. Carr, D. Abraham, & A. Dufour (Eds.), *The critical link 2: Interpreters in the community. Selected papers from the 2nd International Conference on Interpreting in legal, health and social service settings, Vancouver, BC, Canada, 19-23 May 1998* (pp. 219-238). Philadelphia, PA: John Benjamins.

Harrington, F. (2001a). Deaf students and the interpreted classroom: The effect of translation on education? In F. Harrington, & G. H. Turner (Eds.), *Interpreting interpreting: Studies and reflections on sign language interpreting* (pp. 74-88). Gloucestershire, United Kingdom: Douglas McLean.

Harrington, F. (2001b). The rise, fall and re-invention of the communicator: Re-defining roles and responsibilities in educational interpreting. In F. Harrington, & G. H. Turner (Eds.), *Interpreting interpreting: Studies and reflections on sign language interpreting* (pp. 89-102). Gloucestershire, United Kingdom: Douglas McLean.

Harrington, F., & Traynor, N. (1999, July). *Second-hand learning: Experiences of Deaf students in higher education*. Paper presented at the Pathways to Policy: Deaf Nation 2 conference, University of Central Lancashire, Preston, United Kingdom.

Harrington, F., & Turner, G. H. (Eds.). (2001). *Interpreting interpreting: Studies and reflections on sign language interpreting*. Gloucestershire, United Kingdom: Douglas McLean.

Hassinen, L. & Lehtomaki, E. (1986). *Interpreting services for the deaf and deaf-blind and deafened people in Finland*. Helsinki, Finland: Finnish Association of the Deaf.

Hatim, B., & Mason, I. (1990). *Discourse and the translator*. London, United

Kingdom: Longman.

Hayes, L. (1992). Educational interpreters for deaf students: Their responsibilities, problems and concerns. *Journal of Interpretation*, 5(1), 5-24.

Herbert, J. (1978). How conference interpretation grew. In D. Gerver, & H. W. Sinaiko (Eds.), *Language interpretation and communication* (pp. 5-10). New York, NY: Plenum Press.

Higgins, P. (1980). *Outsiders in a hearing world: A sociology of deafness*. London, United Kingdom: Sage Publications.

Hoffman, C. (1991). *An introduction to bilingualism*. London, United Kingdom: Longman.

Hoffman, R. (1997). The cognitive psychology of expertise and the domain of interpreting. *Interpreting*, 2(2), 189-230.

Hough, J. (1981). *Court interpreting ... who are we interpreting for?* Paper presented at the 3rd International Symposium on Sign Language Interpreting, Bristol, United Kingdom.

Humphrey, J. (2000). Portfolios: One answer to the challenge of assessment and the "readiness to work" gap. In C. Roy (Ed.), *Innovative practices for teaching sign language interpreters* (pp. 153-176). Washington, DC: Gallaudet University Press.

Humphrey, J., & Alcorn, B. (1996). *So you want to be an interpreter? An introduction to sign language interpreting*. Amarillo, TX: H & H.

Hymes, D. (1967). Models of the interaction of language and social setting. *Journal of Social Issues*, 23(2), 8-28.

Hymes, D. (1972). Models of the interaction of language and social life. In J. Gumperz, & D. Hymes (Eds.), *Directions in sociolinguistics: The ethnography of communication* (pp. 35-71). New York, NY: Holt,

Rinehart & Winston.

Ingram, R. (1974). A communication model of the interpreting process. *Journal of Rehabilitation of the Deaf*, 7, 3-9.

Ingram, R. (1978). Sign language interpretation and general theories of language interpretation and communication. In D. Gerver, & H. W. Sinaiko (Eds.), *Language interpretation and communication* (pp. 109-118). New York, NY: Plenum Press.

Ingram, R. (1985). Simultaneous interpretation of sign languages: Semiotic and psycholinguistic perspectives. *Multilingua*, 4(2), 91-102.

Ingram,R., (2000). Foreword. In C. Roy (Ed.), *Innovative practices for teaching sign language interpreters* (pp. ix-xvi). Washington DC: Gallaudet University Press.

Isham,W. (1986). The role of message analysis in interpretation. In M. McIntire (Ed.), *Interpreting: The art of cross-cultural mediation* (pp. 111-122). Silver Spring, MD: RID Publications.

Isham,W. (1994). Memory for sentence form after simultaneous interpretation: Evidence both for and against deverbalization. In S. Lambert, & B. Moser-Mercer (Eds.), *Bridging the gap: Empirical research in simultaneous interpretation* (pp. 191-211). Philadelphia, PA: John Benjamins.

Isham,W., & Lane, H. (1993). Simultaneous interpretation and the recall of source language sentences. *Language and Cognitive Processes*, 8(3), 241-264.

Isham,W., & Lane, H. (1994). A common conceptual code in bilinguals: Evidence from simultaneous interpretation. *Sign Language Studies*, 85, 291-317.

Ivir, V. (1998). Linguistic and communicative constraints on borrowing and literal translation. In A. Beylard-Ozeroff,J. Králová, & B. Moser-Mercer (Eds.), *Translators' strategies and creativity: Selected papers from the 9th International Conference on Translating and Interpreting, Prague, September 1995* (pp. 137-144). Philadelphia, PA: John Benjamins.

Jacobs, L. R. (1976). *The efficiency of sign language interpretation to convey lecture information to deaf students* (Unpublished doctoral dissertation). University of Arizona, Tucson, Arizona.

Johnson, K. (1991). Miscommunication in interpreted classroom interaction. *Sign Language Studies*, 70, 1-34.

Johnston,T. (1989). *Auslan dictionary: A dictionary of the sign language of the Australian Deaf community*. Maryborough, Australia: Deafness Resources Australia.

Johnston,T. (Ed.). (1998). *Signs of Australia: A new dictionary of Auslan*. North Rocks, Australia: North Rocks Press.

Jones, B. E., Clark, G., & Soltz, D. (1997). Characteristics and practices of sign language interpreters in inclusive education programs. *Exceptional Children*, 63(2), 257-268.

Jones, D. M. (Ed.). (1996). *Assessing our work: Assessing our worth. Proceedings of the 11th National Convention of the Conference of Interpreter Trainers, October 1996.* Northridge, CA: CIT.

Joos, M. (1967). *The five clocks*. New York, NY: Harbinger Books.

Kamata, K. et al. (1989). A basic study of Japanese Sign Language translation. In *Proceedings of the Japanese Society of Sign Language Studies*, 10 (pp. 15-29). Tokyo, Japan: Japanese Society of Sign Language Studies.

Kannapell, B. (1989). An examination of Deaf college students' attitudes toward ASL and English. In C. Lucas (Ed.), *The sociolinguistics of the Deaf community* (pp. 191-210). San Diego, CA: Academic Press.

Karmiloff-Smith,A. (1986). From meta-processes to conscious access: Evidence from children's metalinguistic and repair data. *Cognition, 23*(2), 95-147.

Kluwin,T. (1985). The acquisition of content from a signed lecture. *Sign Language Studies*, 48, 269-286.

Kopczynski,A. (1980). *Conference interpreting: Some linguistic and communicative problems*. Poznan, Poland: Adam Mickiewicz Press.

Kopczynski,A. (1994). Quality in conference interpreting: Some pragmatic problems. In S. Lambert, & B. Moser-Mercer (Eds.), *Bridging the gap: Empirical research in simultaneous interpretation* (pp. 87-99). Philadelphia, PA: John Benjamins.

Kummer, K. (Ed.). (1987). *Proceedings of the 28th Annual Conference of the American Translators Association*. Albuquerque, NM: Learned Information.

Kurz, I. (1993). Conference interpretation: Expectations of different user groups. *The Interpreters' Newsletter*, 5, 13-21.

Kyle,J., & Woll, B. (1985). *The study of deaf people and their language*. Cambridge, United Kingdom: Cambridge University Press.

Labath, J. E. (1998a). Independent study techniques: Using videotapes of American Sign Language models. In *Celebrating the vision: RID in the 21st century. Proceedings of the 15th National Convention of the Registry of Interpreters for the Deaf, August 1997* (pp. 59-69). Silver Spring, MD: RID Publications.

Ladd, P. (2002). *Understanding Deaf culture: In search of Deafhood*. Clevedon, United Kingdom: Multilingual Matters.

Lambert, S., & Moser-Mercer, B. (Eds.). (1994). *Bridging the gap: Empirical research in simultaneous interpretation.* Philadelphia, PA: John

Benjamins.

Lane, H. (1993). *The mask of benevolence: Disabling the Deaf community.* New York, NY: Vintage Books.

Lane,H., Hoffmeister, R., & Bahan, B. (1996). *A journey into the DEAF-WORLD*. San Diego, CA: DawnSignPress.

Lawrence, R. (1987). Specialized preparation in educational interpreting. *Journal of Interpretation*, 4, 87-90.

Lawson, L. (1981). The role of sign in the structure of the Deaf community. In B. Woll,J.G. Kyle, & M. Deuchar (Eds.), *Perspectives on British Sign Language and deafness* (pp. 166-177). London, United Kingdom: Croom Helm.

Le Ny, J. (1978). Psychosemantics and simultaneous interpretation. In D. Gerver, & H. W. Sinaiko (Eds.), *Language interpretation and communication* (pp. 289-298). New York, NY: Plenum Press.

Lee, D. (1982). Are there really signs of diglossia? Re-examining the situation. *Sign Language Studies*, 35, 127-152.

Lee, R. (1997). Roles, models and worldviews: A view from the States. *Deaf Worlds*, 13(3), 40-44.

Livingston, S., Singer, B., & Abrahamson,T. (1994). Effectiveness compared: ASL interpretation versus transliteration. *Sign Language Studies*, 82, 1-54.

Llewellyn Jones, P. (1981a). *Target language styles and source language processing in conference sign language interpreting*. Paper presented at the 3rd International Symposium on Sign Language Interpreting, Bristol, United Kingdom.

Llewellyn Jones, P. (1981b). Simultaneous Interpreting. In B. Woll, J. Kyle, & M. Deuchar, (Eds.), *Perspectives on British Sign Language and*

Deafness (pp. 89-104). London, United Kingdom: Croom Helm.

Llewellyn Jones, P., Kyle,J., & Woll, B. (1979). *Sign language communication*. Paper presented at the International Conference on Social Psychology & Language, Bristol, United Kingdom.

Locker, R. (1990). Lexical equivalence in transliterating for deaf students in the university classroom: Two perspectives. *Issues in Applied Linguistics*, 1(2), 167-195.

Longacre, R. (1983). *The grammar of discourse*. New York, NY: Plenum Press.

Lörscher, W. (1996). A psycholinguistic analysis of translation processes. *Meta*, 41(1), 26-32.

Lucas, C. (Ed.). (1989). *The sociolinguistics of the Deaf community*. San Diego, CA: Academic Press.

Lucas, C. (Ed.). (1990). *Sign language research: theoretical issues*. Washington, DC: Gallaudet University Press.

Lucas, C. (Ed.). (2001). *The sociolinguistics of sign languages*. Cambridge, United Kingdom: Cambridge University Press.

Lucas, C., Bayley, R., Valli, C., Rose, M., & Wulf,A. (2001). Sociolinguistic variation. In C. Lucas (Ed.), *The sociolinguistics of sign languages* (pp. 61-111). Cambridge, United Kingdom: Cambridge University Press.

Lucas, C., & Valli, C. (1989). Language contact in the American Deaf community. In C. Lucas (Ed.), *The sociolinguistics of the Deaf community* (pp. 11-40). San Diego, CA: Academic Press.

Lucas, C., & Valli, C. (1990). ASL, English, and contact signing. In C. Lucas (Ed.), *Sign language research: Theoretical issues* (pp. 288-307). Washington, DC: Gallaudet University Press.

Lucas, C., & Valli, C. (1992). *Language contact in the American deaf community.* San Diego, CA: Academic Press.

Mackenzie, R. (1998). Creative problem solving and translator training. In A. Beylard-Ozeroff,J. Králová, & B. Moser-Mercer (Eds.), *Translators' strategies and creativity: Selected papers from the 9th International Conference on Translating and Interpreting, Prague, September 1995* (pp. 201-206). Philadelphia, PA: John Benjamins.

Madden, M. (2001). *The incidence and impact of occupational overuse syndrome on sign language interpreters in Australia* (Unpublished doctoral dissertation). Griffith University, Queensland, Australia.

Malakoff, M., & Hakuta, K. (1991). Translation skill and metalinguistic awareness in bilinguals. In E. Bialystok (Ed.), *Language processing in bilingual children* (pp. 141-165). Cambridge, United Kingdom: Cambridge University Press.

Maroney, E., & Singer, B. (1996). Educational interpreter assessment: The development of a tool. In D. M. Jones (Ed.), *Assessing our work: Assessing our worth. Proceedings of the 11th National Convention of the Conference of Interpreter Trainers, October 1996* (pp. 93-148). Northridge, CA: CIT.

Massaro, D. W. (1978). An information processing model of understanding speech. In D. Gerver, & H. W. Sinaiko (Eds.), *Language interpretation and communication* (pp. 299-314). New York, NY: Plenum Press.

McDade, R. (1995, September). *What can interpreters learn from professional footballers?* Paper presented at the Issues in Interpreting 2 conference, University of Durham, United Kingdom.

McIntire, M. (Ed.). (1986). *Interpreting: The art of cross cultural mediation. Proceedings of the 9th National Convention of the Registry of Interpreters for the Deaf, July 1985*. Silver Spring, MD: RID Publications.

McIntire, M. (Ed.). (1987). *New dimensions in interpreter education: Curriculum and instruction. Proceedings of the 6th National Convention of the Conference of Interpreter Trainers*. Silver Spring, MD: RID Publications.

McIntire, M. (1990). The work and education of sign language interpreters. In S. Prillwitz, & T. Vollhaber (Eds.), *Sign language research and application* (pp. 263-273). Hamburg, Germany: Signum Press.

McIntire, M., & Sanderson, G. (1993). Bye-Bye! Bi-Bi! Questions of empowerment and role. In *A confluence of diverse relationships: Proceedings of the 13th National Convention of the Registry of Interpreters for the Deaf* (pp. 94-118). Silver Spring, MD: RID Publications.

McKee, R. L. (1996). Identifying difficulty factors in interpreting assignments. *Deaf Worlds*, 12(2), 16-24.

Meadow, K. (1977). Name signs as identity symbols in the deaf community. *Sign Language Studies*, 16, 237-246.

Meadow-Orlans, K. P. (1990). Research on developmental aspects of deafness. In D. F. Moores, & K. P. Meadow-Orlans (Eds.), *Educational and developmental aspects of deafness* (pp. 283-298). Washington, DC: Gallaudet University Press.

Messina,A. (1998). The reading aloud of English language texts in simultaneously interpreted conferences. *Interpreting*, 3(2), 147-161.

Metzger, M. (1995). *The paradox of neutrality: A comparison of interpreters' goals with the reality of interactive discourse* (Unpublished doctoral dissertation). Georgetown University, Washington, DC.

Metzger, M. (1999). *Sign language interpreting: Deconstructing the myth of neutrality*. Washington, DC: Gallaudet University Press.

Metzger, M. (2000). Interactive role-plays as a teaching strategy. In C. Roy (Ed.), *Innovative practices for teaching sign language interpreters* (pp. 83-108). Washington, DC: Gallaudet University Press.

Mindess,A. (1990). What name signs can tell us about deaf culture. *Sign Language Studies*, 66, 1-24.

Moser, B. (1978). Simultaneous interpretation: A hypothetical model and its practical application. In D. Gerver, & H. W. Sinaiko (Eds.),*Language interpretation and communication* (pp. 353-368). New York, NY: Plenum Press.

Moser, P. (1996). Expectations of users of conference interpretation. *Interpreting*, 1(2), 145-178.

Moser-Mercer, B—(1997). Methodological issues in interpreting research: An introduction to the Ascona workshops. *Interpreting*, 2(1), 1-12.

Moser-Mercer, B., Kunzli,A., & Korac, M. (1998). Prolonged turns in interpreting: Effects on quality, physiological and psychological stress (Pilot study). *Interpreting*, 3(1), 47-64.

Murphy, H. J. (Ed.). (1975). *Selected readings in the integration of deaf students at CSUN*. Northridge, CA: California State University.

Murphy, H. (1978). Research in sign language interpreting at California State University, Northridge. In D. Gerver, & H. W. Sinaiko (Eds.), *Language interpretation and communication* (pp. 87-98). New York, NY: Plenum Press.

NAATI. (1999). *Directory of accredited and recognized practitioners of interpreting and translation*. [Database]: National Accreditation Authority of Translators and Interpreters. Retrieved from: https://www.naati.com.au/publications.html.

Napier, J. (1996). Interpreter support: An ambiguous concept? *CACDP*

Standard. Durham, United Kingdom: Council for the Advancement of Communication with Deaf People.

Napier, J. (1998a, November). *What makes an ideal interpreter?* Paper presented at the inaugural conference of the Australian Sign Language Interpreters Association (Victoria), Melbourne, Australia.

Napier, J. (1998b). *An analytical study of free interpretation and its use by British Sign Language interpreters* (Unpublished master's dissertation). University of Durham, United Kingdom.

Napier, J. (1998c). Free your mind: The rest will follow. *Deaf Worlds*, 14(3), 15-22.

Napier, J. (2000). Free interpretation: What is it and does it translate into training? In A. Schembri, J. Napier, R. Beattie, & G. Leigh (Eds.), *Deaf studies, Sydney 1998: Selected papers from the Australasian Deaf studies research symposium, Renwick College, Sydney, August* 22-23 *1998, Renwick College Monograph No.* 4 (pp. 21-33). North Rocks, Australia: North Rocks Press.

Napier, J. (2001). *Linguistic coping strategies of sign language interpreters* (Unpublished doctoral dissertation). Macquarie University, Sydney, Australia.

Napier, J. (2002). The D/deaf-H/hearing debate. *Sign Language Studies*, 2(2), 141-149.

Napier, J. (2006). Comparing language contact phenomena between Auslan/ English interpreters and deaf Australians: A preliminary study. In C. Lucas (Ed.), *Multilingualism and sign languages: From the Great Plains to Australia* (pp. 39-78). Washington, DC: Gallaudet University Press.

Napier, J., & Adam, R. (2002). A comparative linguistics analysis of BSL and

Auslan interpreting. *Deaf Worlds*, 18(1), 22-28.

Neumann Solow, S. (1981). *Sign language interpreting: A basic resource book.* Silver Spring, MD: National Association of the Deaf.

Neumann Solow, S. (2000). *Sign language interpreting: A basic resource book* (Rev. ed.). Burtonsville, MD: Linstok Press.

Nida, E. (1998). Translators' creativity versus sociolinguistic constraints. In A. Beylard-Ozeroff, J. Králová, & B. Moser-Mercer (Eds.), *Translators' strategies and creativity: Selected papers from the 9th International Conference on Translating and Interpreting, Prague, September 1995* (pp. 127-136). Philadelphia, PA: John Benjamins.

Nord, C. (2000, January). *Translating as a text-production.* Paper given as part of the online Innovation in Translator and Interpreter Training Symposium, 17-25 January 2000. No longer available.

Nowell, R. C., & Stuckless, E. R. (1974). An interpreter training program. *Journal of Rehabilitation of the Deaf*, 7(3), 69-75.

O'Loughlin, K. (1995). Lexical density in candidate output and semi-direct versions of an oral proficiency test. *Language Testing*, 12(2), 217-237.

Ozolins, U., & Bridge, M. (1999). *Sign language interpreting in Australia*. Melbourne, Australia: Language Australia.

Padden, C. (1980). The Deaf community and the culture of Deaf people. In S. Gregory, & G. Hartley (Eds.), *Constructing deafness* (pp. 40-45). Milton Keynes, United Kingdom: Open University Press.

Page, G., Elkins, J., & O' Connor, B. (Eds.). (1979). *Communication through reading: Proceedings of the 4th Australian Reading Conference*. Adelaide, Australia: Australian Reading Association.

Page, J. (1993). In the sandwich or on the side? Cultural variability and the interpreter's role. *Journal of Interpretation*, 6, 107-126.

Paneth, E. (1957). *An investigation into conference interpreting, with special reference to training interpreters* (Unpublished master's dissertation). London University, United Kingdom.

Patrie, C. (1993). A confluence of diverse relationships: Interpreter education and educational interpreting. In *A confluence of diverse relationships: Proceedings of the 13th National Convention of the Registry of Interpreters for the Deaf* (pp. 3-18). Silver Spring, MD: RID Publications.

Patrie, C. (1994). Entry level to the profession. Response paper #1: The readiness-to-work-gap. In E. Winston (Ed.), *Mapping our course: A collaborative venture. Proceedings of the 10th National Convention of the Conference of Interpreter Trainers, March 1994* (pp. 53-56). Washington, DC: CIT.

Paul, P. V., & Quigley, S. P. (1990). *Education and deafness*. London, United Kingdom: Longman.

Pergnier, M. (1978). Language meaning and message meaning: Towards a sociolinguistic approach to translation. In D. Gerver, & H. W. Sinaiko (Eds.), *Language interpretation and communication* (pp. 199-204). New York, NY: Plenum Press.

Perner, J. (1988). Developing semantics for theories of mind: From propositional attitudes to mental representations. In J. Astington, P. L. Harris, & D. R. Olsen (Eds.), *Developing theories of mind* (pp. 141-172). Cambridge, United Kingdom: Cambridge University Press.

Perren, G. E., & Trim,J. L. M. (Eds.). (1971). *Applications of linguistics: Selected papers of the 2nd International Congress of Applied Linguistics, 1969*. Cambridge, United Kingdom: Cambridge University Press.

Peterson, R. (2000). Metacognition and recall protocols in the interpreting classroom. In C. Roy (Ed.), *Innovative practices for teaching sign language interpreters* (pp. 132-152). Washington, DC: Gallaudet University Press.

Phillip, M. J. (1994, April). *Professionalism: From which cultural perspective?* Paper presented at the Issues in Interpreting Conference, University of Durham, United Kingdom.

Plant-Moeller, J. (Ed.). (1992). *Expanding horizons*. Silver Spring, MD: RID Publications.

Pollitt, K. (1997). The state we're in: Some thoughts on professionalization, professionalism and practice among the UK's sign language interpreters. *Deaf Worlds*, 13(3), 21-26.

Pollitt, K. (2000a). Critical linguistic and cultural awareness: Essential tools in the interpreter's kit bag. In C. Roy (Ed.), *Innovative practices for teaching sign language interpreters* (pp. 67-82). Washington, DC: Gallaudet University Press.

Pollitt, K. (2000b). On babies, bathwater and approaches to interpreting. *Deaf Worlds*, 16(2), 60-64.

Pratt, C., & Garton, A. F. (Eds.). (1993). *Metalinguistic awareness: The development of children's representations of language*. Chichester, United Kingdom: Wiley.

Prillwitz, S., & Vollhaber, T. (Eds.). (1990). *Sign language research and application: Proceedings o f the International Congress on Sign Language Research and Application, March 1990*. Hamburg, Germany: Signum Press.

Qian, H. (1994). Looking at interpretation from a communicative perspective. *Babel: International Journal of Translation*, 40(4), 214-221.

Quigley, S. (1965). *Interpreting for deaf people: A report of a workshop on interpreting.* Washington, DC: US Department of Health, Education and Welfare.

Riccardi, A. (1998). Interpreting strategies and creativity. In A. Beylard-Ozeroff, J. Králová, & B. Moser-Mercer (Eds.), *Translators' strategies and creativity: Selected papers from the 9th International Conference on Translating and Interpreting, Prague, September 1995* (pp. 171-179). Philadelphia, PA: John Benjamins.

Richards, J., Platt, J., & Platt, H. (1992). *Dictionary of language teaching and applied linguistics.* Singapore, Singapore: Longman.

Roberts, R. (1987). Spoken language interpreting versus sign language interpreting. In K. Kummer (Ed.), *Proceedings of the 28th Annual Conference of the American Translators Association* (pp. 293-307). Albuquerque, NM: Learned Information.

Roberts, R. P., Carr, S. E., Abraham, D., & Dufour, A. (Eds.). (2000). *The critical link 2: Interpreters in the community. Selected papers from the 2nd International Conference on Interpreting in Legal, Health and Social Service Settings, Vancouver, BC, Canada, 19-23 May 1998.* Philadelphia, PA: John Benjamins.

Romaine, S. (1995). *Bilingualism* (2nd ed.). Oxford, United Kingdom: Blackwell.

Roy, C. (1987). Evaluating performance: An interpreted lecture. In M. McIntire (Ed.), *New dimensions in interpreter education: Curriculum and instruction. Proceedings of the 6th National Convention of the Conference of Interpreter Trainers, November 6-10, 1986* (pp. 139-147). Silver Spring, MD: RID Publications.

Roy, C. (1989a). *A sociolinguistic analysis of the interpreter's role in the turn exchanges of an interpreted event* (Unpublished doctoral dissertation) Georgetown University, Washington, DC.

Roy, C. (1989b). Features of discourse in an American Sign Language Lecture. In C. Lucas (Ed.), *The sociolinguistics of the Deaf community* (pp. 231-252). San Diego, CA: Academic Press.

Roy, C. (1992). A sociolinguistic analysis of the interpreter's role in simultaneous talk in a face-to-face interpreted dialogue. *Sign Language Studies*, 74, 21-61.

Roy, C. (1993). The problem with definitions, descriptions and the role metaphors of interpreters. *Journal of Interpretation*, 6, 127-154.

Roy, C. (1996). An interactional sociolinguistic analysis of turntaking in an interpreted event. *Interpreting*, 1(1), 39-68.

Roy, C. (2000a). *Interpreting as a discourse process*. Oxford, United Kingdom: Oxford University Press.

Roy, C. (2000b). Re: More words of advice, anyone? [IEPFAC email discussion list message—now defunct].

Roy, C. (Ed.). (2000c). *Innovative practices for teaching sign language interpreters*. Washington, DC: Gallaudet University Press.

Roy, C. (2000d). Training interpreters—Past, present and future. In C. Roy (Ed.), *Innovative practices for teaching sign language interpreters* (pp. 1-14). Washington, DC: Gallaudet University Press.

Russell, D. (2000, October). *If you'll pause a moment, I'll interpret that: Courtroom interpreting.* Paper presented at the 13th National Convention of the Conference of Interpreter Trainers, Portland, OR.

Ryan, E. B., & Giles, H. (1982). *Attitudes towards language variation: Social and applied contexts.* London, United Kingdom: Edward Arnold.

Sacks, H. (1974). An analysis of the course of a joke's telling in conversation.

In R. Bauman & J. Sherzer (Eds.), *The ethnography of speaking* (pp. 337-353). Cambridge, United Kingdom: Cambridge University Press.

Sanderson, G., Siple, L., & Lyons, B. (1999). *Interpreting for postsecondary deaf students: A report of the National Task Force on Quality of Services in the Postsecondary Education of Deaf and Hard of Hearing Students*. Northeast Technical Assistance Center: Rochester Institute of Technology, Rochester, NY.

Saur, R. E. (1992). Resources for deaf students in the mainstreamed classroom. In S. B. Foster, & G. G. Walter (Eds.), *Deaf students in postsecondary education* (pp. 96-113). London, United Kingdom: Routledge.

Schank, R., & Abelson, R. (1977). *Scripts, plans, goals and understanding: An inquiry into human knowledge and structures.* Hillsdale, NJ: Erlbaum.

Schegloff, E. (1972). Sequencing in conversational openings. In J. Gumperz, & D. Hymes (Eds.), *Directions in sociolinguistics: The ethnography of communication* (pp. 346-380). New York, NY: Holt, Rinehart & Winston.

Scheibe, K. (1986). Creative problem solving. In M. McIntire (Ed.), *new dimensions in interpreter education: Task analysis, theory and application* (pp. 152-173). Silver Spring, MD: RID Publications.

Scheibe, K., & Hoza, J. (1986). Throw it out the window! (The code of ethics? We don't use that here): Guidelines for educational interpreters. In M. McIntire (Ed.), *Interpreting: The art of cross cultural mediation* (pp. 128-134). Silver Spring, MD: RID Publications.

Schein, J. D., & Delk, M. R. (1974). *The Deaf population of the United States*. Silver Spring, MD: National Association of the Deaf.

Schembri, A. (1996). *The structure and formation of signs in Auslan (Australian Sign Language). Renwick College Monograph, No. 2.* North Rocks, Australia: North Rocks Press.

Schembri, A., Napier, J., Beattie, R., & Leigh, G. (Eds.). (2000). *Deaf studies Sydney, 1998: Selected papers from the Australasian Deaf studies research symposium, Renwick College, Sydney, 22-23 August 1998. Renwick College Monograph, No. 4.* North Rocks, Australia: North Rocks Press.

Scherer, K., & Giles, H. (Eds.). (1979). *Social markers in speech*. Cambridge, United Kingdom: Cambridge University Press.

Schiavetti, N. E., & Metz, D. E. (1997). *Evaluating research in communication disorders*. Needham Heights, MA: Allyn & Bacon.

Schick, B., Williams, K., & Bolster, L. (1999). Skill levels of educational interpreters working in public schools. *Journal of Deaf Studies and Deaf Education*, 4(2), 144-155.

Schiffrin, D. (1993). "Speaking for another" in sociolinguistic interviews. In D. Tannen (Ed.), *Framing in discourse* (pp. 231-263). New York, NY: Oxford University Press.

Scott Gibson, L. (1992). Sign language interpreting: An emerging profession. In S. Gregory, & G. Hartley (Eds.),*Constructing deafness* (pp. 253-258). Milton Keynes, United Kingdom: Open University Press.

Scott Gibson, L. (1994, April). *Open to interpretation: The cult of professionalism*. Paper presented at the Issues in Interpreting conference, University of Durham, United Kingdom.

Seleskovitch, D. (1976). Interpretation: A psychological approach to translating. In R. Brislin (Ed.), *Translation: Applications and research* (pp. 92-116). New York, NY: Gardner Press.

Seleskovitch, D. (1978). *Interpreting for international conferences*. Washington, DC: Pen and Booth.

Seleskovitch, D. (1992). Fundamentals of the interpretive theory of translation. In J. Plant-Moeller (Ed.), *Expanding Horizons: Proceedings of the 12th National Convention of the Registry of Interpreters for the Deaf August 6-11, 1991* (pp. 1-13). Silver Spring, MD: RID Publications.

Shaw, R. (1997). Many stones to form an arch: Co-operation and consideration as the cornerstones of successful interpretation. *Journal of Interpretation*, 7(1), 23-38.

Sherwood, B. (1987). Third culture: Making it work. *Journal of Interpretation*, 4, 13-24.

Simon, J. H. (1994). *An ethnographic study of sign language interpreter education* (Unpublished doctoral dissertation). University of Arizona, Tucson, Arizona.

Sinclair, J., & Coulthard, R. (1975). *Towards an analysis of discourse: The English used by teachers and pupils*. London, United Kingdom: Oxford University Press.

Sinclair, A., Jarvella, R. J., & Levelt, W. J. M. (Eds.). (1978). *The child's conception of language*. Berlin, Germany: Springer-Verlag.

Siple, L. (1993). Working with the sign language interpreter in your classroom. *College Teaching*, 41(4), 139-142.

Siple, L. (1995). *The use of additions in sign language transliteration* (Unpublished doctoral dissertation). State University of New York, Buffalo.

Siple, L. (1996). The use of additions in sign language transliteration. In D. M. Jones (Ed.), *Assessing our work: Assessing our worth. Proceedings of the 11th National Convention of the Conference of Interpreter Trainers*,

October 1996 (pp. 29-45). Northridge, CA: CIT.

Siple, L. (2000, July). *Working with the sign language interpreter in your classroom.* Paper presented at the International Congress of Educators of the Deaf, Sydney, Australia.

Smith, M. (2000). Enhancing self-regulation in ASL/English interpreting: Promoting excellence in interpreter education. In *CIT at 21: Celebrating excellence, celebrating partnership. Proceedings of the 13th National Convention of the Conference of Interpreter Trainers* (pp. 89-102). Silver Spring, MD: RID Publications.

Stauffer, L. (1994). Entry level to the profession. Response paper #2: A response to the readiness-to-work-gap. In E. Winston (Ed.), *Mapping our course: A collaborative venture. Proceedings of the 10th National Convention of the Conference of Interpreter Trainers, March 1994* (pp. 57-59). Washington, DC: CIT.

Steiner, B. (1998). Signs from the void: The comprehension and production of sign language on television. *Interpreting*, 3(2), 99-146.

Sternberg, M. L. A., Tipton, C. C., & Schein,J. D. (1973). *Curriculum guide for interpreter training.* Unpublished manuscript, Deafness Research & Training Center, New York University, New York, NY.

Stewart, D., Schein,J., & Cartwright, B. E. (1998). *Sign language interpreting: Exploring its art and science.* Boston, MA: Allyn & Bacon.

Stokoe,W. (1969). Sign language diglossia. *Studies in Linguistics*, 20, 27-41.

Stokoe,W., & Kuschel, R. (1979). *A field guide for sign language research*. Silver Spring, MD: Linstok Press.

Strong, M., & Rudser, S. F. (1992). The subjective assessment of sign language interpreters. In D. Cokely (Ed.), *Sign language interpreters and interpreting* (pp. 1-14). Burtonsville, MD: Linstok Press.

Stuckless, E. R., Avery, J. C., & Hurwitz,T. A. (Eds.). (1989). *Educational inter- preting for deaf students: Report of the National Task Force on Educational Interpreting*. Rochester, New York: Rochester Institute of Technology.

Sunnari, M. (1995). Processing strategies in simultaneous interpreting: "Saying it all" versus synthesis. In J. Tommola (Ed.), *Topics in Interpreting* (pp. 109-119). Turku, Finland: University of Turku, Center for Translation & Interpreting.

Sutcliffe,T. H. (1975). Interpreting at higher levels of thought. In R. M. Ingram & B. L. Ingram (Eds.), *Hands across the sea: Proceedings of the 1st International Conference on Interpreting* (pp. 205-211). Silver Spring, MD: RID Publications.

Sutton-Spence, R., & Woll, B. (1998). *The linguistics of British Sign Language*.Cambridge, United Kingdom: Cambridge University Press.

Svartvik,J. (Ed.). (1973). *Errata*. Lund, Sweden: CWK Gleerup.

Swabey, L. (1992). Interpreting in community settings: A comparison of sign language and spoken language interpreters. In J. Plant-Moeller (Ed.), *Expanding horizons: Proceedings of the 12th National Convention of the Registry of Interpreters for the Deaf, August 1991* (pp. 106-119). Silver Spring, MD: RID Publications.

Tannen, D. (1979). What's in a frame? Surface evidence for underlying expectations. In R. Freedle (Ed.), *Advances in Discourse Processing: Vol. 2. New directions in discourse processing* (pp. 137-181). Norwood, NJ: Ablex.

Tannen, D. (Ed.). (1984a). *Coherence in spoken and written discourse*. Norwood, NJ: Ablex.

Tannen, D. (1984b). *Conversational style*. Norwood, NJ: Ablex.

Tannen, D. (1993). *Framing in discourse*. Oxford, United Kingdom: Oxford University Press.

Taylor, M. (1993). *Interpretation skills: English to American Sign Language*. Edmonton, Canada: Interpreting Consolidated.

Taylor, M. (2002). *Interpretation skills: American Sign Language to English*. Edmonton, Canada: Interpreting Consolidated.

Tommola, J. (Ed.). (1995). *Topics in interpreting*. Turku, Finland: University of Turku, Center for Translation & Interpreting.

Tunmer, W. E., & Bowey, J. A. (1984). Metalinguistic awareness and reading acquisition. In W. E. Tunmer, C. Pratt, & M. L. Herriman (Eds.), *Metalinguistic awareness in children: Theory, research and implications* (pp. 144-168). Berlin, Germany: Springer-Verlag.

Tunmer, W. E., & Herriman, M. L. (1984). The development of metalinguistic awareness: A conceptual overview. In W. E. Tunmer, C. Pratt, & M. L. Herriman (Eds.), *Metalinguistic awareness in children: Theory, research and implications* (pp. 12-35). Berlin, Germany: Springer-Verlag.

Tunmer, W. E., Pratt, C., & Herriman, M. L. (Eds.). (1984). *Metalinguistic awareness in children: Theory, research and implications.* Berlin, Germany: Springer-Verlag.

Turner, G. H. (2001). Interpreting assignments: Should I or shouldn't I? In F. J. Harrington, & G. H. Turner (Eds.), *Interpreting: Studies and reflections on sign language interpreting* (pp. 67-73). Gloucestershire, United Kingdom: Douglas McLean.

Tweney, R. (1978). Sign language and psycholinguistic process: Fact, hypothesis and implications of interpretation. In D. Gerver & H. W. Sinaiko (Eds.), *Language interpretation and communication* (pp.

99-108). New York, NY: Plenum Press.

Ure, J. (1971). Lexical density and register differentiation. In G. E. Perren, & J. L. M. Trim (Eds.), *Applications of linguistics: Selected papers of the 2nd International Congress of Applied Linguistics* (pp. 443-452). Cambridge, United Kingdom: Cambridge University Press.

Viera, J. A., & Stauffer, L. K. (2000). Transliteration: The consumer's perspective. *Journal of Interpretation*, 83-100.

Wadensjö, C. (1998). *Interpreting as interaction*. London, United Kingdom: Longman.

Wardhaugh, R. (1992). *An introduction to sociolinguistics*. Oxford, United Kingdom: Blackwell.

Wells, J. (1996). Educational interpreting: Consumer awareness, rights and responsibilities project. In D. M. Jones (Ed.), *Assessing our work: Assessing our worth. Proceedings of the 11th National Convention of the Conference of Interpreter Trainers, October 1996* (pp. 149-178). Northridge, CA: CIT.

West, E. A. (1994). Dialogue video journals: Connecting teacher and student through interactive communication. In E. Winston (Ed.), *Mapping our course: A collaborative venture. Proceedings of the 10th National Conven- tion of the Conference of Interpreter Trainers, March 1994* (pp. 217-225). Washington, DC: CIT.

Wilcox, S., & Wilcox, P. (1985). Schema theory and language interpretation. *Journal of Interpretation*, 2, 84-93.

Winston, E. (1989). Transliteration: What's the message? In C. Lucas (Ed.), *The sociolinguistics of the Deaf community* (pp. 147-164). San Diego, CA: Gallaudet University Press.

Winston, E. (Ed.). (1994). *Mapping our course: A collaborative venture.*

Proceedings of the 10th National Convention of the Conference of Interpreter Trainers, March 1994. Washington, DC: CIT.

Winston, E. (Ed.). (1999). *Storytelling and conversation: Discourse in Deaf communities*. Washington, DC: Gallaudet University Press.

Winston, E. A., & Monikowski, C. (2000). Discourse mapping: Developing textual coherence skills in interpreters. In C. Roy (Ed.), *Innovative practices for teaching sign language interpreters* (pp. 15-66). Washington, DC: Gallaudet University Press.

Witter-Merithew, A. (1982). The function of assessing as part of the interpreting process. *Professional Interpreting, Journal of the Registry of Interpreters for the Deaf*, 1(2), 8-15.

Witter-Merithew, A. (1986). Claiming our destiny, Part I. *RID Views*, October, 12.

Witter-Merithew, A. (1986). Claiming our destiny, Part 2. *RID Views*, November, 3-4.

Woodward, J. (1972). Implications for sociolinguistics research among the Deaf. *Sign Language Studies*, 1, 1-7.

Woodward, J. (1973). Some characteristics of Pidgin Sign English. *Sign Language Studies*, 3, 39-46.

Wray, A., Trott, K., & Bloomer, A. (1998). *Projects in linguistics: A practical guide to researching language.* London, United Kingdom: Hodder Headline Group.

Wurm, S. (2014). Deconstructing translation and interpreting prototypes: A case of written-to-signed-language translation. *Translation Studies*. DOI: 10.1080/14781700.2013.819293

Zimmer, J. (1989). Toward a description of register variation in American Sign Language. In C. Lucas (Ed.), *The sociolinguistics of the Deaf community* (pp. 253-272). San Diego, CA: Academic Press.

英汉术语和人名列表

A

Abrahamson,T., T. 阿伯拉罕森
Adam, R., R. 亚当
additions, 增译, 增词（法）
aesthetic-poetic transliteration, 美学诗体音译
Alcorn, B., B. 奥尔康
American Sign Language (ASL) 美国手语
  fingerspelling in, ~中的指拼
  interpreter training programs in,~译员培训课程
  language contact phenomena in,~中的语言接触现象
  research studies on interpreters of, ~译员研究
  situational language variation in, ~中的情景语言变异
  anticipation technique, 预测的技巧
ASL. 美国手语 *参见* American Sign Language 美国手语
ASLIA (Australian Sign Language Interpreters' Association), 澳大利亚手语翻译协会
assimilation of signs, 手势词的同化
Atwood, A., A.阿特伍德
audience design theory, 受众设计理论
Australian Sign Language (Auslan), 澳大利亚手语
  fingerspelling in, ~中的指拼
  interpreter training programs in, ~译员培训课程
  literal interpretation of, ~的直译
  research studies on interpreters of, ~译员研究
  situational language variation in, ~中的情景语言变异
Australian Sign Language Interpreters' Association (ASLIA), 澳大利亚手语翻译协会

B

Baker, C., C. 贝克
Baker, M., M. 贝克
Balzani, M., M. 巴尔扎尼
Barik, H. A., H. A.巴里克
Bartłomiejczyk, M., M. 巴特劳米耶茨科
basic interpersonal communicative skills (BICS), 基本人际沟通能力
Besnier, N., N. 贝尼耶
Bialystok, E., E.比亚韦斯托克
Bienvenu, MJ, MJ.比安弗尼
bilingual-bicultural model, 双语双文化模式
bilingual competence, 双语能力

bilingualism, 双语, 双语现象
in Deaf education programs, 聋教育课程中的~
interpretation and, 传译和~
prevalence of, ~的盛行
receptive abilities and, 接收能力和~
transliteration and, 音译和~
types of, ~的类型
bimodal interpreting, 双模态传译
Blair, D., D. 布莱尔
Bolster, L., L. 博尔斯特
Bremner, A., A. 布雷姆纳
Brennan, M., M. 布伦南
Bridge, M., M. 布里奇
British Sign Language (BSL) 英国手语
in conference settings, 会议场景中的~
fingerspelling in, ~中的指拼
formal register in, ~中的正式语域，~中的正式体
free vs. literal interpretation of, ~中的意译与直译
interpreter qualifications, ~的译员资格
interpreter training programs in, ~译员培训课程
National Vocational Qualifications for, ~的国家职业资格
situational language variation in, ~中的情景语言变异
visual-spatial dimension in, ~中的视觉空间维度
Brown, R., R. 布朗
BSL. 英国手语 *参见* British Sign Language, 英国手语
Burns, R. B., R. B. 伯恩斯

C

CALP (cognitive/academic language proficiency), 认知和（或）学术语言能力
Casagrande, J., J. 卡萨格兰德
Chafin Seal, B., B. 查芬-西尔
"change in footing," 立足点的变化
Christie, K., K. 克里斯蒂
chunking, 语块切分
CIT (Conference of Interpreter Trainers), （美国）传译教师联盟
clarification additions, 澄清性增译
Clark, G., G. 克拉克
close renditions, 近似再现, 贴近翻译
code-mixing, 语码混合
code-switching, 风格切换，语码转换
contextual considerations for~, ~时的语境注意事项, ~时的语境考虑
in lecture interpretations, 讲座传译中的~
sociolinguistic factors influencing, 影响~的社会语言学因素
translational contact and, 翻译接触和~
cognitive/academic language proficiency (CALP), 认知和（或）学术语言能力
cognitive model, 认知模式
cognitive overload, 认知负荷过重, 认知超载
cohesive additions, 衔接型增译
cohesive omissions, 衔接省略
Cokely, D., D. 科克利
Collins, P., P. 柯林斯
competence, 能力
bilingual, 双语~
for educational interpreting, 教育场景传译~
errors of, ~型错误

meta-competence, 元能力
sociolinguistic communicative, 社会语言学交际~
translational, 翻译~
for university lecture interpreting, 为大学讲座传译的~
compounding omissions, 复合型省略
comprehension omissions, 理解型省略
compression strategies, 压缩策略
condensing strategies, 简缩策略
conduit model, 传声筒模式
conference interpreting, 会议口译
analysis of meaning in, ~中的意义分析
coping strategies in, ~中的应对策略
history of, ~的历史
linguistic and cultural knowledge in, ~中的语言和文化知识
omissions in, ~中的省略
target language output considerations in, ~中目标语输出时的注意事项
user expectations of, ~的用户期望
Conference of Interpreter Trainers (CIT), （美国）传译教师联盟
conglomerate strategy of language production, 语言产出的联合策略
Congress on Education of the Deaf in Milan (1880), 1880年米兰聋教育大会
connotative meaning, 内涵意义
conscious intentional omissions, 有察觉的有意省略
defined, ~的定义
example of, ~的例子
hypotheses regarding, 关于~的假设
in lecture interpretations, 大学讲座传译中的~
conscious receptive omissions, 有察觉的接收性省略
defined, ~的定义
hypotheses regarding, 关于~的假设
in lecture interpretations, 大学讲座传译中的~
conscious strategic omissions, 有意识的策略性省略
defined, ~的定义
hypotheses regarding, 关于~的假设
in lecture interpretations, 大学讲座传译中的~
lexical density and, 词汇密度和~
in linguistic and cultural mediation, 语言和文化协调中的~
subject matter considerations and, 主题注意事项和~
user perspectives on, 客户对~的观点
conscious unintentional omissions, 有察觉的无意省略
defined, ~的定义
example of, ~的例子
hypotheses regarding, 关于~的假设
in lecture interpretations, 大学讲座传译中的~
consecutive interpreting, 交替传译
consultative register, 协商体，协商语域
contact signing, 接触手势
context of situation, 情景语境
contextual appropriateness, 语境恰当，语境得体
contextual force of messages, 信息的语境效力
coping mechanisms, 应对机制
coping strategies, 应对策略 *另见* linguistic coping strategies, 语言应对策略
in conference interpreting, 会议口译中的~
defined, ~的定义

knowledge-based, 基于知识的~
metalinguistic awareness and, 元语言意识和~
preparatory, 译前准备阶段的~, 预防性的~
retrospective, 译后回顾阶段的~, 回顾性的~
skill-based, 基于技能的~
in spontaneous problem-solving, 处理自然而然出现的问题时的~
stages of, ~发生在不同阶段, 不同传译阶段的~
coping tactics, 应对招数
Corfmat, P., P. 科夫马特
Corker, M., M. 科克
creative problem-solving, 创造性的问题解决
cross-linguistic strategies, 跨语言策略
Crystal, D., D. 克里斯特尔
cultural equivalence, 文化对等
cultural knowledge, 文化知识
in conference interpreting, 会议口译涉及的~
as coping strategy, ~用作应对策略
metacognitive strategies and, 元认知策略和~
culturally bound information, 受文化背景限制的信息, 受文化约束的信息
culturally effective interpretations, 有效传递文化内容的传译
cultural relevance, 文化相关性
Cummins, J., J. 卡明斯

D

Darò,V., V. 达罗
Davey, D., D. 戴维
Davis,J., J. 戴维斯
Deaf community, 聋人社群
continuum of sign language varieties within, ~中手语变体的连续统
as ethnic group, 作为族群~
interpreters as allies of, 作为~盟友的译员
language contact in, ~中的语言接触
language use by, 聋人社群所使用的语言
linguistic struggles of, ~的语言权利抗争
membership in, ~成员
name signs in, ~中的手语名
needs of, ~的需求
omissions as viewed by, ~对省略的看法
oppression of, 对~的限制，对~的压制
Deaf education, 聋教育
decalage, 间隔时间, 时间差 *参见* lag time, 间隔时间, 时间差
decision-making proces, 决策过程
contextual considerations in, ~中的语境注意事项
metalinguistic awareness in, ~中的元语言意识
for omissions, 省略的~
delay omissions, 迟滞型省略
delay (lag) time, 间隔时间，时间差 *参见* lag time, 间隔时间，时间差
denotative meaning, 外延意义
Deuchar, M., M. 迪赫尔
diatypic variation, 功能变体
diglossia, 双言制
discourse environments, 话语环境
conference interpreting, 会议口译的~
context of situation in, ~中的情景语境
educational interpreting, 教育传译的~
formal, 正式的~
genres in, ~下的不同体裁

interpreter considerations in, ~中的译员注意事项
lectures, ~中的讲座 *参见* 讲座，大学讲座的传译
lexical density in, ~的词汇密度
linguistic demands of, ~的语言要求
logistics of, 不同~的安排与运转
register and, 语域和~
situational language variation in，不同~的情景语言变异
sociolinguistic factors within, ~的社会语言学因素
translation styles and, 翻译风格和~
distinct bilinguals, 杰出双语者
dynamic equivalence, 动态对等

E

education, 教育 *参见* 聋教育，译员培训
educational interpreting, 教育传译 *另见* 大学讲座传译
additions in, ~中的增译
competencies required for, ~的能力要求
demand for, ~的需求
free vs. literal, 以意译或直译进行~
intelligibility of language in, ~中语言的可懂度
interpreter qualifications for,~的译员资格
omissions in, ~中的省略
roles and responsibilities in, ~中的译员角色与职责
educational strategy of language production, 语言产出的教育策略
Eighinger, L., L. 艾辛格
empowerment strategy of language production, 语言产出的赋能策略
enculturation, 文化适应，文化融合
English, Signed, 手势英语
Enkvist, N. E., N. E. 恩奎斯特
equivalence, 对等
cultural, 文化~
dynamic, 动态~
in free interpretation, 意译中的~
lexical, 词汇~
linguistic, 语言~
errors, omissions as, 错误的省略
error taxonomy, 错误分类法
ethnographic transliteration, 民族志音译，民族志翻译
expanded renditions, 扩展再现
expository monologues, 阐述性独白
extralinguistic interference, 非语言干扰
eye contact, 目光接触

F

Fabbro, F., F. 法布罗
facial expressions, 面部表情
facilitator of communication model, 沟通促进者模式
familiarity, omission patterns and, 熟悉程度，省略的特点及其他
feedback, 反馈
field of discourse, 语场
Finegan, E., E. 法恩根
fingerspelling 指拼
in ASL, 美国手语的~
in Auslan, 澳大利亚手语的~
in BSL, 英国手语的~
code-mixing and, 语码混合和~
in free interpretation, 意译中的~
lexically dense text and, 词汇密度高的文本和~
in literal interpretation, 直译中的~

in manual representation of English，英语的手势表征中的~
situational variation and，情景变异与~
translation styles and，翻译风格与~
in university lecture interpreting study，大学讲座传译研究中的~
Fischer, T., T. 费希尔
Fleischer, L., L. 弗莱舍
Fontana, S., S. 丰塔纳
foreigner talk，外国人式话语，面对外国人时采用的话语，调整语，外语式话语
formal register，正式体，正式语域
frame theory，框架理论
free interpretation，意译
benefits of using，使用~的益处
blending with literal interpretation,~与直译的混合使用
of BSL，英国手语的~
of culturally sensitive information，对文化敏感信息的~
defined, ~的定义
in educational settings，教育场景的~
equivalence in, ~中的对等
examples of, ~的例子
fingerspelling in, ~中的指拼
interpreter training on，对译员~能力的培训
linguistic markers of, ~的语言标记
omissions in, ~中的省略
principles of, ~的原则
of university lectures，对大学讲座的~
fresh talk，即兴演讲，崭新话语
Frishberg, N., N. 弗里希伯格
Fromkin,V.,V. 弗罗姆金
frozen register，庄严体，庄严语域
functionalist approach，功能主义研究方法
functional words，功能词

G

Garton, A., A. 加顿
gender of sign language interpreters，手语译员的性别
Gentile, A., A. 金泰尔
gesture，手势
Gile, D., D. 吉尔
Goffman, E., E. 戈夫曼
Greenhaw, D., D. 格林霍
Grosjean, F., F. 格罗斯让
Gumperz, J., J. 甘柏兹

H

Hakuta, K., K. 哈库塔
Halliday, M. A. K., M. A. K. 韩礼德, xx
Harrington, F., F. 哈林顿
Hasan, R., R. 哈桑
Hatim, B., B. 哈蒂姆
Hayes, L., L. 海斯
Hoffman, R., R. 霍夫曼
holistic strategy of language production，语言产出的整体策略
Housden,T., T. 豪斯登
Humphrey, J., J. 汉弗莱
Hymes, D., D. 海姆斯

I

informal register，随意体，随意语域
interaction factors，互动因素
interactive model，互动模式
interlingual transference，语际迁移
interpretation，口译，传译，翻译，解释，理解 *另见* sign language

interpretation, 手语传译; sign
language interpreters, 手语译员
assumptions regarding, 关于~的假设
cognitive model of, ~的认知模式
conduit model of, ~的传声筒模式
consecutive, 交替~
defined, ~的定义
discourse environment in, ~的话语语境
*参见*discourse environments, 话语环境
facilitator of communication model of, ~的沟通促进者模式
factors influencing, 影响~的因素
framework for, ~框架
free, 自由的~，意译 *参见* free interpretation, 意译，自由译
functionalist approach to, ~的功能主义途径
interactive model of, ~的互动模式
of lexically dense text, 词汇密度高的文本的~
literal, 直译, 直接的~ *参见* literal interpretation process of, ~过程
psycholinguistic model of, ~的心理语言学模式
simultaneous, 同声~
skills required for, ~所需要的技能
sociolinguistic model of, ~的社会语言学模式，*参见* sociolinguistic/ sociocultural model 社会语言学/社会文化模式
tandem, 双人协作~，双人共同承担的~
techniques for, ~技巧
terminology related to, ~相关术语
interpreter bilinguals, 双语译员
Interpreter Models: English to ASL (Sign Media Inc.), 《译员模式：从英语译入美国手语》（手势媒体公司）
Interpreters, 译员 *另见* sign language interpreters, 手语译员
defined, ~的定义
spoken language, 有声语言的~
interviews, retrospective, 回顾性访谈
intimate register, 亲密体，亲密语域
Ivir, V., V. 伊维尔

J

Jacobs, L. R., L. R. 雅各布斯
Jensema, C. J., C. J. 詹塞玛
Johnson, K., K. 约翰逊
Johnston,T., T. 约翰斯顿
Jones, B. E., B. E. 琼斯
Joos, M., M. 裘斯
journaling, 日志

K

Kluwin,T., T. 克卢温
Knowledge, 知识 *参见* cultural knowledge, 文化知识； linguistic knowledge, 语言知识
knowledge-based coping strategies, 基于知识的应对策略
knowledge elicitation, 知识引出, 知识诱发
knowledge-lean skills, 知识精干技能
knowledge-rich skills, 知识丰富技能
Kopczynski,A., A. 科普钦斯基

L

lag time, 间隔时间, 时间差
defined, ~的定义
metalinguistic awareness and, 元语言意识和~

omissions and, 省略和~
Lakoff, G., G. 莱考夫
Lambert, S., S. 兰伯特
Lane, H., H. 莱恩
language, 语言
context of situation and use of, 情景语境和~的使用
pidgin, 洋泾浜, 皮钦语
signed, 以手势打出的~ *参见* signed languages, 手语
situational variation in, ~中的情景变异 *参见*situational language variation, 情景语言变异
source, 源~
target, 目标~
worldwide variations of, 世界~变异
written vs. spoken, 书面~和口~
language contact, 语言接触
Lawrence, R., R. 劳伦斯
Lawson, L., L. 劳森
lectures, 讲座 *另见* university lecture interpreting, 大学讲座传译
defined, ~的定义
discourse markers in, ~的话语标记
lexical density of, ~的词汇密度
modes of speech production in, ~言语产出的模式
register used in, ~的语域
Lee, R., R. 李
lexical density, 词汇密度
interpreting for, ~的传译
of lectures, 讲座的~
omission patterns and, 省略的特点与~
in written vs. spoken language, 书面语和口语的~
lexical equivalence, 词汇对等
lexical omissions, 词汇省略
lexical words, 实义词, 实词
linguistic coping strategies, 语言应对策略
defined, ~的定义
linguistic and cultural knowledge as, 语言和文化知识用作~
metalinguistic awareness and, 元语言意识和~
omissions as, 省略用作~ *参见* omissions, 省略
transference skills as, 迁移技巧用作~
translation styles as, 翻译风格用作~ *参见* translation styles, 翻译风格
for university lecture interpreting, 大学讲座传译的~
linguistic equivalence, 语言对等
linguistic interference, 语言干扰
linguistic knowledge, 语言知识
in conference interpreting, 会议口译中的~
as coping strategy, ~用作应对策略
metacognitive strategies and, 元认知策略和~
linguistic repertoire, 语言库
linguistic transference, 语言迁移
linguistic transliteration, 对语言进行音译，标音，转写
lipreading, 读唇，唇读
literal interpretation, 直译，以词译词，字对字翻译，词对词翻译
blending with free interpretation, ~和意译结合
of BSL, 英国手语的~
defined, ~的定义
in educational settings, 教育场景的~
environmental considerations for,~时的环境注意事项
examples of, ~的例子

fingerspelling in, ~中的指拼
interpreter training on, 译员~能力的培训
linguistic markers of, ~的语言标记
omissions in, ~中的省略
of university lectures, 对大学讲座的~
Livingston, S., S. 利文斯顿
Llewellyn Jones, P., P. 卢埃林-琼斯
Locker, R., R. 洛克
Longacre, R., R. 朗埃克
Lucas, C., C. 卢卡斯
Lyons, B., B. 莱昂斯

M

Mackenzie, R., R. 麦肯齐
Malakoff, M., M. 马拉科夫
Maroney, E., E. 马罗尼
Mason, I., I. 梅森
McIntire, M., M. 麦金泰尔
McKee, R. L., R. L. 麦基
McLean, Douglas, 道格拉斯・麦克莱恩
Meadow, K., K. 梅多
meaning potential, 意义潜势
memorization, as mode of speech production, 作为言语产出模式的记忆
message factors, 信息因素
Messina, A., A. 梅西纳
metacognition, 元认知
meta-compctence, 元能力
metalinguistic awareness, 元语言意识
analysis of, ~分析
coping strategies and, 应对策略与~
in decision-making process, 决策过程中的~
defined, ~的定义
of effectiveness of interpretations, 有效翻译的~
interpreter training on, 译员~的培训
lag time and, 间隔时间和~
of omissions, 省略的~
of performance, 表现的~
problem solving and, 问题解决和~
in reflection and reflective practice, 反思和反思练习的~
skills required for, ~必备技能
think aloud protocols and, ~和有声思维法
translation styles and, ~和翻译风格
in university lecture interpreting study, 大学讲座传译研究中的~
metanotative qualities, 元符号特质
meta-strategies, 元策略
Metzger, Melanie, 梅兰妮・梅茨格
Mindess,A., A. 明迪斯
miscue taxonomy, 错误分类
mistakes, omissions as, 出错的省略
modality adaptations, 模态调整
mode of discourse, 语式, 话语方式
monolingualism, 单语主义
morphological omissions, 形态省略
Moser, P., P. 莫泽
Moser-Mercer, B., B. 莫泽-默瑟
motivational strategies, 动机策略
multi-part renditions, 多部分再现
Murphy, H., H. 墨菲

N

name signs, 手语名，人名手势词
Napier, J., J. 纳皮尔
narratives, 叙事
natural sign languages,自然手语
neutrality, paradox of, 中立悖论
Newmark, P., P. 纽马克
Nida, E., E. 奈达
non-renditions, 非再现

O

obligatory omissions，必要的省略，强制省略
omission potential，省略潜势
omissions，省略
analysis of, ~分析
cohesive，衔接~
compounding，复合型~
comprehension，理解型~
in conference interpreting，会议口译中的~
conscious intentional，有察觉的有意~ *参见*conscious intentional omissions，有察觉的有意省略
conscious receptive，有察觉的接收性~，*参见*conscious receptive omissions，有察觉的接收性省略
conscious strategic，有意识的策略性~ *参见* conscious strategic omissions，有意识的策略性省略
conscious unintentional，有察觉的无意~ *参见*conscious unintentional omissions，有察觉的无意省略
defined, ~的定义
delay，迟滞型~
educational background and，教育背景和~
in educational interpreting，教育传译中的~
as errors，出错的~
familiarity and patterns of，熟悉程度与~的特点
interpreter training on，译员~能力的培训
lag time and，间隔时间与~
in lecture interpretations，大学讲座传译中的~
lexical，词汇层面的~
lexical density and patterns of，词汇密度和~的特点
in linguistic decision-making process，语言决策过程中的~
metalinguistic awareness of, ~的元语言意识
as mistakes，出错的~
morphological，形态~
obligatory，必须的~，强制~
optional，可选择的~，非强制~
rendition categories and，翻译的类型和~
skipping，跳词~
strategic，策略性的~
taxonomies for, ~的分类法, ~的类型
translation styles and，翻译风格和~
types of, ~的类型
unconscious，无意识的~ *参见* unconscious omissions，无意识的省略
open-ended problems，开放答案的问题，没有固定答案的问题
oppression of Deaf community，对聋人社群的限制，对聋人社群的压制
optional omissions，最佳省略
oralism，口语法
Ozolins, U., U. 奥佐林斯

P

Padden, C., C. 帕登
paradox of neutrality，中立悖论
paternalism，像父母般的
Patrie, C., C. 帕特里
Paul, P. V., P. V. 保罗
performance errors，表现型错误
Perner, J., J. 佩纳
perseveration technique，记忆保持的技巧
Peterson, R., R. 彼得森

Phillip, M. J., M. J. 菲利普
pidgin languages, 洋泾浜，皮钦语
Pöchhacker, Franz, 弗朗兹·波赫哈克
Pollitt, K., K. 波利特
pragmatic transliteration, 语用翻译，语用音译
Pratt, C., C. 普拉特
preparatory coping strategies, 译前准备阶段的应对策略，预防性应对策略
problem solving, 问题解决
  creative, 创造性~
  spontaneous, 即兴性~
professionalization of interpreters, 译员的职业化
psycholinguistic model, 心理语言学模式
purist strategy of language production, 语言产出的纯粹主义策略
Pym, A., A. 皮姆

Q

Qian, H., H. 钱
Quigley, S. P., S. P. 奎格利

R

Rawlings, B. W., B. W. 罗林斯
reading aloud, as mode of speech production, 大声朗读，作为话语产出方式
reduced renditions, 简化再现，减量翻译
reduplication additions, 重复增译
reflective journaling, 反思日志
reflective practice, 反思练习
register, 语域
  consultative, 协商~
  discourse environment and, 话语环境和~
  formal, 正式~
  frozen, 庄严~
  informal, 随意~
  intimate, 亲密~
  in lectures and lecture interpreting, 大学讲座和大学讲座传译的~
  in situational language variation, 情景语言变异中的~
Registry of Interpreters for the Deaf (RID), 美国手语译员注册中心
regular bilinguals, 一般双语者，普通双语者
relative impact of messages, 信息的相对影响力
relevance theory, 关联理论
reliability checks, 信度检验
rendition categories, 再现的类型
repetitive additions, 重复的增译
residential schools, 寄宿学校
retrospective coping strategies, 回顾阶段的应对策略，回顾性应对策略
retrospective interviews, 回顾访谈
Riccardi, A., 里卡尔迪
RID, 美国手语译员注册中心 *参见* Registry of Interpreters for the Deaf, 美国手语译员注册中心
Routledge Encyclopedia of Interpreting Studies (Pöchhacker),《劳特利奇口译研究百科全书》（波赫哈克）
Roy, C., C. 罗伊
Rudser, S. F., S. F. 鲁瑟
Ryan, E. B., E. B. 瑞安

S

Sanderson, G., G. 桑德森
Scheibe, K., K. 沙伊贝
schema theory, 图式理论

Schick, B., B. 希克
Schiffrin, D., D. 希夫林
Schools, 学校 *参见* Deaf education, 聋教育；educational interpreting, 教育传译, 教育场景的传译
Scott Gibson, L., L. 斯科特-吉布森
scripts, 脚本
selective reductions, 选择性删减
Seleskovitch, Danica, 塞莱丝柯维奇，达妮卡
Signed English, 手势英语
signed languages, 手语
ASL. 美国~ *参见* American Sign Language, 美国手语
Auslan, 澳大利亚~ *参见* Australian Sign Language, 澳大利亚手语
BSL. 英国~ *参见* British Sign Language, 英国手语
communication spectrum of, ~交际的连续统
Deaf community use of, 聋人社群的~使用
natural, 自然~
Signed English, 手势英语和~
visual-spatial nature of, ~的视觉空间本质
sign language interpretation, 手语传译 *参见*interpretation, 口译，传译等; sign language interpreters, 手语译员
bilingual and bimodal, 双语双模态的~
certification in, ~的资格证书
at conferences, 会议~，*参见* conference interpreting, 会议口译
in educational settings, 教育场景的~ *参见*educational interpreting as emerging profession, 教育场景手语传译作为一门新兴职业
errors in, ~中的错误
gender and, 性别与~
of lectures, 大学讲座~ *参见* university lecture interpreting, 大学讲座手语传译
of lexically dense text, 词汇密度高的文本的~
sign language interpreters, 手语译员
as allies of Deaf community, 作为聋人社群盟友的~
challenges for, ~面临的挑战
comparison with spoken language interpreters, ~ 与有声语言译员相比较
coping strategies for, ~的应对策略 *参见* coping strategies, 应对策略; linguistic coping strategies, 语言应对策略
cross-linguistic strategies used by, ~的跨语言策略
enculturation of, ~的文化适应，~的文化融合
metalinguistic awareness of, ~的元语言意识 *参见* metalinguistic awareness, 元语言意识
professionalization of, ~的职业化
role of, ~的角色
in study of university lecture interpreting, 正在学习大学讲座传译的~
as third culture, 第三种文化
training for, ~培训 *参见* training for interpreters, 手语译员培训
turn-taking sequences, impact on, 话轮转换顺序对~的影响
Sign Language Interpreting: Linguistic Coping Strategies (McLean),《手语传译中的语言应对策略》（麦克莱恩出版社）

Sign Supported English (SSE), 以手势支持的英语表达
simultaneous interpreting, 同声传译
Singer, B., B.辛格
Siple, L., L. 西普尔
situational language variation, 情景语言变异
in ASL, 美国手语中的~
in Auslan, 澳大利亚手语中的~
in BSL, 英国手语中的~
continuum of, ~的连续统
linguistic repertoire and, 语言库和~
in register, 语域中的~
in style, 风格中的~
skill-based coping strategies, 基于技能的应对策略
skipping omissions, 跳词省略
Smith, M., M. 史密斯
sociolinguistically sensitive process model, 社会语言学敏感过程模式
sociolinguistic/sociocultural model, 社会语言学/社会文化模式
code-switching and code-mixing in, ~中的语码转换和语码混合
contextual considerations in, ~中的语境注意事项,需考虑的语境因素
defined, ~ 的定义
frame theory and, 框架理论和~
language variation and, 语言变异和~
on message delivery, 信息传递的~
overview, ~概述
on role of interpreters, ~下的译员角色
Soltz, D., D. 索尔茨
source language, 源语
defined, ~的定义
presenters, ~的发出者
speech production, modes of, 言语产出的模式
Sperber, D., D. 斯珀伯
spoken language interpreters, comparison with sign language interpreters, 有声语言译员和手语译员的比较
spontaneous problem-solving, 即兴问题解决，临场问题解决
SSE (Sign Supported English), 以手势支持的英语表达
Stauffer, L. K., L. K. 斯托弗
Steiner, B., B. 斯坦纳
Stewart, D., D. 斯图尔特
Stokoe,W., W. 斯多基
strategic omissions, 策略性省略 *另见* conscious strategic omissions, 有意识的策略性省略
Strong, M., M. 斯特朗
style variations, 风格变异
substituted renditions, 替代再现
substitutions, 替代
summarized renditions, 总结再现, 概括翻译
Sutfliffe,T. H., T. H. 萨特弗利夫
systematic errors, 呈系统性规律的错误
systemic functional linguistics, 系统功能语言学

T

Tajfel, H., H. 泰弗尔
tandem interpreting, 双人协作口译,双人共同承担的传译
Tannen, D., D. 坦嫩
target language, defined, 目标语的定义
Taylor, M., M. 泰勒
tenor of discourse, 语旨，话语基调
test-retest method, 测试-复测的方法

think aloud protocols，有声思维法
third culture of interpreters，译员的第三文化
training for interpreters，译员培训
on free and literal interpretation，译员意译和直译能力的培训
lack of, ~不足
language variation and，语言变异和~
on metalinguistic awareness，译员元认知策略培训
on omission types and occurrences，译员错误类型和错误出现频率培训
provisions for, ~的配额
in university settings，大学环境的~
user expectations of，用户对~的期望
transcription conventions，转写规范
translation, defined，翻译的定义
translational competence，翻译能力
translational contact，翻译接触
translation styles，翻译风格
analysis of, ~分析
continuum of, ~的连续统
discourse environments and，话语环境和~
dominant，主导的~
educational background and，教育背景和~
fingerspelling and，指拼和~
free，意译~ *参见* free interpretation，意译
language contact phenomena and，语言接触现象和~
in lecture interpretations，大学讲座传译的~
linguistic transference and，语言迁移和~
literal，直译~ *参见* literal interpretation，直译
metalinguistic awareness and，元语言意识和~
moving between, ~的切换
omissions and，省略和~
sociolinguistic considerations and，社会语言学注意事项和~
transliteration，音译 *另见* literal interpretation，直译
Traynor, N., N. 特雷纳
Turner, G. H., G. H. 特纳
turn-taking sequences, impact of interpreters on，话轮转换的顺序，译员对~的影响

U

unconscious omissions，无意识的省略
defined, ~的定义
example of, ~的例子
hypotheses regarding，关于~的假设
in lecture interpretations，大学讲座传译中的~
university lecture interpreting，大学讲座传译 *另见* educational interpreting，教育场合传译; university lecture interpreting study，大学讲座传译研究
access issues in, ~中的无障碍问题
adaptations necessary for, ~中的必要的调整
areas of analysis in, ~中的分析领域
competencies required for, ~必备能力
efficiency of, ~的效率
familiarity and preparation for，对~有所熟悉有所准备，对~的熟悉程度和准备情况
free, ~的意译
intelligibility of language in, ~中的语言

可懂度
interpreter qualifications for, ~的译员资格
linguistic coping strategies for, ~中的语言应对策略
literal, ~的直译
miscommunication in, ~中的沟通失败
overview, ~概览
register in, ~的语域
roles and responsibilities in, ~中译员的角色与职责
sociolinguistic/sociocultural considerations in, ~中的社会语言学/社会文化注意事项
subject matter considerations in, ~中主题的注意事项
user expectations of, 用户对~的期望
university lecture interpreting study, 大学讲座传译研究
conclusions regarding, ~结论
data analysis, ~的数据分析
educational background as factor in, ~中的教育背景因素
fingerspelling in, ~中的指拼
future research needs arising from, ~相关未来研究需求
implications of, ~的启示
interpreters selected for, 为~而筛选的译员
limitations of, ~的局限性
metalinguistic awareness in, ~中的元语言意识
methodology, ~的方法
omission patterns in, ~中所发现的省略特点
omission types in, ~中所发现的省略类型
reliability checks in, ~中的信度检验
research questions and hypotheses, ~的问题与假设
sociolinguistic and sociocultural influences in, ~中的社会语言学和社会文化影响因素
source text for, ~中的源文本
transcription conventions in, ~中的转写规范
translation styles in, ~中的翻译风格
user expectations in, ~中的用户期望
Ure, J., J. 尤尔

V

Valli, C., 瓦利, C.
Viera, J. A., 薇拉, J. A.

W

Wadensjö, C., C. 瓦登斯约
Wardhaugh, R., R. 沃德豪
Wells, J., J. 韦尔斯
Wilcox, P., P. 威尔科克斯
Wilcox, S., S. 威尔科克斯
Williams, K., K. 威廉姆斯
Wilson, D., D. 威尔逊
Winston, E., E. 温斯顿
Woodward, J., J. 伍德沃德
World Federation of the Deaf, 世界聋人联盟

Z

zero renditions, 零再现, 零翻译
Zimmer, J., J. 齐默

译者参考文献

[英]贝克 A，[荷]范登博哈尔德 B，[德]罗兰 R，等. 手语语言学引论[M]. 刘鸿宇，付继林，译. 北京：知识产权出版社，2022.

Baker M, Saldanha G. Routledge Encyclopedia of Translation Studies[M]. 3rd ed. New York: Routledge, 2020.

Brislin R. Translation: Applications and research[M]. New York: Gardner Press, 1976.

[奥]波赫哈克 F. 口译研究概论[M]. 仲伟合，等译. 北京：外语教学与研究出版社，2010.

[奥]波赫哈克 F. 劳特利奇口译研究百科全书[M]. 仲伟合，等译. 北京：外语教学与研究出版社，2021.

Casagrande J. The ends of translation[J].International Journal of American Linguistics, 1954, 20 (4): 335-340.

Cerney B. The ten c's of effective target texts[J]. Journal of Interpretation, 2000: 131-150.

陈菁. 弗里斯的语言学理论与口译原则[J]. 厦门大学学报（哲学社会科学版），2005（1）：125-128.

Cokely D. Towards a sociolinguistic model of the interpreting process: Focus on ASL and English [D]. Washington, DC: Georgetown University Press, 1985.

Cokely D. Effects of lag time on interpreter errors[M]// In D. Cokely (Ed.),

Sign language interpreters and interpreting. Burtonsville, MD: Linstok Press,1992: 39-69.
Crystal D. The Cambridge encyclopedia of language [M]. 1st ed. Cambridge, United Kingdom: Cambridge University Press, 1987.
Crystal D. The Cambridge encyclopedia of the English language[M]. 3rd ed. Cambridge, United Kingdom: Cambridge University Press, 2010.
方梦之. 中国译学大辞典[M]. 上海：上海外语教育出版社, 2011.
方梦之. 应用翻译研究: 原理、策略与技巧[M]. 上海：上海外语教育出版社, 2013.
方梦之. 应用翻译教程 [M]. 上海：上海外语教育出版社，2015.
方梦之，傅敬民. 书写中国应用翻译史[J].中国外语，2023，20(2)：91-97.
傅敬民，孙晓蓉. 翻译与中国学科发展[J].中国外语，2024，21（2）：16-22.
傅敏. 手语传译基础[M]. 郑州：郑州大学出版社，2019.
Goffman E. Forms of talk [M]. Oxford: Basil Blackwell, 1981.
龚群虎. 聋教育中手语和汉语问题的语言学分析[J].中国特殊教育，2009（3）：63-67，37.
Halliday M A K. Language as a social semiotic: The social interpretation of language and meaning[M]. London: Edward Arnold, 1978.
Humphrey J, Alcorn B. So you want to be an interpreter? An introduction to sign language interpreting[M]. Amarillo, TX: H & H, 1996.
[英]韩礼德 M A K. 作为社会符号的语言：语言与意义的社会诠释[M]. 苗兴伟，等译. 北京：北京大学出版社，2015.
胡壮麟，朱永生，张德禄，等. 系统功能语言学概论[M]. 3 版. 北京：北京大学出版社，2017.
黄友义. 40 年见证两轮翻译高潮[J]. 外国语（上海外国语大学学报），2018，41（5）：9-14.

黄友义. 抓好应用翻译人才培养机制建设满足时代对应用型翻译人才需求[J]. 上海翻译，2019，（4）：1-2.
姜峰. 学术英语的学科与体裁特性[J]. 外语教育研究前沿，2024，7（1）：37-43，91.
[英]卡特福德 J C. 翻译的语言学理论[M]. 穆雷，译. 北京：旅游教育出版社，1991.
[英]克里斯特尔 D. 剑桥语言百科全书[M]. 任明，等译. 北京：中国社会科学出版社，1995.
[英]克里斯特尔 D. 现代语言学词典[M]. 沈家煊，译. 北京：商务印书馆，2004.
李长栓. 非文学翻译理论与实践[M]. 北京：中国对外翻译出版有限公司，2012.
廖七一. 当代西方翻译理论探索[M]. 南京：译林出版社，2000.
廖七一，李小均，罗平，等. 当代英国翻译理论[M]. 武汉：湖北教育出版社，2001.
刘和平，雷中华. 对口译职业化+专业化趋势的思考：挑战与对策[J]. 中国翻译，2017，38（4）：77-83.
刘宓庆. 文体与翻译[M]. 2 版. 北京：中国对外翻译出版公司，2012.
林煌天，陈彦田，袁锦翔. 中国翻译词典[M]. 武汉：湖北教育出版社，1997.
陆谷孙. 英汉大词典[M]. 2 版. 上海：上海译文出版社，2007.
穆雷，李希希. 面向语言残障人士的服务类人才培养与科学研究[J]. 外国语（上海外国语大学学报），2017，40（5）：91-94.
[美]明迪斯 A. 沉默的世界不寂寞 [M]. 郑璇，邹蜜，译. 北京：中国青年出版社，2020.
[荷]奈恩特维尔哈尔 J，[荷]范登博哈尔德 B. 手语语言学简明术语[M] 付继林，刘鸿宇，译. 北京：知识产权出版社，2023.

Napier J. Omissions[M]//F Pöchhacker, Routledge encyclopedi a of interpreting Studies. New York: Routledge Taylor & Francis Group, 2015: 289-291.
NATTI. A guide to finding a translator or interpreter – Chinese (Simplified) [Z/OL] [2024-1-10]. https://www.naati.com.au/resources/page/2/
倪兰，孙玲. 手语翻译认证的国际比较[J]. 残疾人研究，2020（3）：77-86.
庞双子，王克非. 翻译和语言接触研究的理论进展[J]. 上海交通大学学报（哲学社会科学版），2020，28（6）：86-95.
庞双子，王克非. 翻译文本特征和语言接触研究的进展[J]. 外语与外语教学，2021（6）：100 -108，149-150.
朴永馨，顾定倩，邓猛. 特殊教育辞典[M]. 3 版. 北京：华夏出版社，2014.
秦秀白. 英语文体学入门[M]. 长沙: 湖南教育出版社，1986.
邱云峰，姚登峰，李荣，等. 中国手语语言学概论[M]. 北京：中国国际广播出版社，2018.
Saldanha G. Translator style: methodological considerations[J]. Translator, 2011(1): 25-50.
[英]沙特尔沃思 M，考伊 C. 翻译研究词典[M]. 谭载喜，等译. 北京：外语教学与研究出版社，2005.
Shuttleworth M, Cowie M. Dictionary of translation studies[M]. New York: Routledge, 2014.
Signature. Celebrating 40 years of CACDP (now Signature) as an independent organisation [Z/OL] [2023-12-23]. https://www.signature.org.uk/celebrating-40-years-of-cacdp-now-signature-as-an-independent–organisation/#.
王斌华. 口译理论研究[M]. 北京：外语教学与研究出版社，2019.
王克非. 翻译需从语言和文化两个层面来认识[J]. 外国语（上海外国语大学学报），2014，37（6）：52-54.
王祥兵，穆雷. 学术著作翻译的理想模式：以赵文静中译本《翻译与冲突：叙事性阐释》为例[J]. 中国翻译，2013，34（4）：79-82.

肖晓燕，王继红. 手语翻译研究：模式、内容及问题[J]. 中国特殊教育，2009（2）：29-35.
肖晓燕，杨柳燕. 走进口译：欧盟亚欧口译项目多媒体教学资料[M]. 上海：上海外语教育出版社，2014.
肖晓燕，高昕，赵肖. 中国大陆手语传译调查：现状、问题与前景[J]. 中国翻译，2018，39（6）：66-72.
谢建平，朱安博，朱晓晖，等. 功能语境与专门用途英语语篇翻译研究[M]. 杭州：浙江大学出版社，2008.
许钧，胡安江，胡开宝，等. 改革开放以来中国翻译研究概论（1978—2018）[M]. 武汉：湖北教育出版社，2018.
姚登峰. 手语计算概论[M]. 北京：科学出版社，2022.
语言学名词审定委员会. 语言学名词[M]. 北京：商务印书馆，2011.
邹兵，穆雷. 语言学对翻译学的方法论贡献：特征、问题与前景[J].中国外语，2020，17（3）：77-84.
张吉生，杨峰，伍艳红，等. 上海手语音系[M]. 上海：华东师范大学出版社，2018.
张宁生. 手语翻译概论[M]. 郑州：郑州大学出版社，2019.
张旭. 关于翻译研究术语汉译的讨论[J].中国翻译，2004 （4）：83-86.
中国社会科学院语言研究所词典编辑室. 现代汉语词典[M]. 7 版. 北京：商务印书馆，2016.

译者后记

《手语传译中的语言应对策略》原著者杰米娜·纳皮尔教授来自四代聋人家庭，既是手语领域专家，也是英国手语、澳大利亚手语、美国手语等多门手语的资深译员。她成果丰硕，多达150多项，包括参编了外语教学与研究出版社引入的弗朗兹·波赫哈克主编的《劳特利奇口译研究百科全书》。我们非常感谢美国加劳德特大学出版社的授权，尤其是安杰拉·莱皮格前主任、克丽丝滕·哈蒙主任、黛特·米勒维总编辑对本书的重视与支持，让中国研究者和从业者也能以汉语阅读到这部对手语学界和业界影响深远的经典之作；也特别感谢燕山大学出版社和燕山大学外国语学院领导、同事对本书出版的鼎力支持。我们尤其感谢本书原著者杰米娜·纳皮尔教授对本书难点的专业解答，对我们译著工作的关心与帮助。

大约六年前从英国留学归来时，我们就满怀欣喜地带回了精装版的原版书。近年我国翻译学科迅猛发展，手语翻译研究也逐渐起步，然而理论实践研究书籍仍屈指可数。我们相信这部书将对手语翻译理论实践研究和手语传译人才培养大有裨益。近年，我们欣喜地看到一些新动态：ChatGPT横空出世让语言智慧话题热闹非凡，大语言模型行业蓬勃发展，DTI教育摆上日程，华为、腾讯、百度等头部企业联合众多高校、传媒单位纷纷入场打造手语数字人和手语 AI 翻译词典产品；手语翻译服务和手语数字人应用场景不断拓展。然而手语因其视觉手势特性和学科起步较晚，抛开手语语言和手语翻译本体研究而得到手语智能涌现的心愿虽好，但实现尚需时日。我们相信手语语言学和手语翻译研究的重要作用，预见到省略等语言应对策略是人类手语译员技能提升、AI非人类手语译员性能迭代的一个重要抓手，期待本书成为手语智慧发展事业和手语服务产业中积极贡献的一分子。鉴于学术书籍译本工作的难度、深度与广度，虽然我们查阅大量文献，与原著者书信请教，竭力避免出错，但恐怕仍有差错。恳请专家学者和读者们批评指正，再版时我们将逐一改正。

最后，非常感谢河北省2023年省级研究生精品课程立项建设项目“手语语言学”、燕山大学教务处2024年本科教学研究与改革燕山大学外国语学院培育项目“新质生产力驱动的手语课程‘三进’典型案例实践探索”对本书的鼎力支持。感谢选修过《走近手语》和《手语语言学》课程的数百位本科生和研究生，感谢为本书做出贡献的研究生葛路瑶、李可实、刘乐、陈雨婷、许艺馨、刘晨欣、石磊、胡慧涛、卢学佳、武康静、白佳琪、柳钟越、马师聪、陈煦、滕子舟、裴盈盈等，你们的热情参与和反馈让我们看到社会融合进步、学科不断发展的新态势。

刘鸿宇　付继林

燕山大学 / 燕山大学手语语言及应用研究中心

2024年5月27日